常见错别字辨析字典

傅玉芳 编

上海大学出版社
·上海·

图书在版编目(CIP)数据

常见错别字辨析字典/傅玉芳编.—上海:上海大学出版社,2023.2
ISBN 978-7-5671-4549-8

Ⅰ.①常… Ⅱ.①傅… Ⅲ.①汉字-错别字-辨别-字典 Ⅳ.①H124.1-61

中国国家版本馆CIP数据核字(2023)第018274号

责任编辑 陈 强
封面设计 倪天辰
技术编辑 金 鑫 钱宇坤

常见错别字辨析字典

傅玉芳 编
上海大学出版社出版发行
(上海市上大路99号 邮政编码200444)
(https://www.shupress.cn 发行热线 021-66135112)
出版人 戴骏豪

*

南京展望文化发展有限公司排版
上海东亚彩印有限公司印刷 各地新华书店经销
开本890mm×1240mm 1/64 印张6.75 字数327千
2023年2月第1版 2023年2月第1次印刷
ISBN 978-7-5671-4549-8/H·416 定价:26.00元

版权所有 侵权必究
如发现本书有印装质量问题请与印刷厂质量科联系
联系电话: 021-34536788

凡 例

一、本字典共收容易读错、写错、用错的字 2 100 余个,分 950 余组加以辨析,使读者了解字的正误和致误原因,从根本上避免出现错别字,提高正确、规范使用汉字的能力。

二、本字典按每组辨析字第一字的汉语拼音顺序排列,读音相同的,则按笔画顺序排列。

三、本字典每组辨析字内容由字头、拼音、释义、辨析、提示等五部分组成。

1. 字头:把容易互错的字归为一组。每组字按汉语拼音顺序排列,读音相同的,则按笔画顺序排列。

2. 拼音:用汉语拼音注音,四声标调。遇多音字的,只在字头中标注与该组字最容易混淆的读音,其余则放在提示部分加以说明。

3. 释义:以现代汉语常见、常用义为释义范围。义项不止一个的,分条释义。

4. 辨析:指出每组字互错原因,从音、形、义、使用方法等方面加以辨别、分析。

5. 提示:对多音字加以提示。

四、为便于读者查检使用,本字典正文前有"辨析字组音序索引"。

辨析字组音序索引

A

哀	衰	衷	1
埃	挨		1
皑	恺		2
癌	疝		2
毐	毒		2
蔼	霭		2
艾	乂		3
爱	爱		3
隘	溢	缢	3
嫒	媛		3
暧	暖		4
安	按		4
谙	暗	喑	5
暗	黯		5
印	卯		6
昂	昻		6

盎	盅		6
遨	邀		6
獒	謷	鳌	7
鳌	鳌	鏊	7
鳌	螯	螯	7
拗	坳		8
奥	粤		8
澳	懊		8

B

扒	趴			10
芭	笆			10
粑	靶	耙	杷	10
拔	跋			11
拔	拨			11
捭	稗			12
败	拜			12
班	斑			12

颁 频	13	倍 辈	23
瘢 癍	13	辈 辇	23
板 版	14	苯 笨	24
伴 拌 绊	14	夻 岔	24
瓣 辫	15	绷 棚	24
邦 帮	15	秕 枇	25
浜 滨	15	笔 毕	25
梆 绑	16	鄙 敝	25
榜 膀 傍 谤	16	必 毕	26
傍 旁	16	庇 屁	26
磅 镑	17	毖 毙	26
包 保	17	陛 狴	27
孢 狍	18	敝 敞	27
褒 裹	18	愎 腹	27
薄 簿	18	蓖 篦	28
报 抱	19	蔽 弊	28
抱 暴	19	壁 璧	28
暴 爆	20	砭 贬	29
曝 爆	20	贬 眨	29
杯 抔	20	褊 偏	29
卑 悲	21	卞 卡	30
卑 畀	21	辨 辩	30
卑 婢	21	膘 瞟	31
备 倍	22	憋 蹩	31
背 悖	22	彬 桃	31

彬 杉	31
斌 赋	32
滨 濒	32
濒 频	32
豳 幽	33
摈 摒	33
秉 禀	33
秉 兼	34
柄 炳	34
泊 舶	34
亳 毫	35
博 搏	35
哺 捕 哺 脯	35
布 部	36
步 部	36

C

擦 搽	37
才 材	37
裁 栽 载	38
采 彩	38
睬 踩	39
菜 莱	39
参 叁	39
残 贱	39
残 惨	40
惭 渐	40
灿 璨	40
仓 仑	41
伧 伦	41
苍 沧	41
沧 沧	42
嘈 漕 槽 糟	42
侧 测 恻	43
叉 岔	43
茬 荐 茌	44
茶 荼	44
查 察	44
碴 渣	45
叉 汊	45
汊 杈 衩	46
汊 汉	46
岔 忿	46
诧 姹 咤	47
刹 霎	47
拆 折	47
掺 搀	48
谗 馋	48
婵 禅 蝉	48
孱 羼	49

划	划			49	成	诚	58
诌	陷			50	丞	承	59
忏	歼			50	澄	橙	59
伥	怅			50	骋	聘	59
猖	娼 倡 唱			50	哧	嗤	60
长	常			51	答	苔	60
尝	偿			51	嗤	媸	60
徜	倘			52	弛	驰	60
敞	畅			52	弛	迟	61
抄	钞			53	持	恃	61
巢	窠			53	齿	耻	62
扯	址 祉 趾			53	齿	啮	62
坼	圻			54	豉	鼓	62
撤	澈 辙			54	叱	斥	63
撤	撒			54	翅	翘	63
抻	伸			55	敕	赦	63
嗔	瞋			55	充	允	64
瞋	瞠			55	忡	肿	64
辰	晨			56	春	舂	64
忱	诚			56	憧	幢	65
谌	湛			56	崇	祟	65
衬	忖 肘 纣			57	宠	庞	65
趁	乘			57	仇	酬	66
琤	铮			57	惆	愁	66
称	秤			58	惆	绸 稠	66

愁 筹	67	淙 琮	76
畴 踌	67	凑 辏 揍	76
厨 橱	67	徂 姐	77
杵 忤	68	蔟 簇	77
绌 拙	68	余 佘	77
揣 惴	68	撺 蹿	78
川 穿	69	蹿 窜	78
穿 串	69	窜 篡	78
椽 缘	69	篡 纂	78
创 疮	70	催 摧	79
垂 唾	70	萃 悴 瘁 粹	79
捶 棰 锤	71	搓 磋 蹉	80
槌 锤	71	挫 锉	80
纯 淳	71	措 错	80
唇 蜃	72		
淳 醇	72	**D**	
戳 戮	72	妲 姮	82
啜 惙 辍 掇 缀	73	靰 挞	82
词 辞	73	打 挞	82
瓷 磁	74	代 伐	83
次 秩	74	带 戴	83
刺 剌	75	贷 货	84
赐 剔	75	待 侍	84
匆 匆	75	殆 怠	84
囱 卤 囟	76	丹 舟	85

眈 耽	85	垫 墊	94
殚 惮	85	淀 锭 绽	94
掸 弹	85	凋 碉 雕	95
诞 涎	86	貂 貉	95
珰 铛	86	钓 钩	95
裆 挡 档	86	调 掉	96
凼 函	87	跌 趺	96
宕 岩	87	迭 叠	96
叨 忉	88	谍 堞 煠 碟 蝶	97
叨 叼	88	仃 停	97
到 倒	88	叮 盯 钉	98
到 道	89	订 定	98
悼 掉	89	锭 绽	99
氏 氐	89	陡 徒	99
低 底	90	渎 椟 犊 牍 赎	99
堤 提	90	堵 赌 睹	100
翟 瞿	91	度 渡	100
抵 抵	91	渡 踱	101
诋 抵 柢 砥	91	段 断	101
谛 缔	92	煅 锻	102
第 笫	92	对 兑	102
掂 踮 惦	92	墩 礅	103
掂 拈	93	咄 拙	103
颠 巅	93	垛 跺	104
玷 拈 沾	93	堕 坠	104

	E		分 份	112
			奋 愤	113
峨 娥 蛾 饿		105	忿 愤	113
厄 卮		105	风 凤 夙	114
垩 恶		105	峰 烽 锋 蜂	114
扼 轭		106	肤 浮	114
恶 噩		106	伏 服	115
谔 愕 腭		106	伏 俯	115
儿 凡 几		107	凫 袅	116
洱 饵		107	扶 抚	116
	F		苻 符	116
			符 副	117
砝 珐		108	幅 辐 蝠	117
番 翻		108	幅 副	118
幡 蟠		108	斧 釜	118
烦 繁		109	付 副	119
反 返		109	负 复	119
氾 泛		109	服 副	120
贩 饭		110	复 覆	120
防 妨		110		**G**
仿 彷		110		
绯 诽 悱		111	丐 丏	121
斐 蜚 翡 裴		111	概 慨	121
废 费		111	杆 竿 秆	121
焚 燹		112	竿 芉	122

肝	旰			122	估	沽	131
冈	岗			122	孤	弧	132
扛	杠			123	辜	故	132
刚	钢			123	辜	幸	132
戆	憨			124	汩	汨	133
篙	蒿			124	蛊	盅	133
杲	杳			124	毂	榖	縠	133
搞	缟	槁	稿	犒 124	固	故	134
戈	弋			125	顾	雇	134
胳	骼			125	锢	涸	135
隔	槅			125	刮	聒	恬 135
隔	膈			126	卦	挂	135
个	各			126	冠	寇	136
艮	良			127	管	菅	136
亘	互			127	鹳	獾	136
茛	莨			127	犷	旷	137
埂	哽	绠	梗	鲠 粳 128	龟	鼋	137
工	功			128	规	轨	137
公	攻			129	诡	鬼	138
宫	官			129	诡	桅	138
贡	供			130	晷	咎	138
勾	沟			130	衮	兖	139
苟	荀			130	埚	锅	139
枸	构			131	果	馃	139
诟	垢			131	果	裹	139

H

骇 害			141
酣 鼾			141
含 涵			141
函 涵			142
捍 悍 焊			142
颌 颔			143
撼 憾			143
号 嗥 嚎			143
毫 豪			144
浩 皓			144
合 和			144
荷 菏			145
赫 赦			145
狠 恨			145
亨 享			146
恒 衡			146
恒 桓			146
轰 哄			146
弘 宏			147
宏 洪			147
侯 候			148
忽 豁			148
狐 弧			148
壶 壸			149
浒 许			149
猾 滑			149
划 画			150
踝 裸			150
缓 援 媛			150
幻 换			151
幻 幼			151
唤 涣 焕			151
肓 盲			152
荒 慌			152
慌 谎			152
遑 惶 煌			153
潢 璜			153
蝗 蟥			153
晃 幌			154
诙 恢			154
晖 辉			154
徽 微			155
悔 海 晦			155
汇 会			155
讳 违			156
烩 侩 脍			156
彗 慧			157
惠 慧			157

喙 啄	157	继 既	167
荤 晕	158	继 寄	167
浑 混	158	夹 浃	168
浑 诨	158	茄 笳	168
霍 豁	159	佳 嘉	168
		枷 架	169
J		袈 驾 架	169
讥 叽	160	嫁 稼	170
积 集	160	坚 艰	170
屐 屣	160	坚 竖	170
缉 楫 辑	161	监 临	171
跻 挤	161	拣 捡	171
箕 萁	161	俭 简	172
汲 吸	162	俭 捡 检	172
即 既	162	剪 箭	172
及 急	163	睑 脸	173
亟 急	163	饯 贱 践	173
棘 辣	164	剑 箭	173
嫉 忌	164	浆 桨	174
藉 籍	164	交 缴	174
己 已	165	娇 骄	175
挤 济	165	娇 矫	175
记 纪	166	姣 佼	175
伎 技 妓	166	姣 皎	176
迹 绩	167	礁 憔 樵	176

矫 校	176	鸠 鸩	185
侥 挠	177	玖 玫	186
缴 檄	177	灸 炙	186
窖 窨	178	狙 阻	186
秸 桔	178	掬 鞠	186
接 截	178	雎 睢	187
孑 孓	179	橘 谲	187
节 截	179	咀 沮 诅 阻	187
诘 拮	179	矩 距	188
戒 戎	180	巨 匝	188
届 屈	180	具 俱	188
禁 经	180	倨 据 踞	189
仅 尽	181	卷 券	189
馑 殣	181	倦 蜷	190
浸 侵	182	决 诀 抉 玦 袂	190
兢 竞	182	决 绝	190
睛 晴	182	倔 掘 崛	191
井 阱	182	獗 蹶	191
景 境	183	攫 镬	192
警 擎	183	均 钧	192
径 胫	184	俊 峻 浚 骏 竣	192
竞 竟	184		
迥 炯	184	**K**	
纠 赳	185	揩 楷	194
究 咎	185	恺 铠	194

忾 汽	194	
勘 堪 戡	195	
坎 砍	195	
炕 坑	195	
拷 铐	196	
柯 轲	196	
棵 颗	196	
棵 稞 裸	197	
嗑 磕 瞌	197	
克 刻	197	
垦 恳	198	
硁 崆	198	
抠 眍 枢	198	
扣 叩	199	
库 厍	199	
垮 挎 胯 跨	200	
侩 脍	200	
快 侩	200	
诓 哐	201	
框 眶	201	
睽 暌	201	
篑 箦	202	
溃 愦 聩	202	
坤 珅	202	
困 因	202	

扩 阔	203
廓 廊	203

L

垃 拉	204
腊 蜡	204
蜡 镴	205
来 耒	205
徕 睐	205
赖 癞	206
籁 籁	206
兰 蓝	206
拦 栏	207
蓝 篮	207
谰 澜 斓	207
揽 缆	208
烂 滥	208
琅 银 稂 踉	209
埌 垠	209
捞 涝	209
赢 羸 蠃	210
肋 胁	210
棱 菱	210
棱 梭	211
楞 愣	211

冷 泠			211	赁 凭			221
梨 犁			212	伶 灵			221
力 利			212	苓 芩			221
历 厉			213	零 另			222
厉 利			213	龄 令			222
厉 励			214	留 流			223
吏 史			214	溜 遛			223
呖 沥			214	龙 拢			224
例 列			215	茏 笼			224
栗 粟			215	咙 昽 胧 眬			224
砾 烁			215	拢 扰			225
俩 两			216	蒌 蒌			225
连 联			216	搂 镂 缕			225
敛 殓			216	搂 擞			226
练 炼			217	芦 庐			226
梁 粱			217	屡 缕			226
凉 谅 晾			217	虏 掳			227
寥 廖			218	虑 滤			227
撩 潦 缭 燎			218	绿 缘			227
嘹 瞭			219	峦 栾			228
了 瞭			219	孪 挛			228
冽 洌			219	囵 团			228
坶 捋			220	卵 卯			229
邻 临			220	抡 抢			229
鳞 麟			220	仑 伦 轮			229

M

萝 箩	230
吗 嘛	231
瞒 蹒	231
曼 蔓	231
谩 漫	232
芒 茫	232
茫 莽	232
玫 枚	233
枚 牧	233
莓 梅	233
妹 姝 姊	234
昧 味	234
媚 魅	234
闷 焖	235
曚 朦	235
孟 盂	235
咪 眯	236
迷 谜	236
糜 靡	237
泌 沁	237
密 蜜	237
谧 谥	238
眠 泯	238
绵 棉	238
免 兔	239
娩 挽	239
湎 缅 腼	239
秒 秒	240
渺 缈	240
渺 藐	240
森 淼	241
乜 也	241
蔑 篾	241
皿 血	242
闵 闽	242
鸣 呜	242
名 明	243
冥 溟	243
暝 瞑	243
谬 缪	244
摹 模	244
摩 磨	244
末 未	245
蓦 募 墓 幕 慕 暮	245
漠 寞	246
牟 谋	246
母 毋	247
拇 姆	247

沐 沭	247	
N		
哪 那	248	
呐 纳 衲 钠 讷	248	
奈 柰	249	
奈 耐	249	
猱 揉	249	
恼 脑	249	
馁 绥	250	
妮 尼	250	
怩 昵	250	
拟 似 妳	251	
黏 粘	251	
捻 稔	251	
鸟 乌	252	
袅 枭	252	
尿 屎	253	
捏 涅	253	
镊 蹑	253	
孽 蘖	254	
拧 咛 狞 柠 泞	254	
扭 忸 纽	254	
浓 脓	255	
驽 弩	255	

怒 恕	255	
疟 虐	256	
虐 谑	256	
挪 娜	256	
挪 掷	257	
诺 喏	257	
懦 儒	257	
O		
讴 呕 沤 怄	258	
欧 殴	258	
偶 隅	258	
P		
趴 扒	260	
帕 拍	260	
俳 徘	260	
爿 片	261	
盘 磐	261	
磐 磬	261	
判 叛	262	
畔 衅	262	
乓 乒	262	
呸 胚 坯	263	
陪 赔	263	

佩 配	263	气 汽	272
抨 怦 砰 坪	264	讫 迄	273
澎 膨	264	茸 葺	273
蓬 篷	264	器 噐	273
圮 圯	265	洽 恰	274
篇 翩	265	谦 歉	274
剽 骠	265	黔 黥	274
漂 飘	266	遣 遗	275
瓢 瓤	266	欠 歉	275
贫 贪	266	堑 暂	275
平 评	267	呛 炝	276
坪 枰	267	跷 翘	276
扑 仆 朴	267	橇 撬	276
		憔 樵 瞧	277
Q		俏 诮 峭 鞘	277
沏 砌	269	窍 窃	277
柒 染	269	怯 祛	278
栖 憩	269	锲 楔	278
期 其	270	亲 青	278
漆 添	270	秦 泰 奏	279
岐 歧	271	吣 沁	279
祈 乞	271	揿 掀	279
畦 洼	271	青 轻	279
乞 气	271	青 清	280
启 起	272	磬 罄	280

曲 屈		281
驱 祛		281
驱 趋		282
驱 躯		282
荃 筌		282
雀 鹊		283
确 榷		283
阕 阙		283

R

冉 苒			284
壤 攘 嚷			284
饶 娆 绕			284
扰 绕			285
扰 忧			285
忍 韧			285
饪 妊 纴			286
韧 轫			286
扔 仍			287
溶 熔 融			287
揉 糅 蹂			287
儒 濡 孺 蠕			288
蓐 缛 褥			288
蕊 芯			288

S

洒 撒			290
丧 伤			290
搔 骚 瘙			291
沙 砂			291
刹 煞			291
杉 衫			292
姗 跚			292
缮 膳			292
擅 檀			293
赡 瞻			293
蟮 鳝			293
殇 觞			294
晌 响			294
裳 棠			294
捎 梢 稍			294
艄 艘			295
苕 笤			295
畲 畬			295
佘 余			296
涉 陟			296
摄 慑			296
申 伸			296
身 生			297

慎	缜		297	暑	署		307
牲	性	姓	298	戍	戌		307
渑	绳	蝇	298	述	诉		308
圣	胜		298	树	竖		308
失	矢		299	墅	野		308
失	逝		299	漱	嗽		309
师	帅		300	刷	涮		309
嗜	嗜		300	耍	要		309
十	实		300	摔	甩		310
示	事		301	甩	用		310
世	事		301	帅	率		311
式	势		302	拴	栓		311
事	肆		302	妁	灼		311
侍	恃		303	烁	铄		312
试	拭	轼 弑	303	撕	嘶		312
室	窒		303	肆	肄		312
收	搜		304	忪	松	讼	312
收	受		304	凇	淞		313
受	授		305	怂	耸		313
授	援		305	耸	悚		313
抒	纾	杼	305	悚	竦		314
姝	殊		306	诵	颂		314
倏	儵		306	叟	曳		314
梳	疏		306	隋	随		315
塾	熟		307	祟	祟		315

遂 逐	315	
隧 邃	316	
孙 逊	316	
唢 琐 锁	316	
琐 项	317	

T

塌 蹋	318
摊 滩 瘫	318
谭 潭	319
坦 袒	319
毯 毡	319
炭 碳	319
趟 淌	320
塘 搪	320
涛 滔	320
掏 淘	321
疼 痛	321
腾 滕	322
剔 剃	322
提 题	322
体 休	323
涕 悌	323
天 夭	323
恬 甜	324

帖 贴	324
莛 筳	325
廷 庭	325
廷 延	325
亭 婷	326
蜓 蜒	326
挺 铤	326
曈 瞳	327
桶 筒	327
头 投	327
凸 突	328
徒 徙	328
退 蜕	328
蜕 脱	329
煺 褪	329
屯 囤	329
托 脱	330
驼 鸵	330
拓 柘	330
柝 析	331

W

娲 娃	332
纨 执	332
玩 顽	332

宛 苑	333	嘻 嬉	340
宛 婉	333	峡 狭 挟	341
惋 婉 琬 碗	333	瑕 暇	341
枉 妄	334	掀 锨	341
罔 惘	334	弦 舷	342
位 味	334	弦 旋	342
胃 青	335	衔 衍	342
慰 熨	335	限 线	343
蕰 蕴	335	厢 箱	343
纹 紊	336	详 祥	344
翁 瓮	336	庠 痒	344
污 诬	336	象 像	344
芜 荒	337	消 销	345
梧 捂 悟 晤	337	宵 霄	345
仵 忤	337	萧 肖	345
捂 焐	338	萧 箫	346
误 娱	338	孝 肖	346
鹜 鹜	338	协 胁	347
X		协 谐	347
		邪 斜	347
西 酉	339	偕 谐	348
吸 息	339	撷 缬	348
息 熄	339	泄 泻	348
浙 晰	340	心 性	349
浙 淅	340	惺 猩 腥	349

行	性		350	赝 膺		359
形	型		350	泱 殃 秧 怏		359
省	醒		351	佯 徉		360
汹	酗		351	仰 抑		360
休	修		351	椰 揶		360
绣	锈		352	晔 烨		360
须	需		352	掖 腋		361
诩	栩		353	依 倚		361
序	绪		353	饴 怡 贻		361
喧	暄 渲		353	义 意		362
眩	炫 眩		354	亦 抑		362
询	讯		354	佚 轶		363
循	徇		354	役 疫		363
训	驯		355	译 绎		363
讯	汛 迅		355	轶 秩		364
徇	殉		355	弈 奕		364
				弈 羿		364
Y				翊 翌		364
压	押		357	溢 缢		365
崖	涯		357	婴 罂		365
堰	堰		357	茔 荧 莹 萤 萦		365
咽	胭		358	盈 营		366
淹	湮		358	颍 颖		366
淹	掩		358	应 映		366
晏	宴		359	佣 用		367

咏 泳	367	再 在	375
涌 踊	367	赃 脏	376
优 忧	368	澡 噪 燥 躁	376
优 幽	368	责 职	377
尤 犹	369	诈 作	377
柚 釉	369	沾 粘	377
迂 遇	369	帐 账	378
余 裕	370	仗 杖	378
鱼 渔	370	胀 涨	378
竽 芋	370	障 嶂 嶂	379
娱 愉	371	招 召	379
谀 腴	371	折 褶	380
揄 渝 愉 瑜 榆 谕	371	辄 辙	380
渝 逾	372	蛰 蜇	380
伛 妪	372	帧 祯	381
域 蜮	372	榛 臻	381
渊 源	372	诊 疹	381
园 圆	373	振 震	382
原 源	373	赈 拯	382
缘 远	374	征 证	382
陨 殒	374	征 症	383
		挣 峥 狰 铮	383
Z		支 只	384
扎 札	375	值 殖	384
杂 札	375	植 殖	385

止 只	385	珠 株 铢 蛛 390
止 至	385	拄 柱 391
止 制	386	嘱 瞩 391
止 治	386	住 驻 391
止 滞	387	柱 炷 392
址 祉 趾	387	伫 纻 贮 392
指 趾	387	撰 篆 392
至 致	388	妆 装 393
质 置	388	啄 琢 393
治 置	388	姿 恣 394
制 治	389	缁 辎 锱 394
忠 衷	389	孳 滋 394
赘 挚	389	尊 遵 394
州 洲	390	作 做 395
诌 绉 皱	390	坐 座 395

Aa

哀 āi　　衰 shuāi　　衷 zhōng

[释义] **哀** ①悲伤(与"乐"相对):～痛|～伤|～愁|悲～。②苦苦地:～求。③对死者表示悼念:～悼|～乐|默～。
衰 微弱;由强变弱(与"盛"相对):～弱|～老|～败。
衷 内心:～情|无动于～|～心祝愿。

[辨析] 因形似致误。三字均为上下结构,都是将"衣"字拆开,区别在中间:"哀"中间是"口","衰"中间是"ᄇ","衷"中间是"中"。

[提示] "衰"另读 cuī。

埃 āi　　挨 āi

[释义] **埃** ①灰尘:尘～。②长度单位,一亿分之一厘米,主要用来计算光波及电磁波的波长。
挨 ①依次;顺次:～个儿|～门～户。②靠近:大家～着坐。

[辨析] 因音同形似致误。两字均为形声字,左右结构,声旁均为"矣",但已不能准确表音。"埃"的本义与尘土有关,故形旁为"土";"挨"的本义与肢体动作有关,故形旁为"挨"。

[提示] "挨"另读 ái。

皑 ái　恺 kǎi

[释义] 皑 形容雪洁白：～～白雪。
恺 快乐；和乐。

[辨析] 因形似致误。两字均为形声字，左右结构，声旁均为"岂"。"皑"形容雪洁白，故形旁为"白"；"恺"形容快乐，与心情有关，故形旁为"忄"。

癌 ái　疝 shàn

[释义] 癌 恶性肿瘤：～症｜肝～｜胃～。
疝 疝气，通常指腹股沟部的疝。

[辨析] 因形似致误。两字均为形声字，均为半包围结构，形旁均为"疒"，均用作名词。"癌"的声旁为"嵒"，"疝"的声旁为"山"。

毐 ǎi　毒 dú

[释义] 毐 人名用字：嫪～（战国时秦国人）。
毒 ①对生物有害的：中～｜消～。②有毒的：～药｜～草。③凶狠；残酷：～打｜狠～。④对思想有害的：～害｜流～。⑤指毒品：吸～。

[辨析] 因形似致误。两字均为上下结构。"毐"的上面是"士"，下面是"毋"，4画；"毒"的上面是"圭"，下面是"母"，5画。

蔼 ǎi　霭 ǎi

[释义] 蔼 态度温和：和～｜～然可亲。
霭 云气：暮～｜烟～｜雾～。

[辨析] 因音同形似致误。两字均为形声字，上下结构。"蔼"的本义与语言有关，故形旁为"讠"，声旁为"葛"；"霭"的本

义与云气和雨有关,故形旁为"雨",声旁为"谒"。

艾 ài　　乂 yì

[释义] 艾 ①草本植物,叶子有香味,可以做药材。②结束;停止:方兴未～。

乂 治理;安定:～安(太平无事)。

[辨析] 因形似致误。"艾"为形声字,上下结构,声旁为"乂",形旁为"艹";"乂"为独体字。

[提示] "艾"另读 yì。

爱 ài　　爰 yuán

[释义] 爱 ①对人或物有深厚的感情(与"恨"相对):～情|挚～。②喜欢;爱好:～不释手。③珍惜;保护:～惜|～护。

爰 ①何处;哪里:～其适归? ②于是。

[辨析] 因形似致误。两字均为上下结构,上面均为"爫",区别在下面:"爱"的下面是"叐","爰"的下面是"𠂇"。

隘 ài　　溢 yì　　缢 yì

[释义] 隘 ①狭窄:狭～。②险要的地方:～口|关～。

溢 ①充满而流出来:充～|洋～。②过分:～美。

缢 用绳子勒死;吊死:自～。

[辨析] 因形似致误。三字均为形声字,左右结构,声旁均为"益"。"隘"的本义为地方狭窄,故形旁为与表示地势、地形有关的"阝(阜)";"溢"的本义与水有关,故形旁为"氵";"缢"的本义与绳子有关,故形旁为"纟"。

嫒 ài　　媛 yuàn

[释义] 嫒 令嫒,称对方的女儿。

媛 美女。

[辨析] 因形似致误。两字均为形声字,左右结构,因本义均与女子有关,故形旁均为"女"。"媛"的声旁为"爱","媛"的声旁为"爱"。

[提示] "媛"另读 yuán。

暧 ài　　暖 nuǎn

[释义] **暧** 光线昏暗不明。

暖 ①暖和:~房|~气|~洋洋|春~花开。②使温暖:~手|~心窝。

[辨析] 因形似致误。两字均为形声字,左右结构,因本义均与光有关,故形旁均为"日"。"暧"的声旁为"爱","暖"的声旁为"爰"。

安 ān　　按 àn

[释义] **安** ①平安;安全(与"危"相对):转危为~。②平静;稳定:~定|稳~|~静|~详。③使平静,稳定:~神|~民|~抚|~民告示。④舒适;快乐:~乐|~逸。⑤安置:~放|~顿。⑥装;设立:~装。⑦怀着(不好的念头):没~好心。

按 ①用手压:~门铃。②依照:~时|~照。③止住;抑制:~兵不动。④给书刊或文章加的评论或说明:~语|编者~。

[辨析] 因音近形似致误。可根据不同的构词法加以区别:"安"为会意字,上面的"宀"表示一座房子,一女子坐在里面安全又舒适,意为"平安";"按"为形声字,左右结构,本义为用手或手指往下压,故形旁为表示动作的"扌",声旁为"安"。两字在"安排""安装"等词上特别容易混淆。

"安排"指有条理、分先后地处理事物或安置人员,如"安排工作""安排生活"等;"安装"指按照一定的方法、规则把机械或机器(多指成套的)固定在一定的地方,如"安装电话""安装机器"等。

谙 ān　暗 àn　喑 yīn

[释义] 谙 了解;熟悉:~熟。

暗 ①光线微弱(与"明"相对):~淡|黑~|~无天日|天昏地~。②不公开的;隐藏的:~线|~喻|~藏|明争~斗。③偷偷地;见不得人的:~箭伤人。

喑 ①嗓子哑而失声:~哑。②不做声:万马齐~。

[辨析] 因形似致误。三字均为形声字,左右结构,声旁均为"音"。"谙"表示熟知,形旁为"讠";"暗"的本义与光线有关,形旁为"日";"喑"形容嗓子哑,与"口"有关,形旁为"口"。

暗 àn　黯 àn

[释义] 暗 ①光线微弱(与"明"相对):~淡|黑~|~无天日|天昏地~。②不公开的;隐藏的:~线|~喻|~藏|明争~斗。③偷偷地;见不得人的:~箭伤人。

黯 ①阴暗:~淡|~然无光。②情绪低落;精神沮丧:~然神伤。

[辨析] 因音同形似致误。两字均为形声字,左右结构,声旁均为"音"。"暗"的本义与光线有关,故形旁为"日";"黯"的本义是表示颜色深黑,故形旁为"黑",一般不能单独使用。"暗"与"黯"只有在表示光线不足的时候,两字可以混用,如"暗淡"与"黯淡"。

卬 áng　　卯 mǎo

[释义] **卬** ①我。②同"昂"。③姓。
　　　卯 ①地支的第四位:子丑寅~。②卯眼。
[辨析] 因形似致误。两字均为左右结构,右边均为"卩",区别在左边:"卬"的左边是"匚",2画;"卯"的左边是"丆",3画。

昂 áng　　昴 mǎo

[释义] **昂** ①抬起;仰起头:~首挺胸|~首阔步。②情绪高涨:慷慨激~|斗志~扬。
　　　昴 星宿名,二十八宿之一。
[辨析] 因形似致误。两字均为形声字,上下结构,形旁均为"日"。"昂"的声旁为"卬";"昴"的声旁为"卯"。

盎 àng　　盅 zhōng

[释义] **盎** ①古代一种口小腹大的器皿。②满:趣味~然。
　　　盅 饮酒或喝茶用的没有把的杯子:茶~|酒~。
[辨析] 因形似致误。两字均为形声字,上下结构,因本义均与器皿有关,故形旁均为"皿"。"盎"的声旁为"央",除作名词外,还可用作形容词,意为满;"盅"的声旁为"中",只能作名词。

遨 áo　　邀 yāo

[释义] **遨** 游玩:~游。
　　　邀 ①约请:~请|~约。②求得:~功|~宠。
[辨析] 因形似致误。两字均为形声字,半包围结构,因本义均与行走有关,故形旁均为"辶",可根据不同的声旁加以

区别:"邀"的声旁为"敖","青"笔顺为:一 二 キ 主 青 青;"邀"的声旁为"敫"。

獒 áo　聱 áo　骜 ào

[释义] 獒 一种凶猛的狗,体大,四肢较短:藏～。
聱 文词艰涩,不顺畅:诘屈～牙。
骜 ①骏马。②骄傲:桀～。

[辨析] 因音近形似致误。三字均为形声字,上下结构,声旁均为"敖"。"獒"为狗,故形旁为"犬";"聱"的本义指话语不顺耳,故形旁为"耳";"骜"的本义为骏马,故形旁为"马"。

螯 áo　鳌 áo　鏊 ào

[释义] 螯 螃蟹等节肢动物的第一对脚,形状像钳子,能开合,用来取食或自卫。
鳌 传说中海里的大鳖。
鏊 鏊子,一种铁制的烙饼的器具。

[辨析] 因音同形似致误。三字均为形声字,上下结构,声旁均为"敖"。"螯"的本义与动物有关,故形旁为"虫";"鳌"是海里的大鳖,故形旁为"鱼"(异体字为"鼇");"鏊"即鏊子,用金属制成,故形旁为"金"。

螯 áo　蝥 máo　螫 shì

[释义] 螯 螃蟹等节肢动物的第一对脚,形状像钳子,能开合,用来取食或自卫。
蝥 斑蝥,一种昆虫。
螫 蜂、蝎子等用毒刺刺。

[辨析] 因形似致误。三字均为形声字,上下结构,因本义均与

动物有关,故形旁均为"虫";"螯"的声旁为"敖","龶"的笔顺为: 一 = 扌 耂 耂 龶;"螫"的声旁为"赦";"蟄"的声旁为"执"。"螯""蟄"为名词,"螫"为动词。

拗 ào   坳 ào

[释义] **拗** 不顺;不顺从:～口|违～。
坳 山间平地:山～。

[辨析] 因音同形似致误。两字均为形声字,左右结构,声旁均为"幼",但已不能准确表音。"拗"的本义为弄弯、折断,故形旁为表示动作的"扌";"坳"的本义指地势低洼的地方,故形旁为"土"。注意"拗口"与"坳口"的区别:"拗口"为形容词,指说起来别扭、不顺口;"坳口"为名词,指山间较为平坦、可以出入的地方。

[提示] "拗"另读 ǎo、niù。

奥 ào   粤 yuè

[释义] **奥** 含义深,不容易懂:～秘|～妙|深～。
粤 ①广东省的别称:～菜|～剧。②指广东、广西:两～。

[辨析] 因形似致误。两字均为上下结构:"奥"的上面为半包围结构,里面是"米",不是"采";下面是"大",不是"犬"。"粤"的上面为全包围结构,里面是"米",不是"采";下面是"亐",不是"亏"。

澳 ào   懊 ào

[释义] **澳** ①海边向内陆弯曲的地方(多用于地名)。②指澳门:港～同胞。③指澳洲(现称大洋洲):～毛(澳洲出产的羊毛)。④指澳大利亚。

懊 烦恼;悔恨:~恼|~悔|~丧|~恨。

[辨析] 因音同形似致误。两字均为形声字,左右结构,声旁均为"奥"。"澳"的本义为海边向陆地内弯曲的地方,与"水"有关,故形旁为"氵";"懊"的本义指烦恼、悔恨,表示一种心理状态,故形旁为"忄"。

扒 bā　趴 pā

[释义] 扒 ①抓住：～围墙。②拆；挖：～房。③脱；剥：～光衣服。

趴 ①身体向前靠在物体上：～在桌上。②身体向前卧倒：～在地上。

[辨析] 因音近形似致误。两字均为形声字,左右结构,声旁均为"八"。"扒"的本义与手的动作有关,故形旁为"扌";"趴"指身体向前靠在物体上,故形旁为表示整个身体的"𧾷"(足)。

[提示] "扒"另读 pá。

芭 bā　笆 bā

[释义] 芭 芭蕉,一种草本植物。

笆 用竹篾片或树枝条编成的器物：～篓｜～斗｜篱～。

[辨析] 因音同形似致误。两字均为形声字,上下结构,声旁均为"巴"。"芭"的本义指一种香草,故形旁为"艹";"笆"的本义指用竹篾编成的篱笆,故形旁为"𥫗"。

粑 bā　靶 bǎ　耙 bà　耙 pá

[释义] 粑 饼类食品：糍～。

靶 靶子：打～｜～场。

耙 ①一种农具。②用耙弄碎土块:这块地已经~过三遍了。

杷 枇杷,一种常绿乔木。

[辨析] 因音近形似致误。四字均为形声字,左右结构,声旁均为"巴"。"粑"是一种食物,故形旁为"米";"靶"的本义与射猎有关,故形旁为"革",是练习射击的物体。"耙"的本义为一种农具,故形旁为"耒",是人们用来劳作的工具;"杷"即枇杷,一种绿叶乔木,故形旁为"木"。

[提示] "耙"另读 pá。

拔 bá　　跋 bá

[释义] **拔** ①拉出;抽出:~剑|~草|~苗助长。②吸出:~毒|~火罐。③超出;高出:~尖|海~|出类~萃。④挑选:选~|提~。

跋 ①在山上行走:~山涉水|长途~涉。②附在书籍、文章等后面的考释、说明、鉴定或评价性的短文:~文|序~。

[辨析] 因音同形似致误。两字均为形声字,左右结构,声旁均为"发"。"拔"的本义为拉、抽,与"手"有关,故形旁为"扌";"跋"的本义为在山上行走,与"足"有关,故形旁为"𧾷"。

拔 bá　　拨 bō

[释义] **拔** ①拉出;抽出:~剑|~草|~苗助长。②吸出:~毒|~火罐。③超出;高出:~尖|海~|出类~萃。④挑选:选~|提~。

拨 ①挑动;转动:~弄|挑~。②调配;发放:~款|调~。③数量单位,用于分批的人或物:一~人|分成两~。

[辨析] 因音近形似致误。两字均为形声字,左右结构,因本义均与表示动作的"手"有关,故形旁均为"扌"。"扳"的声旁为"反","拨"的声旁为"发"。

捭 bǎi　稗 bài

[释义] **捭** 分开:纵横~阖。
稗 ①稗子,稻田里的一种害草。②微小的;琐碎的:~官野史。

[辨析] 因音近形似致误。两字均为形声字,左右结构,声旁均为"卑"。"捭"的本义为分开,与表示动作的"手"有关,故形旁为"扌";"稗"是稻田里的一种草,故形旁为"禾"。

败 bài　拜 bài

[释义] **败** ①损坏;毁坏:~坏|~笔。②输(与"胜"相对):~仗|失~。③消除:~毒|~火。④衰落:~落|枯枝~叶。
拜 ①一种表示敬意的礼节:叩~|跪~。②见面行礼表示祝贺:~年|~寿。③尊崇;敬奉:~服|崇~|甘~下风。④恭敬地与对方结成某种关系:~师|八~之交。⑤敬辞,人际往来中表示恭敬或客气:~托|~访。

[辨析] 因音同致误。两字读音相同,意思完全不同,在"甘拜下风"一词上特别容易混淆:"甘拜下风"意为佩服别人、自认不如,故不能写成"甘败下风"。

[提示] "拜"另读 bái。

班 bān　斑 bān

[释义] **班** ①为了工作或学习而编成的组织:~级|~组。②指一天之中确定的工作时间:早~|中~。③用于定

时开行的交通运输工具：～机｜～车。④军队里排以下的编制单位：侦察～｜炊事～。⑤数量单位：这～人马｜末～车。

斑 ①一种颜色中夹杂有别种颜色的点子或条纹：～纹｜～点。②有斑点或斑纹的：～竹｜～马。

[辨析] 因音同形似致误。两字均为会意字，左中右结构。"班"的古字像一把刀将一块玉石分开，故"班"的本义为分玉，义均为引申义；"斑"的古字表示一块玉中间有花纹，故"斑"的本义为花纹。

颁 bān　　频 pín

[释义] **颁** 发布：～布｜～发｜～奖。
频 屡次：～繁｜捷报～传。

[辨析] 因形似致误。两字均为形声字，左右结构。"颁"的本义为大头貌，"频"的本义为皱眉，均与本义为头的"页"有关，故形旁均为"页"。"颁"的声旁为"分"，后借假为发布、公布的意思；"频"的声旁为"步"，后引申为屡次、多次的意思。

瘢 bān　　癍 bān

[释义] **瘢** ①疮口或伤口好了之后留下的痕迹：～痕｜刀～。②皮肤上的斑点。
癍 ①皮肤上生斑点的病。②皮肤上的斑点。

[辨析] 因音同义近致误。两字均为形声字，均为半包围结构，形旁均为"疒"。"瘢"的声旁为"般"，"癍"的声旁为"斑"。两字除均用作名词、均指皮肤上的斑点外，"瘢"表示疮口或伤口好了后留下的痕迹；"癍"指皮肤上发生的一种病变。

板 bǎn　　版 bǎn

[释义] **板** ①片状的较硬的物体:铁~|钢~|木~|纸~。②演奏戏曲等时用来打节拍的乐器;也指打出的节拍:竹~|快~。③不灵活:呆~|死~。④硬得像板子一样:~结。

版 ①印刷用的底板,上面有文字或图形:铜~|锌~|胶~。②图书或印刷物排印的次数:初~|再~|修订~。③书报杂志的一面:~面|第五~。

[辨析] 因音同形似致误。两字均为形声字,左右结构,声旁均为"反"。"板"的本义与"木"有关,故形旁为"木";"版"的本义与"墙"有关,"墙"的异体字为"牆",故形旁为"片"。两字的混淆主要在"板面"与"版面"、"板式"与"版式"上:①"板面"指木板或石板的表面;"版面"指书报杂志上每一页的整面,也指书报杂志的每一面上文字图画的编排形式。②"板式"指戏曲唱腔的节拍形式;"版式"指书报版面的格式。

伴 bàn　　拌 bàn　　绊 bàn

[释义] **伴** ①同在一起生活、工作或旅游的人:~侣|伙~|同~。②陪同;随同:~随|~同|陪~。③用唱歌、跳舞或器乐配合:~唱|~舞。

拌 ①搅和:~匀|~饲料。②吵嘴:~嘴。

绊 挡住或缠住,使行走不方便:~脚石|~手~脚。

[辨析] 因音同形似致误。三字均为形声字,左右结构,声旁均为"半"。"伴"意为同伴,故形旁为"亻";"拌"表示动作,与手有关,故形旁为"扌";"绊"本义指套马脚的绳,故形旁为"纟"。

瓣 bàn　　辫 biàn

[释义] **瓣** ①组成花冠的花片：花～。②物体分开后像花瓣一样的片状物：豆～|碗摔成几～。③数量单位：把西瓜切成四～。

辫 ①把头发分股交叉编成的条状物：～子。②像辫子一样的东西：蒜～子。

[辨析] 因音近形似致误。两字均为左中右结构，区别在中间："瓣"的本义是指一片一片的果实、花瓣、叶片等，故中间为"瓜"；"辫"的本义是织绳，故中间为"纟"，凡表示辫子或辫状物的，都应用"辫"。

邦 bāng　　帮 bāng

[释义] **邦** 国家：～交|友～|邻～|治国安～。

帮 ①群；伙；集团：～派|～会|匪～。②物体两边或周围部分：鞋～|船～。③协助：～工|～助。④数量单位，用于人，是成群结伙的意思：一～中学生。

[辨析] 因音同形似以及将"邦"作为"帮"的简化字致误。"邦"指国家，只能作名词；"帮"可作名词，指团伙等，可作动词，指协助、帮助，还可作量词，如"一帮中学生"。

浜 bāng　　滨 bīn

[释义] **浜** 小河：河～|臭水～。

滨 ①近水的地方：海～|湖～。②靠近（水边）：～海|～江大道。

[辨析] 因形似义近致误。两字均为形声字，左右结构，因本义均与"水"有关，故形旁均为"氵"。"浜"是小河沟，为名词，多用于地名，如"沙家浜"；"滨"是水边或靠近水边的

意思,作名词或动词,如"海滨""滨海"。

梆 bāng　　绑 bǎng

[释义] **梆** ①旧时打更用的器具,空心,用木头或竹制成:~子。②拟声词:把门敲打得~~响。③戏曲,用梆子腔演唱的剧种:河北~子。
绑 用绳、带等缠绕或捆扎:~腿|~扎|捆~|松~。

[辨析] 因音近形似致误。两字均为形声字,左右结构,声旁均为"邦"。"梆"的本义与"木"有关,故形旁为"木";"绑"的本义与"绳"有关,故形旁为"纟"。

榜 bǎng　　膀 bǎng　　傍 bàng　　谤 bàng

[释义] **榜** 张贴出来的名单或文告:~文|红~|~上有名。
膀 ①胳膊的上部和躯干相连的部分:肩~|臂~。②鸟类等的翅膀。
傍 ①靠近:依山~水。②临近(指时间):~晚。
谤 无中生有,恶意攻击他人:诽~|毁~。

[辨析] 因音近形似致误。四字均为形声字,声旁均为"旁"。"榜"的本义是木片、匾额,故形旁为"木",今义为引申义;"膀"的意思与身体有关,故形旁为"肉",后用作形旁的"肉"与"月"混同,均写作"月";"傍"的声旁兼有表义作用,表示在人的旁边,所以有靠近、临近的意思;"谤"的本义与语言有关,故形旁为"讠"。

[提示] "膀"另读 bàng、pāng、páng。

傍 bàng　　旁 páng

[释义] **傍** ①靠近:依山~水。②临近(指时间):~晚。
旁 ①边;侧:~边|~门|~听。②另外;其他:~人|

证|触类～通。③偏旁：形～|声～。

[辨析] 因形似致误。两字的区别在"傍"比"旁"多了形旁"亻"。两字的混淆主要在"傍边"与"旁边"上："傍边"是方言用词，用作动词，意为靠近、接近；"旁边"用作名词，表示方位，意为左右两边或靠近的地方。

磅 bàng　镑 bàng

[释义] **磅** ①英美制重量单位。②磅秤：过～。③用磅秤称轻重：～体重。

镑 英国的本位货币：英～。

[辨析] 因音同形似致误。两字均为形声字，左右结构，声旁均为"旁"。"磅"的本义为重量单位，故形旁为"石"；"镑"为英镑，与"金"有关，故形旁为"钅"。"磅"除用作名词外，还可作动词，表示称重量；"镑"只能作名词。

[提示] "磅"另读 páng。

包 bāo　保 bǎo

[释义] **包** ①用纸、布等裹东西或蒙在东西表面：～书|～扎|～饺子。②包好了的东西：邮～|炸药～。③装东西的口袋：书～|皮～。④物体或身体表面鼓起来的东西：山～|头上起了个～。⑤围拢；围绕：～围|～抄。⑥容纳在内；总括在一起：～含|～括。⑦把整个任务承担下来：～工|～办|承～。⑧担保；保证：～你满意|～退～换。⑨约定专用：～场|～车。⑩数量单位：两～大米|一～衣服。

保 ①照顾，使不受损害：～护|～健|～养|～管。②维持原状，使不消失或减弱：～持|～温|～留。③负责：～证|～障。

[辨析] 因音近致误。两字的混淆主要在"包修"与"保修"上:"包修"的意思是负责修理并承担修理或调换等的全部费用;"保修"的意思是保证修理,但没有是否付费的明确含义。

孢 bāo　狍 páo

[释义] **孢** 孢子,一些低等动、植物产生的具有繁殖作用或休眠作用的细胞。
狍 狍子,鹿类动物。
[辨析] 因形似致误。两字均为形声字,左右结构,声旁均为"包"。"孢"的本义与繁殖有关,故形旁为"子";"狍"的本义与动物有关,故形旁为"犭"。

褒 bāo　裹 guǒ

[释义] **褒** 赞扬;夸奖(与"贬"相对):～扬|～奖|～义词。
裹 ①包;缠绕:～腿|包～|～足不前。②夹杂在里头:～挟。
[辨析] 因形似致误。两字均为形声字,上中下结构,因本义均与衣物有关,故形旁均为"衣"。"褒"中间是"保",作声旁;"裹"中间是"果",作声旁。

薄 báo　簿 bù

[释义] **薄** ①扁平物上下面之间的距离很小(与"厚"相对):～片|～饼。②感情冷淡:淡～|我俩的情分不～。③不浓、味道淡:稀～|～酒。④不肥沃:～地。
簿 用纸装订成用来记载事项或书写的册子:账～|统计～。
[辨析] 因形似致误。两字均为形声字,上下结构,声旁均为"溥"。"薄"的本义是草木丛生的地方,故形旁为"艹";

后引申为不厚、淡薄、少等义,作形容词;"簿"的本义是书写记事的簿册,因古人书写记事多用竹片,故形旁为"⺮",作名词。

[提示] "薄"另读 bó、bò。

报 bào　　抱 bào

[释义] 报 ①告诉:~告|~信|~喜|~名。②报纸:商~|日~|~社。③对受到的恩德予以回答:~恩|~答。④传达消息的文件或信号:电~|情~|公~。⑤报复:~仇。
抱 ①用手臂围着:拥~|搂~。②心里存着:~恨|~歉。

[辨析] 因音同致误。两字的混淆主要在"报复"与"抱负"、"报怨"与"抱怨"上:①"报复"的意思是打击批评自己或损害自己利益的人;"抱负"的意思是远大的志向。②"报怨"的意思是对所怨恨的人做出反应;"抱怨"的意思是埋怨别人。

抱 bào　　暴 bào

[释义] 抱 ①用手臂围着:拥~|搂~。②心里存着:~恨|~歉。
暴 ①突然而猛烈:~雨|~病|狂风~雨。②凶狠;残酷:~行|残~。③显露出来:~露|~光。④糟蹋:自~自弃。

[辨析] 因音同致误。两字读音相同,意思完全不同,在"自暴自弃"一词上特别容易混淆:"自暴自弃"意为自己糟蹋自己、自己看不起自己,形容自甘落后、不求上进,故不能写成"自抱自弃"。

[提示] "暴"另读 pù。

暴 bào　　爆 bào

[释义]　**暴**　①突然而猛烈:～雨|～病|狂风～雨。②凶狠;残酷:～行|残～。③显露出来:～露|～光。④糟蹋:自～自弃。

爆　①猛然破裂:～炸|～裂|～破。②突然发作:～发。

[辨析]　因音同义近致误。两字均含有突然发生的意思,但"暴"侧重于强调来势又急又猛,是形容词;"爆"指事情的发生既快又突然,为动词。两字的混淆主要在"暴发"与"爆发"上:"暴发"的意思是突然发财或得势,也指突然发生,多含贬义;"爆发"的意思是突然破裂或迸出、突然发作,为中性词。

[提示]　"暴"另读 pù。

曝 bào　　爆 bào

[释义]　**曝**　曝光,指使照相底片或感光纸感光,也比喻隐私的事(多指不光彩的事)显露出来被大家知道。

爆　①猛然破裂:～炸|～裂|～破。②突然发作:～发。

[辨析]　因音同形似致误。两字均为形声字,左右结构,声旁均为"暴"。"曝"的本义指晒,与光有关,故形旁为"日";"爆"的本义指火花迸散,故形旁为"火",引申为猛然破裂。

[提示]　"曝"另读 pù。

杯 bēi　　抔 póu

[释义]　**杯**　①盛饮料或液体的器具:茶～|酒～|干～。②杯状的奖品:奖～|金～。

抔　①用手捧东西。②数量单位,把、捧:一～土。

[辨析]因形似致误。两字均为形声字,左右结构,声旁均为"不"。"杯"的本义与"木"有关,故形旁为"木";"抔"的本义为用手捧东西,故形旁为"扌"。

卑 bēi　悲 bēi

[释义]**卑** ①低下;低劣:～贱|～微|～劣|不～不亢。②表示谦恭:～谦|～职|自～。
悲 ①伤心;难过(与"喜"相对):～观|～伤|～哀|～痛。②怜悯:慈～。

[辨析]因同音致误。两字读音相同,意思完全不同,在"自卑"一词上特别容易混淆:"自卑"的意思是轻视自己,认为无法赶上别人,有卑贱、低下的意思,故不能写成"自悲"。

[提示]"卑"为独体字,共8画,第6画是"丿"。

卑 bēi　畀 bì

[释义]**卑** ①低下;低劣:～贱|～微|～劣|不～不亢。②表示谦恭:～谦|～职|自～。
畀 给予:～以重任。

[辨析]因形似致误。"卑"为独体字,8画,第6画为"丿",不是"乚";"畀"为上下结构,下面是"丌",不是"廾"。

卑 bēi　婢 bì

[释义]**卑** ①低下;低劣:～贱|～微|～劣|不～不亢。②表示谦恭:～谦|～职|自～。
婢 旧时被迫供有钱人家役使的女子:～女|奴～|奴颜～膝。

[辨析]因形似致误。两字在字形上的区别是"婢"比"卑"多了

形旁"女"。两字在"奴颜婢膝"一词上特别容易混淆:"奴颜婢膝"中的"奴""婢"指男女奴仆,形容卑躬屈膝、谄媚讨好的样子,故"婢"不能写成"卑"。

[提示] "卑"字共8画,第6画是"丿"。

备 bèi　　倍 bèi

[释义] 备 ①事先准备或安排好:～课|～战。②设置;装～|设～。③附加必要的注解与说明:～注。④完全:～受欢迎|关怀～至。⑤有;具有:具～|德才兼～。
倍 ①在原数的基础上加上与原数相同的数:翻～|身价百～。②非常:～亮。③更加:信心～增。

[辨析] 因音同致误。两字在"备受欢迎""关怀备至"与"勇气倍增""倍加爱惜"等词上特别容易混淆:"备"有完全的意思,"备受欢迎"的意思是很受欢迎;"关怀备至"的意思是关怀得非常周到、全面,故不能写成"倍受欢迎""关怀倍至"。"倍"有加倍的意思,"勇气倍增"的意思是勇气成倍地增长;"倍加爱惜"指爱惜的程度比原来深,故不能写成"勇气备增""备加爱惜"。

背 bèi　　悖 bèi

[释义] 背 ①与胸、腹相对的部位:～部|汗流浃～。②物体的反面或后部:门～后|手～。③凭记忆念出读过的书或文章:～诵|死记硬～。④不当着面:～后|～地里。⑤离开;避开:～井离乡|人心向～。⑥不遵守;失信:～叛|～违|～信弃义。⑦不顺利;倒霉:～运|～时。⑧背部对着:～光。⑨朝着相反的方向走:～道而驰。
悖 ①相反;违反:并行不～。②违背道理;错误:～谬|～逆。③迷惑;糊涂:～晦。

[辨析] 因音同义近致误。两字均有相反的意思,在"背时"与"悖理"两词上特别容易混淆:"背时"有不合时宜、倒霉的意思,在感情色彩上,"背"含有更多的贬义成分,故应写成"背时"而不是"悖时"。"悖理"有违背事理、不合理的意思,"悖"表达的逆反意义更强,故应写成"悖理"而不是"背理"。

[提示] "背"另读 bēi。

倍 bèi 辈 bèi

[释义] **倍** ①在原数的基础上加上与原数相同的数:翻～|身价百～。②非常:～亮。③更加:信心～增。
辈 ①辈分;家族、亲戚、世交中世代相传的顺序:晚～|长～|小～。②一生或一世:一～子|大半～子。③同一类的人:此～|人才～出。

[辨析] 因音同义致误。两字读音相同,意思完全不同,在"人才辈出"一词上特别容易混淆:"人才辈出"的意思是有才能的人一批一批地涌现,不是人才成倍地出现,故不能写成"人才倍出"。

辈 bèi 辇 niǎn

[释义] **辈** ①辈分;家族、亲戚、世交中世代相传的顺序:晚～|长～|小～。②一生或一世:一～子|大半～子。③同一类的人:此～|人才～出。
辇 古代指皇帝、皇后乘坐的车:龙～。

[辨析] 因形似致误。两字均为上下结构:"辈"为形声字,本义指车百辆,故形旁为"车",今义为辈分等,声旁为"非";"辇"为会意字,由表示两个人的"夫夫"与"车"组合而成,意为两人并行拉车,秦汉以后特指皇帝、皇后乘坐的车,

如"龙䶮""凤䶮"。

苯 běn　　笨 bèn

[释义] **苯** 一种有机化合物,化学式 C_6H_6,无色液体,有芳香气味,容易挥发,燃点很低。可用做燃料、溶剂、香料等。
笨 ①不聪明;智力差:愚～。②不灵巧;不灵活:粗～|～手～脚。③庞大;沉重:～重。

[辨析] 因音近形似致误。两字均为形声字,上下结构,声旁均为"本"。"苯"为一种有机化合物,形旁为"艹";"笨"的本义指竹子内层白色薄片,形旁为"⺮"。

坌 bèn　　岔 chà

[释义] **坌** ①尘埃:尘～。②聚:～集。
岔 ①由主干分出来的山、水或道路:～路|～河。②转移话题:打～。③事故;差错:出～子。④把时间错开,避免相互冲突:～开上下班时间。

[辨析] 因形似致误。两字均为形声字,上下结构,声旁均为"分"。"坌"的本义为尘埃,与土有关,故形旁为"土";"岔"的本义为山路分岔,故形旁为"山"。

绷 bēng　　棚 péng

[释义] **绷** 拉紧;张紧:～带|～直|紧～。
棚 ①遮挡太阳或风雨的东西:搭个～子。②简陋的屋子:工～|草～|瓜～。③天花板:顶～|天～。

[辨析] 因形似致误。两字均为形声字,左右结构,声旁均为"朋"。"绷"的本义为束缚、捆绑的意思,与"绳"有关,故形旁为"纟",其引申义均与"绳"有关;"棚"的本义为用竹、木等东西搭起的小屋,故形旁为"木",其引申义均与

"木"有关。

[提示] "绷"另读 běng、bèng。

秕 bǐ   枇 pí

[释义] 秕 秕子,空的或不饱满的子粒。
枇 枇杷,一种常绿乔木。

[辨析] 因形似致误。两字均为形声字,左右结构,声旁均为"比"。"秕"的本义与农作物有关,故形旁为"禾";"枇"的本义与植物有关,故形旁为"木"。

笔 bǐ   毕 bì

[释义] 笔 ①写字或绘画用的文具:钢~|铅~|毛~|圆珠~。②像笔一样直:~直|挺~。③书写;记录:~记|~录。④数量单位,用于款项或债务等:一~款|一~账。
毕 ①终结:~业|完~。②完全:~生|~露。

[辨析] 因音近致误。两字读音相近,意思完全不同,在"笔挺"一词上特别容易混淆:"笔挺"的意思是指衣服等烫得很平而折叠的痕迹又很直,有像笔一样直的意思,故不能写成"毕挺"。

鄙 bǐ   敝 bì

[释义] 鄙 ①粗俗;低下:卑~。②谦词,用于自称:~人。③轻视;看不起:~薄。
敝 ①破烂;破旧:~衣|~帚自珍。②谦称与自己有关的事物:~处|~校。

[辨析] 因音近形近致误。两字均可作谦词,如对人谦称自己时,"鄙人"也可写作"敝人",但"鄙人"还有"知识浅陋的人的意思";"敝"还可用于称呼与自己有关的事物,如"敝

校、敝舍、敝处"等。

必 bì　毕 bì

[释义] 必 一定;一定要:～定｜～须｜～不可少。
毕 ①终结:～业｜完～。②完全:～生｜～露。

[辨析] 因音同、词性相同而误。两字都能用作副词,但意义不同:"必"为一定、一定需要的意思,所以"未必"不能写成"未毕";"毕"是全部、完全终结的意思,所以"原形毕露"不能写成"原形必露"、"毕竟"不能写成"必竟"。但成语"必恭必敬"与"毕恭毕敬"中,因"必""毕"两字词性相同,都表示十分或完全的意思,故可以相互替代。

庇 bì　屁 pì

[释义] 庇 遮蔽;掩护:～护｜～佑｜包～。
屁 ①由肛门排出的臭气:放～｜臭～。②臀部:拍马～。

[辨析] 因音近形似而误。两字均为形声字,半包围结构,声旁均为"比"。"庇"的意思是遮蔽,故形旁为与房屋有关的"广";"屁"的本义为由肛门排出的臭气,故形旁为"尸"。

毖 bì　毙 bì

[释义] 毖 谨慎小心:惩前～后。
毙 ①死:～命｜击～。②仆倒:多行不义必自～。③枪决:杀人犯被～了。

[辨析] 因音同形似而误。两字均为形声字,上下结构。"毖"的声旁为"必",形旁为"比";"毙"的繁体字为"斃",声旁为

"比(敝)",形旁为"死"。两字在"惩前毖后"一词上特别容易混淆:"惩前毖后"意为吸取以前犯错误的教训,以后小心谨慎不再重犯,没有"死"的意思,故不能写成"惩前毙后"。

陛 bì　狴 bì

[释义] 陛 宫殿的台阶:~石。
狴 狴犴,传说中的走兽,古代常将其画在牢狱的门上,借指监狱。

[辨析] 因音同形似致误。两字均为形声字,左右结构,声旁均为"坒"。"陛"意为宫殿的台阶,与地势高低有关,故形旁为"阝";"狴"即狴犴,传说中的走兽,故形旁为"犭"。

敝 bì　敞 chǎng

[释义] 敝 ①破烂;破旧:~衣|~帚自珍。②谦称与自己有关的事物:~处|~校。
敞 ①宽阔;无遮拦:~亮|宽~。②打开:~开大门。

[辨析] 因形似致误。两字均为左右结构:"敝"为会意字,由表示扑打的"攴(攵)"、表示布的"巾"与打碎后的布屑("巾"字上下的四点)组合而成,意为破旧,又用来谦称与自己有关的事物;"敞"为形声字,本义是宽阔的高地,可以远望,因平整高地与手的动作有关,故形旁为表示扑打的"攴(攵)",声旁为"尚"。

愎 bì　腹 fù

[释义] 愎 乖戾;执拗:刚~自用。
腹 ①人和动物躯干的一部分,俗称肚子:~部|~腔|空~。②比喻内心或中心地区:~地|心~之患。③器

物像肚子的部分:壶~。
[辨析] 因形似致误。两字均为形声字,左右结构,声旁均为"复"。"愎"指人的性格乖戾、执拗,故形旁为"忄";"腹"指人和动物躯干的一部分,故形旁为"肉",后因作形旁的"肉"与"月"混同,均写作"月"。

蓖 bì　篦 bì

[释义] 蓖　蓖麻。
篦　一种有密齿的梳子:~子。
[辨析] 因音同形似致误。两字均为形声字,上下结构,声旁均为"毘"。"蓖"指蓖麻,为一种草本植物,故形旁为与草有关的"艹";"篦"是用竹子制成的一种梳子,故形旁为"⺮"。

蔽 bì　弊 bì

[释义] 蔽　遮盖:掩~|遮~|隐~|衣不~体。
弊　①欺骗作假的行为:作~|营私舞~。②害处;毛病(与"利"相对):~端|~病|利少~多。
[辨析] 因音同形似致误。两字均为形声字,上下结构,声旁均为"敝"。"蔽"为上形下声,形旁为"艹",多用作动词,为"遮掩"的意思;"弊"为下形上声,形旁为"廾",多用作名词,指欺骗作假的行为。

壁 bì　璧 bì

[释义] 壁　①墙:~报|~画。②像墙一样陡立的山石:悬崖峭~。③古时军营的围墙:~垒森严。
璧　古代指一种中间有孔的扁平圆形的玉器。泛指美玉:~玉|和氏~。
[辨析] 因音同形似致误。两字均为形声字,上下结构,声旁均

为"辟"。"壁"的本义为墙,古人用土筑墙,故形旁为"土";"璧"的本义是瑞玉,故形旁为"玉"。

砭 biān　贬 biǎn

[释义] 砭 ①古代治病刺穴的石针。②用石针刺穴治病:针~。

贬 ①降低:~值|~价。②指出缺点,给予低下的评价(与"褒"相对):~低|~义|~义词。

[辨析] 因音近形似致误。两字均为形声字,左右结构,声旁均为"乏",但已不能准确表音。"砭"的本义指古代治病刺穴的石针,故形旁为"石";"贬"的本义与钱财有关,古时曾用贝壳当货币,故形旁为"贝"。两字在"针砭"一词上特别容易混淆:"针砭"由治病引申而来,比喻发现或指出错误,以求改正,故不能写成"针贬"。

贬 biǎn　眨 zhǎ

[释义] 贬 ①降低:~值|~价。②给予低下的评价(与"褒"相对):~低|~义|~义词。

眨 眼睛很快地一张一闭:~眼|一~眼。

[辨析] 因形似致误。两字均为形声字,左右结构,声旁均为"乏"。"贬"的本义与钱财有关,古时曾用贝壳当货币,故形旁为"贝";"眨"指眼睛很快地一张一闭,故形旁为"目"。

褊 biǎn　偏 piān

[释义] 褊 狭隘;狭小:~小|~急。

偏 ①不在当中(与"正"相对):~斜|~高|~远。②不公正;不全面:~心|~见|~爱。③表示与事实或希望相反;故意与事实相反:~巧|~~。

[辨析] 因形似致误。两字均为形声字,左右结构,声旁均为"扁"。"褊"的本义指衣服窄小,形旁为"衤",引申为狭隘;"偏"的形旁为"亻"。两字在"褊狭"一词上特别容易混淆:"褊狭"意为狭小,如"心胸褊狭""土地褊狭",故不能写成"偏狭"。

卞 biàn 卡 kǎ

[释义] **卞** ①急躁:～急。②姓。
卡 ①卡路里的简称。②用来记录各类事项的纸片:～片|贺～|资料～。③载重汽车:～车。④录音机中放置磁带的仓式装置:双～。

[辨析] 因形似致误。两字的区别主要在结构上:"卞"为独体字,4画,在"下"的上面多一点;"卡"为上下结构,5画,上面是"上",下面为"下"。

[提示] "卡"另读 qiǎ。

辨 biàn 辩 biàn

[释义] **辨** 识别;区分:～别|～认|真假难～。
辩 说理;陈述说明:～白|～论|～解。

[辨析] 因音同形似致误。两字均为左中右结构,区别在中间:"辨"的本义是判别,与刀有关,故中间为"刂(刀)",凡对某人、某事进行剖析、判断,都用"辨";"辩"是会意字,凡需要用言辞辩解的,都用"辩",既表示分辨,又需要用言辞的地方,"辨""辩"两字通用,如"辨白"通"辩白"。两字的混淆主要在"分辨"与"分辩"、"辨证"与"辩证"上:①"分辨"的意思是辨别、辨明;"分辩"的意思是辩白、解释。②"辨证"的意思是经辨识、分析而证实;"辩证"的意思是合于辩证法的。

膘 biāo　瞟 piǎo

[释义] **膘** 身上长的肥肉(多用于牲畜)：长～|～厚肉肥。
瞟 斜着眼睛看：～了一眼。

[辨析] 因形似致误。两字均为形声字，左右结构，声旁均为"票"。"膘"的本义指肥肉，故形旁为"肉"，后因作形旁的"肉"与"月"混同，均写作"月"；"瞟"的意思是斜着眼睛看，故形旁为"目"。

憋 biē　蹩 bié

[释义] **憋** ①堵住；不舒畅：～气|～闷。②强忍：～足劲|～着一口气。
蹩 脚腕或手腕扭伤：他不小心～伤了脚。

[辨析] 因音近形似致误。两字均为形声字，上下结构，声旁均为"敝"。"憋"的本义指心中郁闷，故形旁为"心"；"蹩"的本义指脚腕扭伤，故形旁为"足"。

彬 bīn　郴 chēn

[释义] **彬** 彬彬，形容文雅。
郴 郴州，地名，在湖南。

[辨析] 因形似致误。两字均为形声旁，左右结构，声旁均为"林"。"彬"的本义指文质兼备，故形旁为表示纹理、文采的"彡"(读作 shān)；"郴"的形旁为"阝"。

彬 bīn　杉 shān

[释义] **彬** 彬彬，形容文雅。
杉 一种乔木，树冠的形状像塔。

[辨析] 因形似致误。两字均为形声字，左右结构。"彬"的本义

指文质兼备,故形旁为表示纹理、文采的"彡"(读作shān),声旁为"林";"杉"的本义为一种乔木,故形旁为"木",声旁为"彡"。

[提示] "杉"另读 shā。

斌 bīn　　赋 fù

[释义] **斌** 同"彬",多用作人名。

赋 ①交给:～予。②旧时指农业税:田～。③我国古代的一种文体。④做诗、词等:～诗一首。

[辨析] 因形似致误。两字均为左右结构:"斌"为会意字,本义指文武兼备,故由两个独体字"文""武"组合而成;"赋"为形声字,声旁为"武",本义为田地税,与钱财有关,古时曾用贝壳当货币,故形旁为"贝"。

滨 bīn　　濒 bīn

[释义] **滨** ①近水的地方:海～|湖～。②靠近(水边):～海|～江大道。

濒 ①水边;近水的地方:～湖地区。②临近;接近:～危|～临。

[辨析] 因音同义近致误。两字均为形声字,左右结构,因本义均指水边,故形旁为"氵",但有如下区别:"滨"指靠近水边,如"滨海""海滨";"濒"除指靠近水边外,还可表示靠近某种抽象事物,如"濒危""濒临"。

濒 bīn　　频 pín

[释义] **濒** ①水边;近水的地方:～湖地区。②临近;接近:～危|～临。

频 屡次:～繁|捷报～传。

[辨析] 因形似致误。两字均为形声字,左右结构。"濒"的声旁为"频",本义指水边,故形旁为"氵",后引申作动词,意为靠近水边,又泛指临近、接近;"颦"的声旁为"步",本义为皱眉,与头有关,故形旁为"页",后引申为屡次、多次的意思。

豳 bīn　　幽 yōu

[释义] **豳** 古地名,在今陕西。
幽 ①僻静;深远:～静｜～远。②昏暗:～暗。③隐蔽的:～会。④沉静:～美｜～雅。⑤禁闭:～禁。⑥迷信说法中指人死后灵魂所在的地方:～灵。
[辨析] 因形似致误。两字均为半包围结构,外面均为"山",区别在里面:"豳"的里面是两个"豖","幽"的里面是两个"幺"。
[提示] 不要将"豳"里面的"豖"误写成"豕"。

摈 bìn　　摒 bìng

[释义] **摈** 抛弃;排除:～弃。
摒 排除:～弃。
[辨析] 因音近义近致误。两字均有"排除"的意思,但表意程度有如下区别:"摈"字的表意程度比"摒"更为强烈,在表明"排除"的同时,还有"抛弃"的意思。

秉 bǐng　　禀 bǐng

[释义] **秉** ①握着:～烛｜～笔。②主持:～公办事。
禀 ①向上级或长辈报告:～报｜～告｜回～。②生就;赋予:～性｜～赋｜天～。
[辨析] 因音同致误。两字均为象形字:"秉"的甲骨文像人手持禾,故本义为禾满把,引申为握、拿、持;"禀"通"廪",本

义为赐人以谷,引申为赋予。两字的混淆主要在"秉性"与"禀性"上:"秉性"指性格,如"秉性纯朴";"禀性"指本性,如"江山易改,禀性难移"。

秉 bǐng　　兼 jiān

[释义] 秉 ①握着:～烛|～笔。②主持:～公办事。
兼 ①同时涉及或具有几种事物:～顾|～备|～职。②加倍;合并:～并|～程。

[辨析] 因形似致误。两字均为会意写,"秉"的甲骨文像人手持禾,故本义为稻禾一把,引申为握、拿、持;"兼"的甲骨文像人手持两禾,表示两件事同时进行。

柄 bǐng　　炳 bǐng

[释义] 柄 ①器物的把:壶～|刀～。②比喻言行上被人抓住的缺点或错误:话～|笑～。③植物的花、叶或果实与茎或枝相连的部分:叶～|花～。
炳 光明;显著:～蔚|～耀。

[辨析] 因音同形似致误。两字均为形声字,左右结构,声旁均为"丙"。"柄"的本义指器物上的把,多以木制成,故形旁为"木";"炳"的本义与火焰有关,故形旁为"火"。

泊 bó　　舶 bó

[释义] 泊 船靠岸或停留:～船|～位|停～|漂～。
舶 大船:船～。

[辨析] 因音同致误。两字均为形声字,左右结构,声旁均为"白"。"泊"指船靠岸停留,与水有关,故形旁为"氵",作动词;"舶"本义指船,故形旁为"舟",作名词。

[提示] "泊"另读 pō。

亳 bó　　毫 háo

[释义] **亳** 亳州,地名,在安徽。
　　　毫 ①动物身上细长而尖的毛:～毛|狼～。②计量单位:～升|～克|～米。③特指毛笔:大支狼～|挥～泼墨。
[辨析] 因形似致误。两字均为形声字,上下结构。"亳"的声旁为"乇"(读作 zhé),形旁为"亠"("高"的略写);"毫"的声旁为"亠"("高"的略写),因本义为细毛,故形旁为"毛"。

博 bó　　搏 bó

[释义] **博** ①广;丰富:～学|～士|渊～|地大物～。②换取;取得:～取信任|～得好评。
　　　搏 ①对打:～斗|拼～。②跳动:脉～|～动。
[辨析] 因音同形似致误。两字均为形声字,左右结构,声旁均为"尃"。"博"的本义为多、大、丰富,故形旁为"十",引申为知道的多。"搏"的本义为搏捉,故形旁为"扌",引申为对打、格斗,又引申为跳动,如"脉搏"就是动脉的跳动。

晡 bū　　捕 bǔ　　哺 bǔ　　脯 fǔ

[释义] **晡** 申时,即下午三点钟到五点钟的时间。
　　　捕 捉;拿:～捉|～获|逮～。
　　　哺 喂养:～乳|～育|～养。
　　　脯 ①肉干:猪肉～。②蜜饯干:果～|杏～。
[辨析] 因音同或音近形似致误。四字均为形声字,左右结构,声旁均为"甫"。"晡"指申时,与时间有关,故形旁为"日";"捕"是捉、拿的意思,故形旁为表示动作的"扌";"哺"意为喂养,故形旁为"口";"脯"的本义为肉干,故形旁为"肉",后因作形旁的"肉"与"月"混同,均写作"月"。

[提示]"脯"另读 pú。

布 bù　　部 bù

[释义] **布** ①用棉、麻或人造纤维等织成的材料：～匹｜棉～。②宣告：～告｜宣～。③散布；分布：阴云密～｜遍～全国。④布置：～局｜～防。
部 ①整体中的一部分：～分｜～位｜局～。②单位的名称或机关企业分设的单位：国防～｜外交～。③安排：～署。④数量单位：一～小说｜两～电影。

[辨析] 因音同义近致误。两字在作动词时，均有准备、安排的意思，两字的混淆主要在"布置"与"部署"上："布置"的意思是在一个地方安排和陈列各种物件使这个地方适合某种需要，也指对一些活动作出安排；"部署"原为军事用语，指军队首领按照作战意图对兵力进行区分和配置，现常用于体育比赛和生产活动中对人力、任务的安排、布置。

步 bù　　部 bù

[释义] **步** ①用脚行走时两脚之间的距离：～伐｜～调｜～子。②行走：～行｜～入会场。③处境；境地：地～。④事情进行的程度、阶段：～骤｜逐～。
部 ①整体中的一部分：～分｜～位｜局～。②单位的名称或机关企业分设的单位：国防～｜外交～。③安排：～署。④数量单位：一～小说｜两～电影。

[辨析] 因音同致误，两字读音相同，意思完全不同，在"按部就班"一词上特别容易混淆："按部就班"指做事情按照一定的条理、遵循一定的程序，没有"步"的意思，故不能写成"按步就班"。

[提示] "步"的下面是"少"，不是"少"。

Cc

擦 cā　　搽 chá

[释义] **擦** ①物体的一面紧贴着另一面并迅速移动：摩～｜～火柴。②揩抹：～洗｜～干。③涂抹：～鞋油｜～粉。④贴近：～肩而过。

搽 将粉末、油类等涂在脸上或手上：～粉。

[辨析] 因音近义近致误。两字均为形声字,左右结构,因本义均与动作有关,故形旁均为"扌"。"擦"的声旁为"察",除了指涂抹外,还有摩擦、揩抹的意思;"搽"的声旁为"茶",只表示涂抹的意思。

才 cái　　材 cái

[释义] **才** ①能力：～能｜～干｜～华｜～貌双全。②具有才能的人：干～｜奇～｜怪～。③刚刚;表示不久以前：方～｜刚～｜～出门。④仅仅：他～来几天。⑤表示强调语气：他普通话讲得～好呢。

材 ①木料：木～。②原料;资料：～料｜药～｜教～｜大～小用。

[辨析] 因音同义近致误。两字古时通用,现则表示不同的意义:"才"主要用于人,如"有才能""多才多艺""才华"等;"材"主要指木料、资料等事物,如"木材""钢材""教材"等。在指称某类人时可用"材",如"蠢材""栋梁之材"。

裁 cái　　栽 zāi　　载 zài

[释义] **裁** ①割开或剪开：～纸｜～剪。②削减；去掉多余或无用的：～减｜～军。③判断：～判｜～决。
栽 ①栽种：～树。②插上：～绒。③摔倒；跌倒：～了一跤。④受挫。
载 ①装载：～客｜～货。②充满：怨声～道｜风雪～途。

[辨析] 因形似致误。三字均为形声字，半包围结构，声旁均为"𢦏"（读作 zāi），但读音并不完全相同。"裁"的本义是制衣，故形旁为"衣"；"栽"的本义是筑墙所用的木板，故形旁为"木"，后引申为种植的意思；"载"的本义是用车装，故形旁为"车"，后凡"用交通工具装"都叫"载"。

[提示] "载"另读 zǎi。

采 cǎi　　彩 cǎi

[释义] **采** ①摘取：～花｜～药。②选取：～取｜～购。③搜集：～集｜～访｜～伐。④挖掘：～掘｜开～。⑤精神状态：神～｜风～｜兴高～烈。⑥同"彩"。
彩 ①很多种颜色：～色｜～霞｜～虹｜多姿多～。②多种颜色的丝绸品：～带｜张灯结～。③受伤：挂～。④赞扬的欢呼声：喝～。

[辨析] 因音同形似义近致误。两字在字形上的区别是"彩"比"采"多了形旁"彡"（读作 shān）："采"为会意字，上半部分表示手，手在木上，表示采摘；"彩"的声旁为"采"。在表示"色彩"义时，两字有精神、外形之别：偏于精神的，用"采"，如"文采""风采""丰采""兴高采烈"等；偏于外形的，用"彩"，如"彩色""彩霞""彩排""挂彩"等。

[提示] "采"另读 cài。

睬 cǎi　　踩 cǎi

[释义] **睬** 理会：理~|不理不~。
踩 ①脚底接触地面或物体：他把凳子~坏了。②比喻贬低、糟蹋：这种人既会捧人，更会~人。

[辨析] 因音同形似致误。两字均为形声字，左右结构，声旁均为"采"。"睬"的本义为理会、管理，有用眼睛看的意思，故形旁为"目"；"踩"表示脚的动作，故形旁为"𧾷"。

菜 cài　　莱 lái

[释义] **菜** ①可作副食品的植物：蔬~|青~|~篮子。②经过烹调的蔬菜、鱼肉等副食品：~肴|荤~。
莱 ①藜。②古时指郊外轮休的田地。

[辨析] 因形似致误。两字均为形声字，上下结构，因二字的本义均与植物有关，故形旁均为"艹"。"菜"的声旁为"采"，"莱"的声旁为"来"。

参 cān　　叁 sān

[释义] **参** ①加入：~军|~加。②拜见；进见：~拜|~见。③查阅有关学习或研究的资料：~考|~照。
叁 数字"三"的大写：~佰元整。

[辨析] 因形似致误。两字均为上下结构，上面均为"厽"，区别在下面："参"的下面是"彡"，"叁"的下面为"三"。

[提示] "参"另读 cēn、shēn。

残 cán　　贱 jiàn

[释义] **残** ①伤害；毁坏：~害|摧~。②凶狠：~忍|~酷。③不完整：~缺|~破。④剩余：~剩|~余。

贱 ①价钱低(与"贵"相对):价~|~卖。②地位低下:贫~|卑~。③品行差:下~。

[辨析] 因形似致误。两字均为形声字,左右结构,声旁均为"戋"。"残"的本义指谋害、伤害,与"死"有关,故形旁为"歹";"贱"的本义与财富有关,古时曾用贝壳当货币,故形旁为"贝"。

残 cán　惨 cǎn

[释义] 残 ①伤害;毁坏:~害|摧~。②凶狠:~忍|~酷|~暴。③不完整;有缺损:~缺|~破。④剩余:~剩|~余。

惨 ①凶恶;狠毒:~毒|~无人道。②程度严重:~重|~败。③悲伤:~痛|凄~。

[辨析] 因音近义近致误。两字均有表示凶狠的意思,但有如下区别:"残"侧重施暴一方的凶狠、残忍,"惨"侧重受害一方处境的悲惨,因此,"残忍""残酷""残暴"的"残"不能写成"惨","惨无人道""惨不忍睹"的"惨"不能写成"残"。

惭 cán　渐 jiàn

[释义] 惭 羞愧:~愧|大言不~。

渐 表示事物逐步变化:~~|逐~|循序~进。

[辨析] 因形似致误。两字均为形声字,左右结构,声旁均为"斩"。"惭"的本义指因做错事而感到羞愧,故形旁为"忄";"渐"的本义指水名,故形旁为"氵",后引申为徐徐前进和逐渐。

[提示] "渐"另读 jiān。

灿 càn　璨 càn

[释义] 灿 光彩耀眼:~烂。

璨 ①美玉。②鲜明;美好:～然。

[辨析] 因音同及"灿"的繁体字"燦"与"璨"形似致误。两字均为形声字,左右结构,声旁均为"粲"。"灿"的意思指光彩耀眼,故形旁为"火";"璨"的本义指美玉,故形旁为"玉"。两字的混淆主要在"灿然"与"璨然"上:"灿然"形容明亮,如"灿然一新";"璨然"意为鲜明、美好,形容妇女笑时露出牙齿的样子,如"璨然一笑"。

仓 cāng   仑 lún

[释义] 仓 ①仓房,仓库。～储。②姓。
仑 条理,伦次。

[辨析] 因形似致误。两字均为上下结构,区别在下面:"仓"的下面为已,2画,笔顺为:コ已;"仑"的下面为匕,2画,笔顺为:ノ匕。

伧 cāng   伦 lún

[释义] 伧 粗野:～俗。
伦 ①人与人之间的道德准则和关系:～理|天～之乐。②同类:不～不类|无与～比|荒谬绝～。③条理:语无～次。

[辨析] 因形似致误。两字均为形声字,左右结构,因本义均与人有关,故形旁均为"亻"。"伧"的声旁为"仓","伦"的声旁为"仑"。

[提示] "伧"另读 chen。

苍 cāng   沧 cāng

[释义] 苍 ①深蓝色:～穹。②深绿色:～翠。③灰白色:～白。

沧 青绿色(指水)：～海。

[辨析] 因音同形似义近致误。两字均为形声字，声旁均为"仓"，均有深绿色的意思。但有如下区别："苍"的本义指草木深绿色，故形旁为"艹"；"沧"指水深绿色，故形旁为"氵"。

沧 cāng　　沦 lún

[释义] 沧 青绿色(指水)：～海｜～海一粟。

沦 ①沉没；沉～。②没落；丧亡；消亡：～陷｜～落｜～亡｜～丧。

[辨析] 因形似致误。两字均为形声字，左右结构，因本义均与水有关，故形旁均为"氵"。"沧"的声旁为"仓"，作形容词；"沦"的声旁为"仑"，作动词。

嘈 cáo　　漕 cáo　　槽 cáo　　糟 zāo

[释义] 嘈 杂乱：～杂。

漕 漕运：～河｜～粮｜～船。

槽 一种长条形、周高、中间凹下，用来盛饲料喂牲口或存水、酒的器具：马～｜水～。

糟 ①酿酒剩下的渣子：酒～｜～粕。②用酒或酒糟腌制的食物：～肉｜～鱼。③腐烂：这块木板全～了。④不好；坏：～糕｜境况越来越～。

[辨析] 因音近形似致误。四字均为形声字，左右结构，声旁均为"曹"。"嘈"指声音杂乱，故形旁为"口"；"漕"即漕运，与水有关，故形旁为"氵"；"槽"的本义为盛放牲畜饲料的长条形的器具，用木头做成，形旁为"木"，后指其他中间凹下去的槽形物体，如"水槽""河槽"等；"糟"的本义为酿酒剩下的渣子，因酿酒需用粮食，故形旁为"米"，

后引申为腐烂、不好,如"糟糕""糟透了"等。

侧 cè　　测 cè　　恻 cè

[释义] **侧** ①旁边:～面|两～。②向旁边歪斜:～目|～耳|～身。

测 ①利用仪器确定数值:～定|勘～。②推想;料想:猜～|推～|预～。

恻 ①悲伤:凄～。②诚恳。

[辨析] 因音同形似致误。三字均为形声字,左右结构,声旁均为"则"。"侧"的形旁为"亻",本义指旁边,引申指向旁边歪斜,如"侧目而视";"测"的本义为度量水的深浅,故形旁为"氵",后引申为推想、猜度,如"测算""预测"等;"恻"多形容悲伤,表示一种心理状态,故形旁为"忄",如"恻隐之心"。

[提示] "侧"另读 zè、zhāi。

叉 chā　　岔 chà

[释义] **叉** ①一端有柄,另一端有两个以上长齿的器具:鱼～|刀～。②用叉子取东西:～鱼|～蛋糕。③交错:交～。④表示错误或作废的符号"×"。

岔 ①由主干分出来的山、水或道路:～路|河～。②转移话题:打～|把话题～开。③事故;差错:出～子。④把时间错开,避免相互冲突:～开上下班时间。

[辨析] 因音近致误。两字的混淆主要在"交叉"与"岔道""岔口"上:在表示几个方向不同的线条或线路互相穿过时,用"交叉",如"立体交叉桥""公路和铁路交叉";在表示由主路分出来的歧路时,应用"岔",如"岔道"和"岔口"。

[提示] "叉"另读 chá、chǎ、chà。

茬 chá　　荐 jiàn　　荏 rěn

[释义] 茬 ①农作物收割后残留在地里的茎和根：高粱～|玉米～。②指在同一块地上农作物种植或生长的次数：换～|二～。

荐 推举；介绍：推～|举～|毛遂自～。

荏 ①草名。②软弱：色厉内～。

[辨析] 因形似致误。三字均为形声字，上下结构，因本义均与草有关，故形旁均为"艹"。"茬"的声旁为"在"；"荐"的繁体字为"薦"，声旁为"存(廌)"；"荏"的声旁为"任"。

茶 chá　　荼 tú

[释义] 茶 ①常绿灌木，叶子长椭圆形，嫩叶加工后即茶叶。②茶叶冲成的饮料：红～|绿～|品～。③指某些饮料食品：奶～|果～|杏仁～。

荼 ①古书上记载的一种苦菜。②古书上指茅草的白花：如火如～。

[辨析] 因形似致误。两字均为形声字，上下结构，因本义均与植物有关，故形旁均为"艹"。"茶"的声旁为"佘"，本义为茶叶，引申为某些饮料；"荼"的声旁为"余"，指一种苦菜，又指茅草的白花。

查 chá　　察 chá

[释义] 查 ①了解情况；仔细验看：～访|～对|检～|调～。②翻看：～资料|～文件|～字典。

察 调查；仔细看：～看|观～|视～|考～。

[辨析] 因音同义近致误。两字在个别词语中可以通用，如"勘

查"可写作"勘察","查访"可写作"察访",但仍有如下区别:"查"用于有目的、有针对性的调查,是带有审核性的行为,如"查看""侦查"等;"察"一般指在调查过程中仔细地观看、认真地思考和深入地探究,是带有分析、辨别性的行为,如"察看""侦察"等。

[提示] "查"另读 zhā。

碴 chá　　渣 zhā

[释义] **碴** ①小碎块:冰～儿。②碎片碰破皮肉:手让铁皮～破了。

渣 ①碎屑:饼干～儿。②提炼精华后剩下的东西:药～|油～|残～余孽。

[辨析] 因形似义近致误。两字均为形声字,左右结构,声旁均为"查"。"碴"的本义指硬脆器物的碎屑,故形旁为"石";"渣"的本义为古水名,故形旁为"氵"。两字都可指小碎物,但适用的对象不同:①"碴"多指较硬的、有尖角的块状物,如"玻璃碴儿";"渣"多指尖角不明显的细屑物,如"面包渣"。②"煤渣"是煤燃烧后剩下的东西,故不能写成或读成"煤碴"。

[提示] "碴"另读 chā、zhǎ。

叉 chà　　汊 chà

[释义] **叉** 劈叉,体操、武术等的一种动作,两腿向相反方向分开。

汊 分支的小河;汊港:河～|～流。

[辨析] 因音同义近致误。两字在字形上的区别是"汊"比"叉"多了形旁"氵"。两字均有表示由主干分开的意思,但有如下区别:"叉"为动词,指两腿向相反方向分开;"汊"为名词,指分支的小河。

[提示]"叉"另读 chā、chá、chǎ。

汊 chà　杈 chà　衩 chà

[释义] **汊** 分支的小河;汊港:河~|~流。
杈 植物的分支:树~。
衩 衣、裙的旁边或前后的开口:这件衣服两边开~。

[辨析] 因音同形似致误。三字均为形声字,左右结构,声旁均为"叉"。"汊"意为分支的小河,故形旁为"氵";"杈"的本义为植物的分支,故形旁为"木";"衩"的本义为衣服旁边开口的地方,故形旁为"衤"。

[提示] "杈"另读 chā,"衩"另读 chǎ。

汊 chà　汉 hàn

[释义] **汊** 分支的小河;汊港:河~|~流。
汉 ①水名:~水。②银河:星~灿烂。③汉族,我国人口最多的民族。④成年男子:~子|男子~。

[辨析] 因形似致误。两字均为形声字,左右结构,因本义均与水有关,故形旁均为"氵"。"汊"的声旁为"叉","汉"的声旁为"又"("漢"的简写)。

岔 chà　忿 fèn

[释义] **岔** ①由主干分出来的山、水或道路:~路|河~|山~。②转移话题:打~|把话题~开。③事故;差错:出~子。④把时间错开,避免相互冲突:~开上下班时间。
忿 恼怒;生气:~怒|~~不平。

[辨析] 因形似致误。两字均为上下结构:"岔"为会意字,"分"与"山"合在一起表示山分歧的地方,引申为岔开、转移,如"岔开""打岔";"忿"为形声字,声旁为"分",本义指怨

愤,表示一种心理状态,故形旁为"心"。

诧 chà　姹 chà　咤 zhà

[释义] 诧 惊讶:~异|~然。
姹 美丽:~紫嫣红。
咤 叱咤。

[辨析] 因音同或形似致误。三字均为形声字,左右结构,声旁均为"宅"。"诧"的本义为告知,故形旁为"讠",引申为惊讶;"姹"的本义指少女、美女,故形旁为"女",引申为美丽;"咤"的本义为发怒声,故形旁为"口"。

刹 chà　霎 shà

[释义] 刹 刹那,指极短的时间。
霎 短时间;一会儿:~时。

[辨析] 因义近致误。两字均表示极短的时间,但使用时有如下区别:"刹"只能与"那"组词为"刹那";"霎"只能与"时"组词为"霎时"。

[提示] "刹"另读 shā。

拆 chāi　折 zhé

[释义] 拆 ①把合在一起的东西分开或打开:~散|~穿|~毛线。②毁坏:~台|~墙。
折 ①断;弄断:~断|骨~。②弯曲:曲~|转~。③叠;叠起来的物品:~叠|~扇。④折扣:打~|八~。⑤抵合:~价|~合。⑥受损失:~磨|~寿。⑦心服:~服。⑧传统戏曲中一个段落:~子戏。⑨汉字笔画名称:横竖撇点~。

[辨析] 因形似致误。两字均为左右结构,"拆"为形声字,声旁

为"斥",因本义指把合在一起的东西分开或打开,故形旁为"扌",引申为毁坏;"折"为会意字,原字左边不是"手(扌)",而是像草形,右边是"斤(斧)",组合在一起表示用斧斤断草的意思,本义为断,引申为弯曲等。

[提示] "折"另读 shé、zhē。

掺 chān　搀 chān

[释义] **掺** 加入别的东西使混合:～和|～杂|～假。
搀 扶着;用手架着别人的手或胳臂:～扶。

[辨析] 因音同义近致误。两字均为形声字,左右结构,因本义均与手的动作有关,故形旁均为"扌"。"掺"的声旁为"参","搀"的声旁为"毚"。以前,两字在表示把一种东西混合到另一种东西里去时,意义和用法相同,如"掺和"与"搀和"、"掺杂"与"搀杂",但现在不提倡这样互换。此外,"掺"没有扶着的意思,故不能将"搀扶"写成"掺扶"。

[提示] "掺"另读 càn、shǎn。

谗 chán　馋 chán

[释义] **谗** 在别人面前说某人的坏话:～言|～害。
馋 ①见好吃的就想吃;贪嘴:嘴～|～涎欲滴。②见好的东西就想要;羡慕:眼～。

[辨析] 因音同形似致误。两字均为形声字,左右结构,声旁均为"毚"。"谗"的本义是在别人面前说某人的坏话,故形旁为"讠";"馋"的本义是专爱吃好的,故形旁为"食",现简作"饣",引申为羡慕等。

婵 chán　禅 chán　蝉 chán

[释义] **婵** 婵娟。

禅 ①佛教用语,指排除杂念静坐:坐～。②泛指佛教的事物。

蝉 一种昆虫。

[辨析] 因音同形似致误。三字均为形声字,左右结构,声旁均为"单"。"婵"指婵娟,多形容女子姿态美好,故形旁为"女",也指月亮;"禅"的本义与宗教有关,故形旁为"礻";"蝉"为昆虫名,故形旁为"虫",因蝉能连续不断地发出鸣叫声,故用"蝉联"表示连续的意思。

[提示] "禅"另读 shàn。

孱 chán   羼 chàn

[释义] **孱** 瘦弱;软弱:～弱。

羼 掺杂:～入|～杂。

[辨析] 因音近形似致误。两字均为会意字,半包围结构。"孱"由代表人体的"尸"与产子的"孨"组合而成,意为产子多身体会弱,引申为瘦弱、软弱;"羼"由代表房屋的"尸"与众多羊的"羴"组合而成,意为羊聚集,引申为掺杂。

[提示] "孱"另读 càn。

划 chǎn   划 huá

[释义] **划** 用锹或铲撮取或清除:～除。

划 ①拨水前进:～船|～水。②用尖锐的利器割开;快速摩擦:～破|～开。③合算:～算|～得来。

[辨析] 因形似致误。两字的字形仅一笔之差,但读音与意义各不相同:"划"通"铲",表示铲除的意思;"划"表示划水、划船的意思。

[提示] "划"另读 chàn,"划"另读 huà。

谄 chǎn　　陷 xiàn

[释义] 谄　谄媚：～笑｜～谀。
　　　陷　①陷阱。②掉进：～入。③陷害：诬～。④被占领：沦～。⑤缺点；不足：缺～。
[辨析] 因形似致误。两字均为形声字，左右结构，声旁均为"臽"。"谄"的本义与语言有关，故形旁为"讠"；"陷"指陷阱，与地势的高低有关，故形旁为"阝"。
[提示] "臽"的上面是"𠂉"，不是"刀"。

忏 chàn　　歼 jiān

[释义] 忏　为过去所犯的过失或错误而悔恨：～悔。
　　　歼　消灭：～灭｜～敌。
[辨析] 因形似致误。两字均为形声字，左右结构，声旁均为"千"。"忏"的本义指为过去所犯的过失或错误而悔恨，故形旁为"忄"；"歼"意为消灭，故形旁为"歹"。

伥 chāng　　怅 chàng

[释义] 伥　伥鬼：为虎作～。
　　　怅　不如意：惆～。
[辨析] 因音近形似致误。两字均为形声字，左右结构，声旁均为"长"。"伥"即伥鬼，传说中指被老虎咬死的人变成的鬼，故形旁为"亻"；"怅"的本义为失望、恼恨，表示一种心理状态，故形旁为"忄"。

猖 chāng　　娼 chāng
倡 chàng　　唱 chàng

[释义] 猖　行为狂妄而放肆：～狂｜～獗。

娼 妓女：～妓｜～妇。

倡 带头提出：～议｜～导｜提～。

唱 ①依照音律,用口发出声音：～歌｜～戏。②大声地叫：～票｜～名。

[辨析] 因音近形似致误。四字均为形声字,左右结构,声旁均为"昌"。"猖"指猖狂,形旁为"犭"；"娼"指妓女,形旁为"女"；"倡"本义指歌舞艺人,故形旁为"亻"；"唱"指用口发声音,故形旁为"口"。

[提示] "倡"另读 chāng。

长 cháng　　常 cháng

[释义] **长** ①两端之间的距离大(与"短"相对)：～短｜～度｜～途。②指时间的跨度大：～年｜～期｜～久｜～命百岁。③技能；优点：～处｜特～｜专～。

常 ①普通；一般：～规｜～态｜～识｜习以为～。②不变的：～温｜四季～青。③经常：～～｜～来～往｜老生～谈。

[辨析] 因音同义近致误。两字有时通用,但有如下区别：①"长"用来修饰动词,表示长久、永远的意思,如"万古长存""松柏长青"；"常"用来修饰动词,表示经常、不断的意思,如"常来常往"。②"长"强调久远,如"长久"；"常"则强调不变,如"常春藤"。③注意"长年"与"常年"的区别："长年"指一年到头、整年,也指长工或长寿；"常年"指终年、长期,也指平常的年份。

[提示] "长"另读 zhǎng。

尝 cháng　　偿 cháng

[释义] **尝** ①试着吃一点,辨别一下滋味：～鲜｜品～。②体验；

感觉:~受|备~艰难。③曾经:何~|未~。

偿 ①归还;抵补:~还|抵~|补~。②满足愿望:如愿以~。

[辨析] 因音同形似致误。两字均为形声字:"尝"是"嘗""嚐"的简化字;"嘗"的声旁为"尚",本义是用嘴辨别、品评滋味,故形旁为"旨"(旨,美味),引申为感受、试试等;"偿"的声旁为"尝",因本义是归还给别人的意思,故形旁为"亻",引申为抵偿、满足等。

徜 cháng 倘 tǎng

[释义] 徜 徜徉,指安闲自在地步行。
倘 假使;如果:~使|~若。

[辨析] 因形似致误。两字均为形声字,左右结构,声旁均为"尚"。"徜"只能与"徉"组合成联绵词,表示安闲自在地步行,故形旁为与行动有关的"彳";"倘"可单独使用,表示假设的意思,因本义指人惊疑欲止的样子,故形旁为"亻"。

[提示] "倘"另读 cháng。

敞 chǎng 畅 chàng

[释义] 敞 ①宽阔;无遮拦:~亮|宽~|空~。②打开:~开大门。
畅 ①没有阻拦:~通|~达|~销。②尽情;不受拘束:~快|~谈|~饮|~想。

[辨析] 因音近义近致误。两字都有表示宽阔、没有阻拦的意思,但有如下区别:"敞"侧重指空间的宽大,如"宽敞";还可作动词,如"敞开"。"畅"侧重指流通没有阻碍,如"畅通";还用于形容尽情、不受拘束,如"舒畅"。注意"宽敞"与"宽畅"的区别:"宽敞"形容空间宽阔、宽大,如

"这间屋子真宽敞"。"宽畅"既形容道路等大而畅通无阻,如"世纪大道宽畅整洁";也形容人的心境舒畅,如"他心怀宽畅"。

抄 chāo　　钞 chāo

[释义] **抄** ①照原稿或原文件写:~写|~录|~袭。②搜查并没收:~家|~身|~获。③走近道:包~|~近路。

钞 钱;纸币:~票|现~。

[辨析] 因音同形似致误。两字均为形声字,左右结构,声旁均为"少"。"抄"意为抄写、搜查等,故形旁为表示手的动作的"扌";"钞"的本义与金钱有关,故形旁为"钅"。

巢 cháo　　窠 kē

[释义] **巢** 鸟窝,也称蜂、蚁等的窝:鸟~|鹊~。

窠 鸟兽昆虫的窝:狗~|蜂~。

[辨析] 因形似义同致误。两字字面意义相同,使用时,含有不同的感情色彩:"巢"除指鸟、昆虫等的窝外,还常被用来形容敌人或坏人的驻地,含贬义,如"倾巢而出";"窠"指鸟、昆虫等的窝,中性词。

扯 chě　　址 zhǐ　　祉 zhǐ　　趾 zhǐ

[释义] **扯** ①拉:拉~|~后腿。②撕:~破|~块布料。③闲谈:~扯|胡~|东拉西~。

址 地基;建筑物的位置:地~|住~|遗~。

祉 幸福:福~。

趾 ①脚:~高气扬。②脚指头:脚~。

[辨析] 因音同或形似致误。四字均为形声字,左右结构,声旁均为"止"。"扯"含有拉的意思,故形旁为表示手的动作

的"扌";"址"指地基及建筑物的位置,与"土"有关,故形旁为"土";"祉"意为幸福,与祈福有关,故形旁为"礻";"趾"指脚指头,故形旁为"𧾷"。

坼 chè　圻 qí

[释义] 坼 裂开:～裂|天寒地～。
圻 边界。

[辨析] 因形似致误。两字均为形声字,左右结构,因本义均与土地有关,故形旁为"土"。"坼"的声旁为"斥";"圻"的声旁为"斤"。

[提示] "圻"另读 yín。

撤 chè　澈 chè　辙 zhé

[释义] 撤 ①免除;取消:～消|～职|～除;②退:～离|～退|～回。
澈 水清:清～|澄～。
辙 ①车轮压出的痕迹:车～。②办法:没～儿。

[辨析] 因音同或形似致误。三字均为形声字,左右结构,声旁均为"散"。"撤"的本义与动作有关,故形旁为"扌";"澈"的本义为水清,故形旁为"氵";"辙"的本义与车有关,故形旁为"车"。

撤 chè　撒 sā

[释义] 撤 ①免除;取消:～消|～职|～除。②退:～离|～退|～回。
撒 ①放开;发出:～手|～腿就跑。②尽量施展或表现(含贬义):～谎|～娇|～野。

[辨析] 因形似致误。两字均为形声字,左右结构,因本义均与

动作有关,故形旁均为"扌"。"撒"的声旁为"散","散"的左面为"育";"撒"的声旁为"散","散"的左面为"青"。

[提示] "撒"另读 sǎ。

抻 chēn　　伸 shēn

[释义] **抻** 拉;扯:～面|把袖子～出来。

伸 ①展开:～手|～长|～展。②表白:～冤。

[辨析] 因形似致误。两字均为形声字,左右结构,声旁均为"申"。"抻"意为拉、扯,故形旁为"扌";"伸"意为屈伸,形旁为"亻"。

嗔 chēn　　瞋 chēn

[释义] **嗔** ①生气:～怒。②对人表示不满:～怪。

瞋 发怒时睁大眼睛:～目而视。

[辨析] 因音同形似义近致误。两字均为形声字,左右结构,声旁均为"真"。两字的意思均与发怒有关,但有如下区别:"嗔"意为生气、对人不满,重在语言上,故形旁为"口";"瞋"重在形容人发怒时眼睛睁得很大的样子,故形旁为"目"。

瞋 chēn　　瞠 chēng

[释义] **瞋** 发怒时睁大眼睛:～目而视。

瞠 瞪着眼睛看:～目结舌。

[辨析] 因音近义同致误。两字均为形声字,左右结构,因本义均与眼睛有关,故形旁均为"目"。"瞋"的声旁为"真","瞠"的声旁为"堂"。两字均有表示睁大眼睛看的意思,但表意角度有所区别:"瞋"重在形容人发怒时眼睛睁得很大的样子,"瞠"则形容人在受窘或惊呆时瞪着眼睛的神态。

辰 chén   晨 chén

[释义] **辰** ①日、月、星的统称:星~。②指时光;日子:~光|诞~|寿~。

晨 清早,太阳升起前后的一段时间:清~|凌~|早~。

[辨析] 因音同形似致误。两字都是表示时间的名词,但有如下区别:①"辰"既可表示比较广泛的时间概念,如"辰光",又可表示某一段时间,如"辰时";"晨"只表示早晨。②"辰"除了表示时间外,还可表示某种天体,如"星辰";"晨"只表示时间。

忱 chén   诚 chéng

[释义] **忱** 真诚的情意:热~。

诚 真心实意:~实|~心|~挚。

[辨析] 因音近义近致误。两字均为形声字,左右结构。"忱"的声旁为"尤",因本义指情意,故形旁为"忄";"诚"的声旁为"成",因本义指言辞真心实意,故形旁为"讠"。两字的混淆主要在"赤忱"与"赤诚"、"热忱"与"热诚"上:①"赤忱"用作名词时,意为极其真诚的心意;用作形容词时,与"赤诚"的意思相同,意为非常真诚。②"热忱"的意思是热情;"热诚"的意思是热心而诚恳。

谌 chén   湛 zhàn

[释义] **谌** ①相信。②的确;诚然。③姓。

湛 ①学识深:精~。②清澈:~蓝。

[辨析] 因形似致误。两字均为形声字,左右结构,声旁均为"甚"。"谌"的本义为相信,与语言有关,故形旁为"讠";"湛"的本义为沉没,引申为深,故形旁为"氵"。

[提示] "谌"用作姓氏时,也读 shèn。

衬 chèn　忖 cǔn　肘 zhǒu　纣 zhòu

[释义] **衬** ①穿在里面的单衣裤:~衣|~裤。②做服装时附在面料里面的一层布或其他材料:~布|~领|~腰。③附上别的事物,使主要事物突出:~托|陪~|映~。

忖 细想;揣度:~度|自~。

肘 胳膊肘儿。

纣 商朝末代君主,相传是个暴君:助~为虐。

[辨析] 因音近形似致误。四字均为形声字,左右结构,声旁均为"寸"。"衬"的本义为穿在里面的单衣裤,故形旁为"衤";"忖"的本义与内心活动有关,故形旁为"忄";"肘"指胳膊肘儿,故形旁为"肉",后因作形旁的"肉"与"月"混同,均写成"月";"纣"的本义为后鞧,是一种套车时拴在驾辕牲口屁股周围的皮带、帆布带等,故形旁为"纟"。

趁 chèn　乘 chéng

[释义] **趁** 利用时机或机会:~机|~早|~热打铁|~人之危。

乘 ①搭坐交通工具:~车|~船。②利用时机:~机|~虚而入|有机可~。③数学的一种运算方法,求一个数的若干倍:~法|~积。

[辨析] 因音近义近致误。两字在表示利用时机或机会时,意义和用法相同,如"趁机"与"乘机"。但"乘"还指搭坐交通工具,如"乘车""乘船",又为数学的一种运算方法,如"乘法"。

[提示] "乘"另读 shèng。

琤 chēng　铮 zhēng

[释义] **琤** 琤琤,象声词,形容玉器相击声、琴声或流水声。

铮 铮铮,象声词,形容金属的撞击声。

[辨析] 因形似义近致误。两字均为形声字,左右结构,声旁均为"争",均可用作象声词。"玎"本义为玉器相击声,与"玉"有关,故形旁为"王";"铮"形容金属的撞击声,故形旁为"钅"。

[提示] "铮"另读 zhèng。

称 chēng   秤 chèng

[释义] **称** ①测定重量:～体重|～斤两。②赞扬:～赞|～誉|～颂。③名号:～号|～呼|职～。④说;叫:～呼|号～|～兄道弟。

秤 测定重量的器具:杆～|磅～|电子～。

[辨析] 因音近义近致误。两字均为左右结构。"称"为形声字,声旁为"尔"("禹"的简写),因古人以谷物作为长度及重量单位的标准,故形旁为"禾";"秤"为会意字,由表示长度及重量单位的"禾"与"平"合在一起,意为平衡。两字均有表示测定重量的意思,但有如下区别:"称"在读 chèng 时,为名词,意义与"秤"相同,读 chēng 时,为动词,指测定物体的重量;"秤"为名词,指测定物体重量的器具。

[提示] "称"另读 chèn、chèng。

成 chéng   诚 chéng

[释义] **成** ①办事获得预期的结果(与"败"相对):～功|完～。②工作或学习的收获:～绩|～果|～就。③变为:～为|～形。④已定型的;做好的:～见|～品。⑤生长发育到完备的阶段:～长|～人。⑥表示达到一定的数量:～年|～千上万。

诚 ①真心实意：～意｜～心。②确实：～然。

[辨析] 因音同形似致误。两字的混淆主要在"成心"与"诚心"上："成心"为副词,意思是故意的、有意的。"诚心"用作名词时,意为诚恳的心意;用作形容词时,意为真诚而恳切。

丞 chéng　　承 chéng

[释义] 丞 古代辅助的官吏：～相。
承 ①接受;担当：～接｜～受｜～办｜～担。②客套话：～蒙｜～情。③继续：继～｜～上启下｜～前启后。

[辨析] 因音同形似致误。两字均为象形字,"丞"为上下结构,6画,笔顺为：乛了了了承丞;"承"为独体字,8画,笔顺为：乛了了孑承承承承。

澄 chéng　　橙 chéng

[释义] 澄 ①水清澈透明：～清｜～净｜～澈。②使事物清楚：～清是非。
橙 ①一种水果,果实圆形,果皮红黄色,味道酸甜可口：～子。②黄里带红的颜色：～色。

[辨析] 因音同形似致误。两字均为形声字,左右结构,声旁均为"登"。"澄"的本义指水清而透明,故形旁为"氵";"橙"为一种水果,与树木有关,故形旁为"木"。

[提示] "澄"另读 dèng。

骋 chěng　　聘 pìn

[释义] 骋 ①马跑：驰～。②放开：～怀｜～目。
聘 ①请人任职：～请｜～任｜～书｜～用｜招～。②男女定亲或嫁娶：～礼｜～娶。

[辨析] 因形似致误。两字均为形声字,左右结构,声旁均为

"粤"。"骋"的本义为马奔跑,故形旁为"马";"聘"的本义为探听、访问,故形旁为"耳"。

哧 chī　嗤 chī

[释义] 哧 象声词:～的一笑。
嗤 嗤笑:～之以鼻。
[辨析] 因音同致误。两字均为形声字,左右结构,因本义均与声音有关,故形旁均为"口"。"哧"的声旁为"赤",除形容笑声外,还形容迅速滑动的声音;"嗤"的声旁为"蚩",只形容讥笑声。

笞 chī　苔 tái

[释义] 笞 用鞭、杖或竹板子打:鞭～。
苔 苔藓植物,一般生长在阴湿地方。
[辨析] 因形似致误。两字均为形声字,上下结构,声旁均为"台"。"笞"的本义是用鞭、杖或竹板子打,故形旁为"𥫗";"苔"是一种植物,故形旁为"艹"。
[提示] "苔"另读 tāi。

嗤 chī　媸 chī

[释义] 嗤 嗤笑:～之以鼻。
媸 面貌丑:妍～。
[辨析] 因音同形似致误。两字均为形声字,左右结构,声旁均为"蚩"。"嗤"意为嗤笑,故形旁为"口";"媸"指女子面貌丑,故形旁为"女"。

弛 chí　驰 chí

[释义] 弛 松懈;缓和:～缓|松～。

驰 ①车、马快跑：～骋｜飞～｜奔～｜背道而～。②向往：神～｜心～神往。③传播：～名｜～誉。

[辨析] 因音同形似致误。两字均为形声字，左右结构，声旁均为"也"。"弛"的本义指张开的弓松弛下来，故形旁为"弓"；"驰"的本义为马快跑，故形旁为"马"。凡表示放松、放下的意思用"弛"；凡表示快跑、向往、传扬等意思均用"驰"。

弛 chí 迟 chí

[释义] **弛** 松懈；缓和：～缓｜松～。

迟 ①慢；拖延：～缓｜～延。②晚：～到｜推～。

[辨析] 因音同致误。两字均为形声字。"弛"的声旁为"也"，因本义指张开的弓松弛下来，故形旁为"弓"；"迟"的声旁为"尺"，因本义指速度慢，故形旁为"辶"。两字的混淆主要在"弛缓"与"迟缓"上："弛缓"侧重于"弛"，指局势、气氛、心情等变和缓、放松；"迟缓"侧重于"迟"，意为动作缓慢、不迅速。

持 chí 恃 shì

[释义] **持** ①手握：～枪｜～笔。②掌管；治理：～家｜主～｜操～。③守住；不变：坚～｜保～｜维～。④对抗：相～｜僵～。

恃 依赖；倚杖：有～无恐｜～才傲物。

[辨析] 因音近形似致误。两字均为形声字，左右结构，声旁均为"寺"。"持"的本义是握，故形旁为表示手的动作的"扌"，其引义均与动作有关；"恃"的本义是表示一种依靠、倚仗的心理感受，故形旁为"忄"。两字的混淆主要在"自持"与"自恃"上："自持"指控制自己的欲望或

情绪;"自恃"指倚仗、仗恃,也指因过分自信而骄傲自满。

齿 chǐ　　耻 chǐ

[释义] **齿** ①人或动物咀嚼食物的器官:牙~|唇~相依。②像牙齿一样的东西:~轮|锯~。
耻 ①羞愧:羞~|可~。②名誉上受到的损害:~辱。

[辨析] 因音同致误。两字的混淆主要在"不齿"与"不耻"上:"不齿"的意思是不愿意提到,表示鄙视;"不耻"的意思是不以为耻,多与"下问"合用,"不耻下问"的意思是不以向地位比自己低、知识比自己少的人请教为可耻,多含褒义。

齿 chǐ　　啮 niè

[释义] **齿** ①人或动物咀嚼食物的器官:牙~|唇~相依。②像牙齿一样的东西:~轮|锯~。
啮 鼠、兔等动物用牙啃或咬。

[辨析] 因形似近义致误。两字的意义均与牙齿有关,但有如下区别:"齿"为象形字,其甲骨文字形像牙齿之形,作名词,指牙齿或像牙齿一样的东西;"啮"为会意字,"口"与"齿"合在一起,意为啃或咬。

豉 chǐ　　鼓 gǔ

[释义] **豉** 豆豉,把黄豆或黑豆泡透蒸熟或煮熟,经过发酵而成。
鼓 ①打击乐器:大~|腰~|锣~。②敲;拍:~掌|一~作气。③振奋;发动:~劲|~动|~励|~舞。④凸出:~着嘴|口袋~~的。

[辨析] 因形似致误。两字均为左右结构。"豉"为形声字,声旁为"支",本义指以豆类发酵制成的食品,故形旁为"豆";"鼓"为会意字,其甲骨文的左边像一面鼓,右边是一只手拿着鼓槌敲打左边的鼓,故本义为战鼓,作名词,后由名词引申为动词,意为敲。

叱 chì 斥 chì

[释义] **叱** 大声责骂:怒~|~令。
斥 ①责骂:~责|~骂|痛~|驳~。②使离开:~退|排~。

[辨析] 因音同义近致误。两字均有呵责的意思,如"怒斥"也写作"怒叱",但表意的程度、形式有所区别:"叱"侧重于声音大,情绪比较激烈;"斥"侧重于指责,不强调声音大小,情绪比较冷静、理智。

翅 chì 翘 qiào

[释义] **翅** 鸟类及昆虫的飞行器官:~膀|展~高飞。
翘 一头向上抬起:~尾巴。

[辨析] 因形似致误。两字均为形声字,半包围结构,因本义均与鸟类有关,故形旁均为"羽"。"翅"的声旁为"支","翘"的声旁为"尧"。

[提示] "翘"另读 qiáo。

敕 chì 赦 shè

[释义] **敕** 皇帝的诏令:~令|~书。
赦 减轻或免除刑罚:~免|特~|十恶不~。

[辨析] 因形似致误。两字均为形声字,左右结构,形旁均为"攵"。"敕"的声旁为"束",作名词;"赦"的声旁为"赤",

充 chōng　　兖 yǎn

[释义] **充** ①满;足:~满|~足|~分|~实。②装满;塞住:~电|~气|~耳不闻。③担任:~任|~当。④假冒;冒~|滥竽~数。
兖 兖州,地名。

[辨析] 因形似致误。两字均为上下结构:"充"的上面为"亠",下面是"允许"的"允";"兖"的上面为"亠",下面是"兑"。"兖"只用于地名"兖州"。

忡 chōng　　肿 zhǒng

[释义] **忡** 忧虑不安:忧心~~。
肿 由于疾病或炎症等使皮肉浮胀:~胀|~块|浮~|囊~。

[辨析] 因形似致误。两字均为形声字,左右结构,声旁均为"中"。"忡"的本义为忧虑不安,与心理活动有关,故形旁为"忄";"肿"的本义为皮肉浮胀,故形旁为"肉",后因作形旁的"肉"与"月"混同,均写成"月"。

舂 chōng　　春 chūn

[释义] **舂** 把东西放在石臼或乳钵里捣去皮壳或捣碎:~米。
春 ①一年四季的第一季:~季|~节|~风|雨后~笋。②比喻生机:青~年华|~满人间|妙手回~。

[辨析] 因形似致误。两字均为上下结构,上面部分均为"夫",区别在下面部分:"舂"的下面是"臼",表示在石臼里捣东西;"春"的下面是"日",表示春天里阳光照耀,万物萌发。

憧 chōng　　幢 chuáng

[释义] **憧** 憧憬。
幢 ①古代作仪仗用的旗帜。②刻着佛号或经咒的石柱子：经～。

[辨析] 因形似致误。两字均为形声字，左右结构，声旁均为"童"。"憧"的本义为憧憬，表示一种心理活动，故形旁为"忄"；"幢"的本义为古代作仪仗用的旗帜，与织物有关，故形旁为"巾"。

[提示] "幢"另读 zhuàng。

崇 chóng　　祟 suì

[释义] **崇** ①高：～高｜～山峻岭。②尊敬；尊重：～敬｜拜～｜推～。
祟 迷信说法，指鬼怪害人。借指暗中捣鬼或行为不光明正大：作～｜鬼鬼～～。

[辨析] 因形似致误。两字均为上下结构："崇"是形声字，声旁为"宗"，本义为山高，故形旁为"山"，引申为尊敬、尊重；"祟"是会意字，"出"与"示"合在一起表示神鬼出现而兴起灾祸的意思，如暗中捣鬼为"作祟"，形容偷偷摸摸的行动为"鬼鬼祟祟"。

宠 chǒng　　庞 páng

[释义] **宠** 过分地爱：～爱｜～物｜哗众取～。
庞 ①极大：～大｜～然大物。②过多且杂乱：～杂。③脸盘：脸～。

[辨析] 因形似致误。两字均为形声字，声旁均为"龙"。"宠"为上下结构，因本义为居于高位、尊荣，故形旁为"宀"，用

作动词,侧重指人的态度,如"宠爱""宠物"等。"庞"为半包围结构,因本义为房屋,故形旁为表示大房子的"广",用作形容词,侧重指事物的状态,如"庞大""庞然大物";用作名词,指人的脸盘,如"脸庞"。

仇 chóu　　酬 chóu

[释义] **仇** ①仇敌:疾恶如～。②仇恨:～深似海。

酬 ①主人向客人敬酒:～酢。②报答:～谢。③报酬:按劳～。④交际往来:应～。⑤实现:壮志未～。

[辨析] 因音同致误。两字的混淆主要在"报仇"与"报酬"上:"报仇"为动词,意为采取行动,打击仇敌;"报酬"为名词,指由于使用别人的劳动、物件等而付给别人的钱或实物。

[提示] "仇"用作姓氏时,也读 qiú。

惆 chóu　　愁 chóu

[释义] **惆** 失意;悲伤:～怅。

愁 ①忧虑:发～。②忧伤的心情:～怀|乡～。

[辨析] 因音同义近致误。两字均为形声字,因本义均表示某种心情,故形旁均为"心(忄)"。"惆"为左右结构,意思是失意,声旁为"周";"愁"为上下结构,意思是忧虑,声旁为"秋"。

惆 chóu　　绸 chóu　　稠 chóu

[释义] **惆** 失意;悲伤:～怅。

绸 丝织品:～缎|～子|纺～|丝～。

稠 ①液体中含某种固体成分很多:粥很～。②稠密:～人广众。

[辨析] 因音同形似致误。三字均为形声字,左右结构,声旁均

为"周"。"惆"的本义为悲伤、失意,表示一种心理状态,故形旁为"忄";"绸"为丝织物,故形旁为"纟";"稠"指液体中含有某种固体成分较多,多与农作物有关,故形旁为"禾"。

愁 chóu　　筹 chóu

[释义] **愁** 忧虑;苦闷:～苦|～闷|～肠|发～。
筹 ①计数的用具:～码|略胜一～。②谋划;计算:～谋|～划|～算|～建。
[辨析] 因音同致误。两字在"一筹莫展"一词上特别容易混淆:"一筹莫展"意为一点计策也施展不出来,形容拿不出一点办法来,没有"忧愁、苦闷"的意思,故不能写成"一愁莫展"。

畴 chóu　　踌 chóu

[释义] **畴** ①田地:田～|平～千里。②种类:范～。
踌 踌躇。
[辨析] 因音同形似致误。两字均为形声字,声旁均为"寿"。"畴"为左右结构,本义为田地,故形旁为"田",引申为种类;"踌"为左右结构,本义为踌躇,表示徘徊不前的意思,故形旁为"𧾷"。

厨 chú　　橱 chú

[释义] **厨** ①做饭菜的屋子:～房|下～。②以烹调为职业的人:～师|掌～|～名。
橱 放衣服或物件的家具:～柜|衣～|书～。
[辨析] 因音同形似致误。两字均为形声字:"厨"为半包围结构,声旁为"对",本义指做饭菜的地方,故形旁为与房屋

有关的"厂";"橱"为左右结构,声旁为"厨",意为放置衣物的家具,故形旁为"木"。

杵 chǔ　　忤 wǔ

[释义] **杵** ①一头粗一头细的圆木棒,用来在臼里捣粮食等或洗衣服时捶衣服:~白。②用杵捣:~药。③用细长的东西戳或捅:用手指头~了他一下。

忤 不顺从;不和睦:~逆不孝。

[辨析] 因形似致误。两字均为形声字,左右结构,声旁均为"午"。"杵"的本义指一种圆木棒,故形旁为"木";"忤"指不顺从,与人的内心活动有关,故形旁为"忄"。

绌 chù　　拙 zhuō

[释义] **绌** 不够;不足:相形见~。

拙 ①笨;不灵巧:笨~|弄巧成~。②谦词,称与自己有关的:~见|~笔。

[辨析] 因形似致误。两字均为形声字,左右结构,声旁均为"出"。"绌"的本义指大红色的布帛,故形旁为"纟",后用指财力、能力的不够、不足;"拙"的本义指手的动作不灵巧,故形旁为"扌"。

揣 chuǎi　　惴 zhuì

[释义] **揣** 估计;推测:~测|~度|~摩。

惴 形容又发愁又害怕的样子:~~不安。

[辨析] 因形似致误。两字均为形声字,左右结构,声旁均为"耑"。"揣"的本义为量度,表示手的动作,故形旁为"扌";"惴"表示一种发愁又害怕的心理状态,故形旁为"忄"。因"揣度""揣测""揣想"等词的意思与心理活动

有关,故易误写成"惴度""惴测""惴想"等。
[提示] "揣"另读 chuāi、chuài。

川 chuān　　穿 chuān

[释义] 川 ①河流;水道:河～|冰～|～流不息。②平原:平～|一马平～。④四川省的简称。

穿 ①破;透:～孔|揭～|望～秋水。②通过:～针|贯～。③衣着和装束:～戴|～着|～衣。

[辨析] 因音同致误。两字在"川流不息"一词上特别容易混淆:"川流不息"意为行人、车马等像水流一样连续不断。没有贯穿、通过的意思,故不能写成"穿流不息"。

穿 chuān　　串 chuàn

[释义] 穿 ①破;透:～孔|揭～|望～秋水。②通过:～针|贯～。③衣着和装束:～戴|～着|～衣。

串 ①连贯:珠子～|羊肉～。②往来走动:～门|走街～巷。③互相勾结:～通一气。④指两种东西或气味混杂在一起而改变了本来的特点:～味。⑤数量单位:一～珍珠。

[辨析] 因音近义近致误。两字都有穿过的意思,但有如下区别:"穿"着重于从中间通过,如"贯穿"指从中间通过,"穿通"指在物体中间打通;"串"着重于连通,即把散开的多个事物连成一个整体,如"贯串"指贯通、联结在一起,"串通"指人与人之间暗中勾结,使彼此的言语与行动互相配合。

椽 chuán　　缘 yuán

[释义] 椽 椽子。

缘 ①缘故:～由。②因为;为了:～何至此。③缘分:
姻～。④沿着;顺着:～溪而行。⑤边:边～。
[辨析] 因形似致误。两字均为形声字,左右结构,声旁均为
"彖"。"椽"指放在檩上架着屋面板和瓦的木条,故形旁
为"木";"缘"的本义为衣服边上的镶绲,故形旁
为"纟"。

创 chuāng   疮 chuāng

[释义] **创** 创伤:～伤|～口|～痛|百孔千～。
疮 皮肤红肿、溃烂的病:痤～|冻～。
[辨析] 因音同形似义近致误。两字均为形声字,声旁均为
"仓"。"创"为左右结构,形旁为"刂";"疮"为半包围结
构,因本义为一种疾病,故形旁为"疒"。两字除用作名
词时都可指外部事物造成的伤害外,有如下区别:"创"
还可用作动词,如"重创敌军";"疮"只能作名词,还可指
人体自身发生的一种病变,如"冻疮"。
[提示] "创"另读 chuàng。

垂 chuí   唾 tuò

[释义] **垂** ①东西的一头向下:下～|～柳。②将近:～暮|～
老|～成。③留传:永～不朽|名～青史。
唾 ①口水:～沫。②吐唾沫;引申为鄙视:～弃|～手
可得。
[辨析] 因形似致误。"垂"为象形字,其古字像花叶下垂,本义
为"堕"。"唾"为形声字,声旁为"垂",因本义指口水,故
形旁为"口"。两字的混淆主要在"垂涎三尺"与"唾手
可得"上:"垂涎三尺"意为口水直往下淌,比喻看见别人有
好东西就想得到,故不能写成"唾涎三尺";"唾手可得"

意为得到某件东西像往手心上吐口水那样容易,故不能写成"垂手可得"。

捶 chuí　椎 chuí　锤 chuí

[释义] **捶** 用拳头或棒槌敲打:～背｜～打｜～胸顿足。
椎 ①短木棍。②用棍子打。
锤 ①挂在秤杆上的金属块:秤～。②敲打东西的工具:～子｜铁～。③用锤子敲打:～炼｜千～百炼。

[辨析] 因音同形似义近致误。三字均为形声字,左右结构,声旁均为"垂"。用作动词时,三字均有敲打的意思。"捶"的本义为用拳头或棒槌敲打,故形旁为"扌";"椎"的本义为短木棍,故形旁为"木";"锤"的本义为挂在秤杆上的金属块,故形旁为"钅"。

槌 chuí　锤 chuí

[释义] **槌** 敲打用的棒,一头较粗或为球形:棒～｜鼓～。
锤 ①挂在秤杆上的金属块:秤～。②敲打东西的工具:～子｜铁～｜钉～。③用锤子敲打:～炼｜千～百炼。

[辨析] 因音同义近致误。两字用作名词时,都指敲打用的工具,但有如下区别:①"槌"专指由木头制成的敲打用的棒,如"棒槌";"锤"一般指由金属制成的敲打用的工具。②"锤"用作名词时,还可指挂在秤杆上的金属块;还可用作动词,指用锤子敲打。

纯 chún　淳 chún

[释义] **纯** ①成分单一;不含杂质:～洁｜～净｜～粹。②熟练:～熟｜炉火～青。③纯粹;单纯:～白｜～黑。
淳 诚实朴素:～朴｜～美。

[辨析] 因音同义近致误。两字在表示质朴、敦厚的时候,可以通用,如"纯朴"和"淳朴",但仍有如下区别:①在形容人的气质时,可以通用,如"纯朴"可以写作"淳朴",而在形容民风时,只能写作"淳朴"。②"纯"还可指成分单一、不含杂质,而"淳"则无此意义,不可将"纯正""纯粹"中的"纯"写成"淳"。

唇 chún　蜃 shèn

[释义] 唇 人和某些动物嘴边的肌肉组织:嘴~|~齿相依|反~相讥。

蜃 大蛤蜊。

[辨析] 因形似致误。两字均为形声字,半包围结构,声旁均为"辰"。"唇"指人和某些动物嘴边的肌肉组织,故形旁为"口";"蜃"本义指大蛤蜊,故形旁为"虫"。

淳 chún　醇 chún

[释义] 淳 诚实朴素:~朴|~厚|~美。

醇 酒味纯正浓厚:~酒|~厚|清~。

[辨析] 因音同形似致误。两字均为形声字,左右结构,声旁均为"享"。"淳"的本义是水清的意思,故形旁为"氵",引申为质朴、敦厚,多用来形容风俗、人品等;"醇"本义为不掺水的酒,故形旁为"酉",多用来形容某种物品的气味。注意"淳厚"与"醇厚"的区别:"淳厚"多形容风俗、人品等淳朴、忠厚;"醇厚"多形容气味、滋味等纯正、浓厚。

戳 chuō　戮 lù

[释义] 戳 ①刺穿:~穿|~破。②图章:邮~|盖一个~。

戮 杀害:杀~。

[辨析] 因形似致误。两字均为形声字,左右结构,因本义均与武器有关,故形旁均为"戈"。"戳"的声旁为"翟",本义为用枪尖把东西刺穿,今义均为其引申义;"戮"的声旁为"翏"。"戳"字可单独使用;"戮"字不能单独使用,与其他字组成的常用词有"杀戮""屠戮""戮力同心"等。

啜 chuò　 惙 chuò　 辍 chuò
掇 duō　 缀 zhuì

[释义] **啜** ①喝:～茗。②抽噎的样子:～泣。
惙 ①忧愁:忧心～～。②疲乏。③气短:气息～然。
辍 中止;停止:～学|～笔。
掇 拾取:拾～。
缀 ①缝;补～。②连接;组合:～合。③装饰;点～。

[辨析] 因音同或形似致误。五字均为左右结构:"啜""惙""辍""掇"均为形声字,声旁均为"叕"。"啜"的本义为喝,故形旁为"口";"惙"的本义为忧愁,故形旁为"忄";"辍"的本义与"车"有关,故形旁为"车",后引申为中止、停止;"掇"的本义是拾取,故形旁为"扌"。"缀"为会意字,"叕"为互相连缀形,"叕"与"纟"合在一起,表示用丝连缀,本义为缝合,引申为连接、组合等意思。

[提示] "啜"用作姓氏时,也读 chuài。

词 cí　 辞 cí

[释义] **词** ①在句子里能自由运用的最小的语言单位:～语|～汇|～典|名～。②语句:歌～|～不达意。③一种长短句押韵的诗歌体裁:～曲|宋～。
辞 ①优美的语言;文辞:～藻|修～。②告别:～行|～别|告～。③解雇:～退。④请求解职:～呈|～职。

⑤躲避;推托:～谢|推～|不～辛苦。

[辨析] 因音同义近致误。两字在表示语言、语句、言词时,可以通用,如"言词"可以写作"言辞","义正词严"可以写作"义正辞严"等。而作为文学形式,有如下区别:①"词"指唐宋时兴起的有一定格律形式的文学体裁,如"词牌""诗词"中的"词";"辞"指先秦、汉魏及以后一段时期出现的类似诗赋的韵文,如《楚辞》《归去来辞》。②作为最小的语言单位时,只能用"词",如"词汇""名词""词性"等中的"词"不能写作"辞"。③"辞"在用作动词,表示告别、推托等意时,不能写作"词",如"推辞""辞旧迎新"等。

瓷 cí   磁 cí

[释义] **瓷** 用纯净的黏土经高温烧制成的材料,质地坚硬细致:～碗|～瓶|～器|～砖。

磁 物质能吸引铁等金属的性能:～性|～石|～卡。

[辨析] 因音同形似致误。两字均为形声字。"瓷"为上下结构,声旁为"次",本义指陶器中较为精制者,而"瓦"为古代陶器的总称,故形旁为"瓦";"磁"为左右结构,声旁为"石",本义指物质能吸引铁等金属的性能,与矿物有关,故形旁为"石"。

次 cì   秩 zhì

[释义] **次** ①第二:～日|其～。②顺序;等第:～序|名～|语无伦～。③质量差:～品|～货。④数量单位,用于动作或事件重复出现的回数:～数|屡～|几～三番。

秩 次序:～序|～序井然。

[辨析] 因义近致误。两字的混淆主要在"次序"与"秩序"上:

"次序"指先后顺序、次第,如"按事先排定的次序"的"次"不能写成"秩";"秩序"指有条理、不混乱的情况,如"遵守会场秩序"的"秩"不能写成"次"。

刺 cì   剌 là

[释义] 刺 ①尖的东西进入或穿过物体:～穿|～破|～绣。②使感觉器官不舒服:～鼻|～耳|～激。③暗杀:～客|～杀|遇～。④讥讽:讥～|讽～。⑤尖锐像针一样的东西:鱼～|骨～。

剌 乖戾;乖张。

[辨析] 因形似致误。两字均为会意字:"朿"是木刺,"刂"是"刀"的变体,"朿"和"刂"合在一起表示用尖状物刺人;"束"和"刂"合在一起表示捆束后再用刀毁坏,意为与事理相违背,即乖戾、乖张的意思。

[提示] "刺"另读 cī,"剌"另读 lá。

赐 cì   剔 tī

[释义] 赐 ①赏给;把财物等送给下级或晚辈:恩～|赏～。②赏赐的东西或给予的好处:受人之～|厚～。

剔 ①把肉从骨头上刮下来:把肉～干净。②从缝隙或孔洞里往外挑、拨:～牙|～指甲。③把不好的挑拣出去:～除。

[辨析] 因形似致误。两字均为形声字,左右结构,声旁均为"易"。"赐"的本义与钱财有关,故形旁为"贝";"剔"的本义指刮肉,要用刀,故形旁为"刂"。

匆 cōng   勿 wù

[释义] 匆 急;忙:～忙|促～|～～忙忙。

勿 表示劝阻、禁止:请~入内|请~打扰。

[辨析] 因形似致误。两字均为独体字:"匆",5画,笔顺为:ノ勹勹匆匆;"勿",4画,笔顺为:ノ勹勿勿。

囱 cōng　卤 lǔ　囟 xìn

[释义] **囱** 烟囱。
卤 ①熬盐时剩下的液体:盐~。②浓稠的汁液:肉~。③用卤汁烧制成的食品:~味|~鸡|~肉。
囟 囟门,指婴儿头顶骨未合缝之处。

[辨析] 因形似致误。三字均为象形字:"囱"的甲骨文像一扇窗户,里面的"夕"表示窗户的网格;"卤"的原字为"鹵",其甲骨文像盛盐的器皿,内四点像盐形;"囟"的甲骨文像从上往下看的头盖骨,里面的"×"表示婴儿的头盖骨未合。

淙 cóng　琮 cóng

[释义] **淙** 淙淙,象声词,形容流水的声音。
琮 古代一种玉器,方柱形,中间有圆孔。

[辨析] 因音同形似义近致误。两字均为形声字,左右结构,声旁均为"宗",均可形容流水声。但有如下区别:"淙"可两字叠用,形容流水的声音,故形旁为"氵";"琮"为一种玉器,故形旁为"玉","琮"不能两字叠用,只能与"琤"组成"琮琤",形容水石相击的声音。

凑 còu　辏 còu　揍 zòu

[释义] **凑** ①聚集;聚合:~集|~合|~数|~钱。②接近:~拢|~近。③碰上;赶到:~巧|~热闹。
辏 车轮的辐集中到毂上:辐~。
揍 打:~人|挨~。

[辨析] 因形似或音近致误。三字均为形声字,左右结构,声旁均为"奏"。"凑"的本义为河流聚合在一起,故形旁为"氵";"辏"指车轮的辐集中到毂上,故形旁为"车";"揍"是打的意思,故形旁为"扌"。

徂 cú   殂 cú

[释义] **徂** ①往;到:自西～东。②过去;逝:岁月其～。③开始:～暑。
殂 死亡:～谢|崩～。

[辨析] 因音同形似致误。两字均为形声字,左右结构,声旁均为"且"。"徂"的本义与行动有关,故形旁为"彳";"殂"意为死亡,故形旁为"歹"。

蔟 cù   簇 cù

[释义] **蔟** 供蚕吐丝作茧的麦秸丛:上～。
簇 ①聚集在一起,紧紧围着:～拥|花团锦～。②数量单位,用于聚集在一起的东西:一～玫瑰。

[辨析] 因音同形似致误。两字均为形声字,上下结构,声旁均为"族"。"蔟"的本义与禾草有关,故形旁为"艹";"簇"的本义与丛生的竹子有关,故形旁为"⺮"。

汆 cuān   氽 tǔn

[释义] **汆** 烹调方法,把食物放到沸水里稍微一煮:～汤|～丸子。
氽 ①漂浮:木板～在水上。②用油炸:油～花生。

[辨析] 因形似致误。两字均为会意字:"汆"由"入"和"水"合在一起,表示放在开水里煮;"氽"由"人"和"水"合在一起,表示人或物漂浮在水面上。

撺 cuān   蹿 cuān

[释义] **撺** ①抛掷。②跳入：～入水中。③匆忙地做。④发怒。
蹿 向上跳：～到树上。

[辨析] 因音同形似而致误。两字均为形声字，左右结构，声旁均为"窜"，"撺"的本义为抛掷，与手有关，故形旁为"扌"；"蹿"的本义为向上跳，与足有关，故形旁为"𧾷"。

蹿 cuān   窜 cuàn

[释义] **蹿** 向上跳：～到树上。
窜 ①乱跑；乱逃；流～｜逃～｜东跑西～。②改动(文字)：～改。

[辨析] 因音近形似而致误。两字在字形上的区别是"蹿"比"窜"多了形旁"𧾷"。两字在"窜逃""逃窜"两词上特别容易混淆："窜逃""逃窜"指匪徒、敌军、兽类等逃跑、流窜，为贬义词，"蹿"意为向上跳，是中性词，故不能写成"蹿逃""逃蹿"。

窜 cuàn   篡 cuàn

[释义] **窜** ①乱跑；乱逃；流～｜逃～｜东跑西～。②改动(文字)：～改。
篡 用不正当或阴谋手段夺取地位或权力：～位｜～权｜～夺。

[辨析] 因音同致误。两字的混淆主要在"窜改"与"篡改"上："窜改"的意思是改动成语、文件或古书等，"篡改"的意思是用作伪的手段改动或曲解理论、政策等。

篡 cuàn   纂 zuǎn

[释义] **篡** 用不正当或阴谋手段夺取地位或权力：～位｜～权｜

~夺。

纂 编辑：编~。

[辨析] 因音近形似致误。两字均为形声字,上下结构,声旁均为"算"。"纂"的本义为用不正当的手段夺取,故形旁为私字底"厶"；"纂"的本义为赤色的丝带,故形旁为"糸",引申为编辑。

催 cuī　　摧 cuī

[释义] **催** ①促使人赶快行动：~促｜~办｜~讨。②促使事物产生或加快变化：~芽｜~熟｜~眠。

摧 残害；破坏：~残｜~毁｜无坚不~。

[辨析] 因音同形似致误。两字均为形声字,左右结构,声旁均为"崔"。"催"的本义为促使人赶快行动,故形旁为"亻",引申为使事物的产生和变化加快,如"催生""催眠"；"摧"的本义为折断,故形旁为"扌",引申为残害、破坏等义。

萃 cuì　　悴 cuì　　瘁 cuì　　粹 cuì

[释义] **萃** ①聚集：荟~。②聚在一起的人或物：出类拔~。

悴 ①忧伤：愁~。②枯萎；衰弱：憔~。

瘁 过度劳累：鞠躬尽~｜心力交~。

粹 ①纯净：纯~。②精华：精~｜国~。

[辨析] 因音同形似致误。四字均为形声字,声旁均为"卒"。"萃"为上下结构,本义指草丛生,故形旁为"艹",今义为引申义；"悴"为左右结构,本义为忧伤,表示一种心理状态,故形旁为"忄",引申为枯萎等义；"瘁"的本义为病,故形旁为"疒",引申为过度劳累；"粹"的本义为米纯而不杂,故形旁为"米",引申为纯净、精华等义。"萃"与"粹"

在"精粹"一词上特别容易混淆:"精粹"意为精练纯粹,没有聚集的意思,故不能写成"精萃"。

搓 cuō　　磋 cuō　　蹉 cuō

[释义] **搓** 两个手掌反复摩擦或把手掌放在别的东西上来回揉:~手|~弄。
磋 ①把象牙加工成器物:切~。②商量讨论:~商。
蹉 蹉跎,指虚度(岁月)。

[辨析] 因音同形似致误。三字均为形声字,左右结构,声旁均为"差"。"搓"的本义指两个手掌反复摩擦,故形旁为"扌";"磋"指磨制象牙,故形旁为"石";"蹉"的本义为失足跌倒,故形旁为"𧾷"。

挫 cuò　　锉 cuò

[释义] **挫** 损伤;失败:~折|~败|~伤。
锉 ①手工磨削工具,用来对金属、木料等表面作微量加工:~刀|钢~。②用锉进行磨削的动作:请把钢管口~光滑。

[辨析] 因音同形似致误。两字均为形声字,左右结构,声旁均为"坐"。"挫"的本义为打败、压下去,故形旁为"扌";"锉"本义指一种金属工具,故形旁为"钅"。

措 cuò　　错 cuò

[释义] **措** ①安排;处置:~词|手足无~。②筹划:~施|举~。
错 ①参差;杂乱:~落|~乱|交~|~综复杂。②不正确(与"对"相对):~误|~觉|~别字。③避开:~开|~位。

[辨析] 因音同形似致误。两字均为形声字,左右结构,声旁均为"昔"。"措"的本义是安排、放置,故形旁为"扌";"错"的本义是镶嵌式涂饰,即在凹下去的文字、花纹上涂上金、银等,故形旁为"钅",如"错彩镂金",引申为参差、交错等义。

Dd

妲 dá　姮 héng

[释义] 妲 妲己,商纣王的妃子。
姮 姮娥,嫦娥。

[辨析] 因形似致误。两字均为形声旁,左右结构,因本义均与女子有关,故形旁均为"女"。"妲"的声旁为"旦","旦"为上下结构;"姮"的声旁为"亘","亘"为上中下结构。

鞑 dá　挞 tà

[释义] 鞑 鞑靼,古代汉族对北方各游牧民族的统称。
挞 用鞭子、棍子等打人:鞭~。

[辨析] 因形似致误。两字均为形声字,左右结构,声旁均为"达"。"鞑"即鞑靼,为古代汉族对北方各游牧民族的统称,故形旁为与狩猎有关的"革",只能用作名词;"挞"指用鞭子等打人,故形旁为"扌",只能用作动词。

打 dǎ　挞 tà

[释义] 打 ①用手或工具、武器碰击物体:~击|~破|拍~。②表示动作或活动:~工|~伞|~毛衣。③与某些动词结合为一个动词:~开|~听|~扮。④器皿、蛋类等因碰撞而破碎:鸡飞蛋~。⑤定出;计算:~预算|~主意。⑥采取某些方式:~比喻。

挞 用鞭子、棍子等打人：鞭～。

[辨析] 因义近致误。两字的混淆主要在"鞭打"与"鞭挞"上："鞭打"意为用鞭子打；"鞭挞"除了指用鞭子打的意思外，还比喻对错误言论、思想、现象等的抨击。

[提示] "打"另读 dá。

代 dài　　伐 fá

[释义] **代** ①替：～替｜～理｜～办。②历史的分期：朝～｜时～。③世系的辈分：下一～｜祖孙三～。

伐 ①砍：～木｜砍～。②攻击；征讨：征～｜讨～｜北～。

[辨析] 因形似致误。两字均为左右结构，左边均为"亻"，区别在右边："代"的右边为"弋"，3画；"伐"的右边为"戈"，4画。

带 dài　　戴 dài

[释义] **带** ①用皮或布等做成的长条物：皮～｜领～。②率领；引导：～领｜～队｜～路。③含有：面～笑容。④随身放着：携～｜～雨伞。⑤像带子一样的东西：磁～｜海～。⑥顺便做：捎～｜～口信。⑦区域：地～｜热～｜沿海一～。⑧连带：附～｜外～｜沾亲～故。

戴 ①把东西套在头、手或身体其他部位：佩～｜穿～｜张冠李～。②拥护；推崇：爱～｜拥～｜感恩～德。

[辨析] 因音同义近致误。两字均有把东西挂放在身上的意思，但放的目的不同："带"主要是携带，"戴"是穿戴。放的部位也不同：把东西放在腰部用"带"，如"佩带""带剑""带枪"；把东西放在头、面、胸等处用"戴"，如"戴帽子""戴眼镜"。"带"另有拿着、带领的意思，"戴"另有拥护、推崇的意思。

贷 dài 货 huò

[释义] **贷** ①借入或借出:～款|借～|信～。②宽恕:严惩不～。③推卸:责无旁～。

货 ①商品:～物|～色|百～。②钱币:～币|通～膨胀。③指人(骂人时用):笨～|蠢～。

[辨析] 因形似致误。两字均为形声字,上下结构,因本义均与钱物有关,故形旁均为"贝"。"贷"的声旁为"代",作动词;"货"的声旁为"化",作名词。

待 dài 侍 shì

[释义] **待** ①等;等候:～命|等～|期～。②以某种态度、情形、方式对人:优～|款～|招～。

侍 陪伴;伺候:～卫|～从|服～。

[辨析] 因形似致误。两字均为形声字,左右结构,声旁均为"寺"。"待"的本义为等待,因等人时往往会小步徘徊,故形旁为"彳";"侍"的本义为陪从、伺候,因伺候的多为人,故形旁为"亻"。

[提示] "待"另读 dāi。

殆 dài 怠 dài

[释义] **殆** ①危险:知己知彼,百战不～。②几乎,差不多:～尽。

怠 ①懒惰;松懈:～惰|～工|懈～。②对人不恭敬:～慢。

[辨析] 因音同形似致误。两字均为形声字,声旁均为"台"。"殆"为左右结构,本义为危险,故形旁为"歹";"怠"为上下结构,本义为懒惰,与人的精神状态有关,故形旁为"心"。

丹 dān　　舟 zhōu

[释义] **丹** ①红色：～心｜～顶鹤。②颗粒状或粉末状的中成药：人～｜保心～｜灵～妙药。
　　　舟 船：～楫｜扁～｜泛～｜风雨同～。

[辨析] 因形似致误。两字均为象形字："丹"的本义为丹砂，其古字就像井中有一块丹砂，笔顺为：丿冂月丹；"舟"的本义为船，其古字就像把一根很粗的木头从中间一剖两半，再从剖开的平面上把中间的木头刳去。

眈 dān　　耽 dān

[释义] **眈** 眈眈，形容眼睛威猛注视的样子：虎视～～。
　　　耽 延误：～搁｜～误。

[辨析] 因音同形似致误。两字均为形声字，左右结构，声旁均为"冘"。"眈"的本义为注视的样子，故形旁为"目"；"耽"的本义是耳大下垂，故形旁为"耳"，引申为延误。

殚 dān　　惮 dàn

[释义] **殚** 尽；竭尽：～精竭虑。
　　　惮 怕：～烦。

[辨析] 因音近形似致误。两字均为形声字，左右结构，声旁均为"单"。"殚"的本义为杀尽，故形旁为"歹"，引申为尽；"惮"的本义是畏惧、害怕，故形旁为"忄"。

掸 dǎn　　弹 dàn

[释义] **掸** 轻轻地拂去或扫去灰尘：～尘｜～扫。
　　　弹 ①用弹力发射出去的小丸：～子｜丸｜铁～｜铅～｜泥～。②发射或掷出去具有破坏力或杀伤力的爆炸物：

氢~|炮~|原子~|手榴~。

[辨析] 因音近形似致误。两字均为形声字,左右结构,声旁均为"单"。"掸"的本义为轻轻地拂去,与手的动作有关,故形旁为"扌";"弹"的本义为弹弓,故形旁为"弓"。

[提示] "掸"另读 shàn,"弹"另读 tán。

诞 dàn　涎 xián

[释义] **诞** ①荒唐;不实在:荒~|怪~。②出生:~生|~辰。
涎 口水;唾液:流~|垂~欲滴。

[辨析] 因形似致误。两字均为形声字,左右结构,声旁均为"延"。"诞"的本义为大话,故形旁为"讠",今义为引申义;"涎"的本义为口水,故形旁为"氵"。

珰 dāng　铛 dāng

[释义] **珰** ①妇女戴在耳垂上的一种装饰品。②指宦官。
铛 象声词,形容撞击金属器物的声音。

[辨析] 因音同形似致误。两字均为形声字,左右结构,声旁均为"当"。"珰"的本义为妇女戴在耳垂上的饰品,与玉有关,故形旁为"王";"铛"的本义为撞击金属器物的声音,故形旁为"钅"。

[提示] "铛"另读 chēng。

裆 dāng　挡 dǎng　档 dàng

[释义] **裆** ①两条裤腿相连的地方:裤~。②两腿的中间:腿~。
挡 ①阻拦;抵抗:~道|抵~|担~。②遮蔽:~风|遮~。③用来遮挡的东西:炉~。
档 ①带格的橱架,用来存放案卷:归~。②分类保存的材料、文件等：～案｜查～。③货物的等级：～次｜高～｜低～。④摊档：鱼～｜大排～。

[辨析] 因音近形似致误。三字均为形声字，左右结构，声旁均为"当"。"裆"的本义为两条裤腿相连的地方，故形旁为"衤"，后引申为两腿的中间；"挡"的本义为阻拦，故形旁为表示手的动作的"扌"，后引申为遮蔽等；"档"的本义为带格的橱架，故形旁为"木"，今义为引申义。注意"排挡"与"排档"的区别："排挡"指汽车、拖拉机等用来改变牵引力的装置，用于改变行车速度或倒车；"排档"指设在道路两旁、价格便宜的饮食摊点。

[提示] "挡"另读 dàng。

凼 dàng　　函 hán

[释义] 凼 水坑；田地里沤肥的小坑：水～。
函 ①封套：石～。②书信；文件：～件｜～授｜公～。

[辨析] 因形似致误。两字均为半包围结构："凼"为会意字，"水"与"凵"合在一起，表示有水的坑，"凼"的笔顺为：丨丿氺氺凼凼；"函"为象形字，其甲骨文字形像盛箭的器物，意为匣，引申为封套，"函"的笔顺为：㇇了了了孑承函函。

宕 dàng　　岩 yán

[释义] 宕 ①拖延：延～｜推～。②放荡；不受拘束：跌～。
岩 ①高峻的山崖：山～。②构成地壳的石头：～石｜～层。

[辨析] 因形似致误。两字均为会意字，上下结构。"宕"由"宀"和"石"组合而成，本义为洞穴，今义为引申义；"岩"由"山"和"石"相叠而成，表示高峻的山崖。

[提示] "宕"另读 tàn。

叨 dāo　忉 dāo

[释义] **叨** 唠叨。
忉 忉忉,形容忧愁。

[辨析] 因音同形似致误。两字均为形声字,左右结构,声旁均为"刀"。"叨"指唠叨,形容话多,故形旁为"口";"忉"形容忧愁,与心情有关,故形旁为"忄"。

[提示] "叨"另读 dáo、tāo。

叨 dāo　叼 diāo

[释义] **叨** 唠叨。
叼 用嘴衔住:鱼被猫~走了。

[辨析] 因形似致误。两字均为形声字,左右结构,因本义均与嘴有关,故形旁均为"口"。"叨"的声旁为"刀","叼"的声旁为"刁"。

[提示] "叨"另读 dáo、tāo。

到 dào　倒 dào

[释义] **到** ①抵达:~达|~点|初来乍~。②周全;周~|面面俱~。③往;去:~学校去。④表示动作有结果:看~|收~|说~做~。
倒 ①方向、顺序的位置反了:~挂|颠~。②往回退:~退|~行逆施。③倾斜容器,使里面的东西出来:~水|~垃圾。④相反的:~转|~置|~算。

[辨析] 因音同形似致误。"到"用作动词时,意为到达、往、去等;用在动词后,表示动作有结果,如"看到""听到";用作形容词时,形容周全、周到。"倒"用作动词时,意为把容器中的东西倒出来;用作形容词时,表示方向、性质等相反或上下、

前后位置颠倒;用作副词时,表示相反的、反而、却等。
[提示] "倒"另读 dǎo。

到 dào　　道 dào

[释义] 到 ①抵达:~达|~点|初来乍~。②周全:周~|面面俱~。③往;去:~学校去。④表示动作有结果:看~|收~|说~做~。

道 ①路:~路|跑~。②通行的途径:河~|航~。③方向;途径:门~|路~。④道德;道理:~义|公~。⑤指道教或道教徒:~士|~观。⑥说:~别|~喜|~谢。⑦数量单位:一~难题|万~金光。

[辨析] 因音同致误。两字的混淆主要在"报到"与"报道"上:"报到"多指个人或团体向单位、会议主办方、学校或组织部门报告自己已经来到;"报道"指用书面或广播、电视网络等形式发表的新闻稿,也指通过报纸、杂志、广播、电视、网络或其他形式把新闻告诉受众。

悼 dào　　掉 diào

[释义] 悼 追念死去的人:~念|~词|哀~。

掉 ①回转:~头|~转。②落下;落在后面:~队|~泪。③降低;减损:~价|~色。④用在动词后面表示动作完成:吃~|扔~|消灭~。

[辨析] 因形似致误。两字均为形声字,左右结构,声旁均为"卓"。"悼"的本义为悲伤,故形旁为"忄";"掉"的本义为摆动、摇,故形旁为"扌"。

氐 dī　　氏 shì

[释义] 氐 我国古代民族名,居住在今西北一带。

氏 ①姓：姓～。②过去称已婚的妇女,一般在丈夫的姓和父亲的姓后面或在父亲的姓后面加氏：李～|王陈～。③称名人、专家或传说中人物,往往在姓后面加氏：郭～|神农～。

[辨析] 因形似致误。两字在字形上仅为下面有无一点之差："氏"常用于我国古代民族名,"氐"常用于姓氏、氏族等。

[提示] "氐"另读 dǐ,"氏"另读 zhī。

低 dī   底 dǐ

[释义] **低** ①从下到上距离短;距离地面近(与"高"相对)：～矮|～垂。②向下垂或弯：～头|～头不见抬头见。③在一般状况以下的：～下|～等|～能。

底 ①物体最下面的部分：鞋～|海～。②事情的内情或根源：～细|谜～|家～。③终末：～限|年～。④留作根据的样本：～本|～稿。⑤花纹图案的衬托面：～色。

[辨析] 因音近形似致误。两字均为形声字,声旁均为"氐"。"低"为左右结构,形旁为"亻";"底"为半包围结构,形旁为"广"。"低"与"高"相对,指靠下的部分,但并不是最下的部分,在表示低的层次和低的等级时,应写作"低层";"底"与"顶"相对,指最下的部分,在指建筑物地面上最底下的一层或社会、组织等的最低阶层时,应写作"底层"。

[提示] "底"另读 de。

堤 dī   提 dī

[释义] **堤** 沿河或沿海的防水建筑物,多用土石等筑成：河～|海～。

提 ①垂手拿着。②小心。

[辨析] 因音同形似致误。两字均为形声字,左右结构,声旁均为"是"。"堤"指用土石等筑成的防水建筑物,故形旁为"土";"提"的本义为垂手拿着,故形旁为"扌"。注意"堤防"与"提防"的区别:"堤防"为名词,指沿河或沿海的防水建筑物;"提防"为动词,指小心防备。

[提示] "提"另读 tí。

翟 dí　　瞿 jù

[释义] 翟 长尾巴野鸡。
瞿 惊视。

[辨析] 因形似致误。两字均为形声字,上下结构,声旁均为"隹"。"翟"意为长尾巴野鸡,故形旁为"羽";"瞿"意为惊视,故形旁为"目"。

[提示] "翟"另读 zhái,"瞿"另读 qú。

抵 dǐ　　抵 zhǐ

[释义] 抵 ①顶住;支撑;挡住;拒绝:～挡|～抗|～赖。②相当;代替:～债|～换|～押|～偿。③到达:～达。
抵 侧手击。

[辨析] 因形似致误。两字均为形声字,左右结构,因本义均与手的动作有关,故形旁均为"扌"。"抵"的声旁为"氐","抵"的声旁为"氏"。

诋 dǐ　　抵 dǐ　　柢 dǐ　　砥 dǐ

[释义] 诋 说坏话;骂:～毁。
抵 ①顶住;支撑;挡住;拒绝:～挡|～抗|～赖。②相当;代替:～债|～换|～押|～偿。③到达:～达。

柢 树根：根深～固。
砥 细的磨刀石：～石。

[辨析] 因音同形似致误。四字均为形声字，左右结构，声旁均为"氏"。"诋"是用言语毁谤，故形旁为"讠"；"抵"是顶住，表示手的动作，故形旁为"扌"；"柢"是树根，故形旁为"木"；"砥"指磨刀石，故形旁为"石"。

谛 dì　　缔 dì

[释义] 谛 ①仔细(看或听)：～视｜～听。②佛教指真实而正确的道理，泛指道理：真～｜妙～。
缔 ①订立；结合：～结｜～交｜～约｜～造。②约束限制：取～。

[辨析] 因音同形似致误。两字均为形声字，左右结构，声旁均为"帝"。"谛"的意思与言语、道理有关，故形旁为"讠"；"缔"本义指打结不解，故形旁为"纟"。

第 dì　　䇭 zǐ

[释义] 第 ①表示次序：次～｜等～｜～一。②古代科举考试的等第：科～｜登～｜落～。③旧时官僚的住宅：宅～｜府～。
䇭 竹篾编的席：床～。

[辨析] 因形似致误。两字均为形声字，上下结构，形旁均为"⺮"。"第"的声旁为"弟"("弟"的略写)，"弟"，5画，笔顺为：㇕弓弔弟；"䇭"的声旁为"朿"(读作 zǐ)，"朿"，4画，笔顺为：㇕㇉朿朿。

掂 diān　　踮 diǎn　　惦 diàn

[释义] 掂 手里托着东西估量轻重：～量。

踮 抬起脚跟,用脚尖着地:~起脚后跟。
惦 挂念;想念:~记|~念。

[辨析] 因音近形似致误。三字均为形声字,左右结构,声旁均为"店"。"掂"的本义为手里托着东西估量轻重,故形旁为"扌";"踮"的本义为抬起脚跟,以脚尖着地,故形旁为"𧾷";"惦"的本义为心中挂念,故形旁为"忄"。因"掂量"含有斟酌的意思,故易误写成"惦量"。

掂 diān 拈 niān

[释义] 掂 手里托着东西估量轻重:~量。
拈 用两三个手指头夹取:~轻怕重。

[辨析] 因形似致误。两字均为形声字,左右结构,因本义均与手部动作有关,故形旁均为"扌"。"掂"的声旁为"店";"拈"的声旁为"占"。

颠 diān 巅 diān

[释义] 颠 ①物体的最高部分;顶端:山~。②跌落;倒下:~覆|~倒黑白。③上下震动:~簸。
巅 山顶:~峰|高山之~。

[辨析] 因音同形似义近致误。两字均为形声字,均有表示顶端的意思,但有如下区别:"颠"的声旁为"真",本义为头顶,与人首有关,故形旁为"页",引申指物体的顶部;"巅"的声旁为"颠",专指山顶,故形旁为"山"。

玷 diàn 拈 niān 沾 zhān

[释义] 玷 ①白玉上面的污点:瑕~。②污损;使有污点:~污|~辱。
拈 用两三个手指头夹取;捏:~轻怕重。

沾 ①浸湿：～湿。②因为某种关系而得到好处：～光｜～亲带故。③接触；挨上：～染｜～边｜烟酒不～。④因接触而附上：～水｜～上果汁。

[辨析] 因形似致误。三字均为形声字，左右结构，声旁均为"占"。"玷"的本义为白玉上的污点，故形旁为"王(玉)"，引申为污损；"拈"指用两三个手指头夹取，故形旁为"扌"；"沾"的本义为浸湿，故形旁为"氵"，引申为接触、挨上等义。

垫 diàn　　塾 shú

[释义] 垫 ①衬托的物体：草～｜床～｜靠～。②用物体支撑、衬托或填充：～平｜～高。③暂时替人付款：～款｜～付。

塾 旧时私人设立的教学的地方：私～｜～师。

[辨析] 因形似致误。两字均为形声字，上下结构，形旁均为"土"。"垫"的声旁为"执"，作动词；"塾"的声旁为"孰"，作名词。

淀 diàn　　锭 dìng　　绽 zhàn

[释义] 淀 ①较浅的湖泊：海～｜白洋～。②液体中没有溶解的物质沉到底层；沉到底层的东西：沉～｜～粉。

锭 ①金属或药物等制成的块状物：金～｜钢～。②纺纱机上绕纱的机件：纱～。

绽 裂开：～放｜破～｜皮开肉～。

[辨析] 因形似致误。三字均为形声字，左右结构，声旁均为"定"。"淀"的本义为较浅的湖泊，故形旁为"氵"；"锭"的本义为金属制成的块状物，故形旁为"钅"；"绽"的本义为衣缝脱线开裂，故形旁为"纟"。

凋 diāo　　碉 diāo　　雕 diāo

[释义] **凋** 草木枯萎脱落;衰落:~零|~落|~谢。
　　　　碉 军事上作防御用的建筑物:~堡|~楼。
　　　　雕 ①猛禽,嘴像钩子,眼大而深,钩爪锐利有力,捕食鼠、兔等小动物。②在玉石、象牙、竹木等材料上刻写:~刻|~像|~塑。③雕刻成的艺术作品:石~|玉~|浮~。

[辨析] 因音同形似致误。三字均为形声字,左右结构,声旁均为"周"。"凋"的本义为凋谢,故形旁为"冫";"碉"的本义为军事上作防御用的建筑物,多用石头、砖泥等筑成,故形旁为"石";"雕"的本义为一种猛禽,故形旁为"隹(鸟)"。

貂 diāo　　貉 hé

[释义] **貂** 一种哺乳动物,嘴尖尾长,皮毛珍贵:~皮|紫~。
　　　　貉 一种哺乳动物,耳小嘴尖,皮毛珍贵:一丘之~。

[辨析] 因形似致误。两字均为形声字,左右结构,因本义均与动物有关,故形旁为"豸"。"貂"的声旁为"召","貉"的声旁为"各"。

[提示] "貉"另读 háo、mò。

钓 diào　　钩 gōu

[释义] **钓** ①用食物引诱鱼虾等上钩:~鱼|垂~。②用不正当手段获取:沽名~誉。
　　　　钩 ①悬挂或吊东西的用具:~子|衣~|挂~。②用钩子取东西:把竹篮~下来。③用钩针编织:~花边|~台布。

[辨析] 因形似致误。两字均为形声字,左右结构,因本义均与

金属有关,故形旁均为"钅"。"钓"的声旁为"勺",作动词;"钩"的声旁为"勾",作名词和动词。

调 diào　　掉 diào

[释义] 调 ①改变原来的安排;分派:～任|～离。②考查;了解:～研|～查。③乐曲、语言的调子:声～|曲～。
掉 ①回转:～头|～转。②落下;落在后面:～队|～泪。③遗失:丢～。④降低;减少:～价|～色。⑤用在动词后面表示动作完成:吃～|扔～。

[辨析] 因音同义近致误。两字的混淆主要在"调头"与"掉头"、"调转"与"掉转"上:①"调头"指调子和语气;"掉头"除指调子和语气外,还指人转回头和车、船等转成相反的方向。②"调转"除指调动转换工作外,还与"掉转"同义,意思是改变成相反的方向。

[提示] "调"另读 tiáo。

跌 diē　　趺 fū

[释义] 跌 ①摔倒:～倒|～跤。②下降:～价|下～。
趺 ①足背:～坐。②碑下的石座。

[辨析] 因形似致误。两字均为形声字,左右结构,因本义均与足有关,故形旁均为"𧾷"。"跌"的声旁为"失","趺"的声旁为"夫"。

迭 dié　　叠 dié

[释义] 迭 ①轮流;替换:更～。②屡次:～次。
叠 ①一层一层地往上堆积:重～|～影|～床架屋。②折叠:～被子|～衣服。③数量单位:一～文件。

[辨析] 把"迭"作为"叠"的简化字致误。1986 年 10 月 10 日,国

家语言文字工作委员会在《关于重新发表〈简化字总表〉的说明》中规定,"叠"不再作"迭"的繁体字,因而要注意两字的区别:①"迭"的本义为交替、更迭,有前后相承的时间关系;"叠"的本义为重叠,有上下相加的空间关系。②"迭"的前面可加否定副词"不",构成"不迭"一词;"叠"则不能。③"叠"可用作量词。

谍 dié 堞 dié 牒 dié
碟 dié 蝶 dié

[释义] 谍 ①刺探情报的人:间~。②刺探情报:~报。
堞 堞墙:雉~|城~。
牒 ①文书或证件:通~。②簿册;书籍:谱~。
碟 盛食品的小盘子:~子|菜~。
蝶 蝴蝶。

[辨析] 因音同形似致误。五字均为形声字,左右结构,声旁均为"枼"。"谍"的本义为刺探情报,与言语有关,故形旁为"讠";"堞"的本义为墙,古时墙由土筑成,故形旁为"土";"牒"的本义为古时书写用的竹片,故形旁为"片";"碟"指盛食品的小盘子,故形旁为"石";"蝶"的本义与昆虫有关,故形旁为"虫"。

仃 dīng 停 tíng

[释义] 仃 伶仃,孤独,没有依靠。
停 ①中断;止息:~止|~电|马不~蹄。②短时间逗留:~留|一~。③临时置放:~放|~泊|~靠。

[辨析] 因将"仃"作为"停"的简化字致误。两字均为形声字,左右结构,因本义均与人有关,故形旁均为"亻"。"仃"的声旁为"丁","停"的声旁为"亭"。

叮 dīng　　盯 dīng　　钉 dīng

[释义] **叮** ①再三嘱咐：～嘱｜～咛。②虫子咬人：蚊子～人。
盯 集中视力看；注视：～住｜～梢。
钉 ①金属或竹、木制成的一头尖的东西：铁～｜图～。②紧跟着不放松：～梢。③催促；督促：每天都要～着他做功课。

[辨析] 因音同形似致误。三字均为形声字,左右结构,声旁均为"丁"。"叮"的本义为嘱咐,故形旁为"口";"盯"表示注视,故形旁为"目";"钉"的本义为金属做的钉子,故形旁为"钅"。"钉"在表示紧跟着不放松时,与"盯"相同,如"钉梢"也可写成"盯梢"。

[提示] "钉"另读 dìng。

订 dìng　　定 dìng

[释义] **订** ①改正文字中的错误：～正｜修～。②商讨而确立：～立｜～约。③预约：～票｜预～。④用线或铁丝等把书页或纸张穿连成册：装～｜～书机。
定 ①平静；安稳：～神｜稳～｜～镇。②确定不变更的：～律｜～理｜～量｜～期。③事先约好的：～单｜～做。④作出主张,使不变动：决～｜确～。

[辨析] 因音同义近致误。两字在表示预先约定的意义时可以通用,如"订购"可以写成"定购"、"订货"可以写成"定货"等,但在其他意义上有如下区别：①"订"有经过研究商讨而立下的意思,"定"有确定的不变更的意思,所以"制订"和"制定"的含义略有不同,前者是创制拟定计划,后者是定出计划；②"订"的改正、装订等义是"定"所没有的,所以,"修订""订正""装订"等中的"订"不能写

成"定"。

锭 dìng   绽 zhàn

[释义] **锭** ①金属或药物等制成的块状物:金～|钢～|药～。②纺纱机上绕纱的机件:纱～。
绽 裂开:～放|破～|皮开肉～。

[辨析] 因形似致误。两字均为形声字,左右结构,声旁均为"定"。"锭"的本义为金属制成的块状物,故形旁为"钅";"绽"的本义为缝,故形旁为"纟",今义为引申义。

陡 dǒu   徒 tú

[释义] **陡** ①坡度大:～立|～坡|～峭。②突然:～然。
徒 ①步行:～步。②徒弟;学生:门～|学～。③空的;白白地:～劳。④只;仅仅:～有虚名。⑤具有某种特性的人(含贬义):赌～|歹～。

[辨析] 因形似致误。两字均为形声字,左右结构。"陡"的声旁为"走",因本义为坡度大,故形旁为与表示地势升降有关的"阝(阜)",引申为"陡然、一下子"的意思;"徒"的声旁为"土",作为部首的"彳"本为"辵",因本义为徒步行走,故形旁为"彳"("辵"的变体),因徒步无所依凭,故"徒"有"徒然、白白地"意思。注意"陡然"与"徒然"的区别:"陡然"的意思是突然,"徒然"的意思是白白地、不起作用和仅仅、只是。

渎 dú   椟 dú   犊 dú
牍 dú   赎 shú

[释义] **渎** ①沟渠;水道;沟～。②轻慢;不敬:亵～。
椟 木匣子:买～还珠。

犊 小牛:初生牛~不怕虎。
牍 ①古代写字用的长方形木片:连篇累~。②文件;书信:文~|尺~。
赎 ①用钱换回抵押品:~金|~身。②抵消或弥补罪过:~罪。

[辨析] 因音同或形似致误。五字均为形声字,左右结构,声旁均为"卖"。"渎"的本义为沟渠,故形旁为"氵";"椟"为木匣子,故形旁为"木";"犊"指小牛,故形旁为"牛";"牍"在古代为写字用的长方形的木片,故形旁为"片";"赎"的本义为用钱财换回或抵押,故形旁为"贝"。

堵 dǔ   赌 dǔ   睹 dǔ

[释义] 堵 ①阻塞;阻挡:~塞|~住。②气闷;不畅快:心里~得慌。③数量单位,用于墙壁:一~墙。

赌 ①用钱物作注争输赢:~博|聚~。②争输赢;比胜负:打~。

睹 看见:目~|有目共~|先~为快。

[辨析] 因音同形似致误。三字均为形声字,左右结构,声旁均为"者"。"堵"的本义为"墙",故形旁为"土";"赌"指用钱物作注争输赢,因古代曾用贝壳作货币,故形旁为"贝";"睹"指看见,故形旁为"目"。

度 dù   渡 dù

[释义] 度 ①计量长短:~量衡。②法制;准则:制~|尺~。③能承受的量:适~|过~。④一定范围的时间或空间:年~|国~。⑤事物所达到的境界:程~|透明~。⑥事物的某种性质所达到的程度:温~|湿~|硬~|长~。⑦在时间上经过:~过|假|虚~年华。⑧数量

单位：一～|这出越剧几～公演。

渡 ①由江河的这一岸到那一岸；过河：～河|～江|～船。②在空间上经过：～过。

[辨析] 因音同形似义近致误。两字在字形上的区别是"渡"多了形旁"氵"。在表示"经过"义时，两字有时间与空间上的区别："度"的对象是时间，如"度日""度年""虚度年华""共度良宵"等；"渡"的对象是空间，如"横渡长江""共渡难关"等。凡是不能受主观意志所支配的，只能用"度"，必须作出人为努力的，一定用"渡"。注意"过度"与"过渡"的区别："过度"的意思是超过适当的限度，如"过度疲劳"；"过渡"指事物由一个阶段或一种状态逐渐发展变化而转入另一个阶段或另一种状态，如"过渡时期""过渡地带"。

[提示] "度"另读 duó。

渡 dù　　踱 duó

[释义] **渡** ①由江河的这一岸到那一岸；过河：～河|～江|～船。②在空间上经过：～过。

踱 慢慢地走：～步|～来～去。

[辨析] 因形似致误。两字均为形声字，左右结构，声旁均为"度"。"渡"意为由江河的这一岸到那一岸，故形旁为"氵"；"踱"意为慢慢地走，故形旁为"𧾷"。

段 duàn　　断 duàn

[释义] **段** ①工矿企业中的一级行政单位：工～|机务～。②数量单位：一～历史|一～文字。

断 ①长形的东西分成几截：折～|一刀两～。②隔绝；使不再连贯：～绝|间～|中～。③判定；决定：～定|～

[辨析] 因音同致误。两字读音相同,意义却完全不同:"段"多用作名词,表示事物划分成的部分、工矿企事业单位,如"地段""机务段"等;还用作量词,如"一段时间""一段文字"等。"断"多用作动词,表示折断、截断、判断、决断等,如"一刀两断""断定""诊断"等;还用作副词,表示绝对、一定,如"断然"。注意"片段"与"片断"的区别:"片段""片断"都指文章、小说、戏剧、生活、经历等中的一段,但"片断"还有零碎、不完整的意思。

煅 duàn 锻 duàn

[释义] **煅** 中药的一种制法,放在火里烧,减少药石的烈性:~石膏。

锻 把金属加热后锤打:~铁|~压|~造。

[辨析] 因音同形似致误。两字均为形声字,左右结构,声旁均为"段"。"煅"意为放在火里烧,故形旁为"火";"锻"意为把金属加热后锤打,故形旁为"钅"。两字在"锻炼"一词上特别容易混淆:"锻炼"意为冶炼金属,也指通过体育运动使身体健壮或在实际斗争中增长才干,故不能写成"煅炼"。

对 duì 兑 duì

[释义] **对** ①正确:说得~。②回答:应~自如。③面向着;朝着:面~|~门。④互相:~换。⑤应付;看待:~付|~策。⑥查核;比照:校~|核~。⑦适合:~路|~劲。⑧矛盾的双方:~立|~手。⑨跟;和:~他说。⑩成双或平分:~联|~虾。⑪调整使符合要求:~表|~焦距。⑫数量单位:一~夫妇|一~花瓶。⑬掺和;在牛

奶里～了水。

兑 ①交换;换取:～现|～付|～换。②掺和:～水。

[辨析] 因音同义近致误。两字在表示掺和时,意义和用法相同,如"在牛奶里对了水"可以写作"在牛奶里兑了水"。在表示"对换"或"兑换"、"对付"或"兑付"时,则意义完全不同:"对换"表示相互交换、对调,"兑换"指用证券换取现金或用一种货币换取另一种货币;"对付"指应付、将就,"兑付"指凭票据支付现款。

墩 dūn　礅 dūn

[释义] 墩 ①土堆:土～。②大而厚的木头:门～。③用砖石砌成的基础:桥～。④数量单位,用于丛生或几棵合在一起的植物:一～稻秧。

礅 厚而粗的大石头。

[辨析] 因音同形似致误。两字均为形声字,左右结构,声旁均"敦"。"墩"的本义为土堆,故形旁为"土";"礅"意为厚而粗的大石头,故形旁为"石"。两字在"桥墩"一词上特别容易混淆:"桥墩"指桥梁下面的墩子,用石头或混凝土等做成,不是厚而粗的石头,故不能写成"桥礅"。

咄 duō　拙 zhuō

[释义] 咄 表示呵斥或惊异:～～怪事。

拙 ①笨;不灵巧:笨～|弄巧成～。②谦词,称与自己有关的:～见|～笔。

[辨析] 因形似致误。两字均为形声字,左右结构,声旁均为"出"。"咄"表示呵斥,故形旁为"口";"拙"的本义指手的动作不灵巧,故形旁为"扌"。

垛 duǒ　　跺 duò

[释义] **垛** 垛子,墙上向外或向上突出的部分。
　　　跺 用力踏地:～脚。

[辨析] 因音近形似致误。两字均为形声字,左右结构,声旁均为"朵"。"垛"的本义与土有关,故形旁为"土";"跺"的本义为用脚踏地,故形旁为"𧾷"。

[提示] "垛"另读"duò"。

堕 duò　　坠 zhuì

[释义] **堕** 掉下来;下落:～入|～地|～落。
　　　坠 ①落;摇摇欲～。②指沉重的东西往下垂;垂在下面:石榴把树枝～弯了。③垂在下面的东西:耳～。

[辨析] 因形似义近致误。两字均为形声字,上下结构,形旁均为"土"。"堕"的声旁为"陏","坠"的声旁为"队"。两字在表示落下时,意义和用法相同,如"堕马"可以写作"坠马"、"堕下"可以写作"坠下",但其引申义则完全不同:"堕"由落下引申为人的品质变坏,如"她堕落了";"坠"由落下引申为重物往下垂,如"苹果把树枝坠弯了",又引申为坠着的东西,如"耳坠"。

[提示] "堕"另读 huī。

峨 é　娥 é　蛾 é　饿 è

[释义] 峨 高；巍~|~冠博带。
　　　娥 美女：宫~|娇~。
　　　蛾 一种形似蝴蝶的昆虫。
　　　饿 肚子空,想吃东西(与"饱"相对)：饥~|肚子~了。
[辨析] 因音近形似致误。四字均为形声字,左右结构,声旁均为"我"。"峨"的本义为山高,故形旁为"山"；"娥"的本义为美女,故形旁为"女"；"蛾"为一种昆虫,故形旁为"虫"；"饿"指肚子空,想吃东西,故形旁为"饣"。
[提示] "蛾"另读 yǐ。

厄 è　卮 zhī

[释义] 厄 ①险要的境地：险~。②困苦：~运|~境|困~。
　　　卮 古代盛酒的器皿：漏~。
[辨析] 因形似致误。两字均为半包围结构："厄"的外面是"厂",里面是"㔾"；"卮"的外面是"⺁",里面是"㔾"。

垩 è　恶 è

[释义] 垩 白垩,一种白色石灰岩,可作粉刷材料。
　　　恶 ①极坏的东西；罪行：罪~|邪~|罪大~极。②不好的；极坏的：~劣|~意|~化|穷山~水。③凶猛；凶狠；

~魔|~霸。

[辨析] 因音同形似致误。两字均为形声字,上下结构,声旁均为"亚"。"垩"为一种石灰岩,故形旁为"土";"恶"的本义指很坏的行为,与人的心灵有关,故形旁为"心"。

[提示] "恶"另读 ě、wū、wù。

扼 è   轭 è

[释义] **扼** ①用劲掐住:~杀|~死|~腕叹息。②控制;守卫:~守|~制。

轭 驾车时套在牲口脖子上的器具。

[辨析] 因音同形似致误。两字均为形声字,左右结构,声旁均为"厄"。"扼"的本义为用力扼住,故形旁为"扌";"轭"的本义与车有关,故形旁为"车"。

恶 è   噩 è

[释义] **恶** ①极坏的东西;罪行:罪~|邪~|罪大~极。②不好的;极坏的:~劣|~意|~化|穷山~水。③凶猛;凶狠:~魔|~霸。

噩 可怕;惊人的:~梦|~耗。

[辨析] 因音同义近致误。两字均可表示坏的、不好的意思,但有如下区别:"恶"多用作名词和形容词,用作名词时,指坏的行为和罪行,如"罪大恶极";用作形容词时,指凶恶、凶猛、恶劣等,多用于形容人的品行和环境等。"噩"用作形容词,指凶险、惊人的,多用于形容坏的消息、运气和梦境等。因此"噩梦""噩耗"不能写成"恶梦""恶耗"。

[提示] "恶"另读 ě、wū、wù。

谔 è   愕 è   腭 è

[释义] **谔** 正直的话。

愕 惊讶;发呆:~然|惊~。
腭 口腔的上壁。

[辨析] 因音同形似致误。三字均为形声字,左右结构,声旁均为"咢"。"谔"指正直的话,故形旁为"讠";"愕"表示惊讶,与人的心情有关,故形旁为"忄";"腭"指人的口腔上壁,故形旁为"肉",后因作形旁的"肉"与"月"混同,均写作"月"。

儿 ér 凡 fán 几 jǐ

[释义] **儿** ①小孩:~童|~歌|~科|婴~。②专指儿子:小~|侄~。③年轻人,多指年轻男子:健~|英雄~女。④作词尾:花~|鸟~。

凡 ①平常;很普通:~庸|平~|非~|自命不~。②概要;大概:~例|大~。③所有的;总共:~事|~是。④神话和宗教中称人世间:~间|~尘。

几 ①询问数量:~何|~时|~次。②表示不定的数目:~本书|十~岁|寥寥无~。

[辨析] 因形似致误。三字均为独体字:"儿",2画,笔顺为:丿乚;"凡",3画,笔顺为:丿几凡;"几",2画,笔顺为:丿乚。

[提示] "几"另读 jī。

洱 ěr 饵 ěr

[释义] **洱** 洱海,在云南。

饵 ①糕饼:果~。②钓鱼时引鱼上钩的食物:鱼~|钓~。③用东西引诱:~以重利。

[辨析] 因音同形似致误。两字均为形声字,左右结构,声旁均为"耳"。"洱"为湖名,故形旁为"氵";"饵"的本义与食物有关,故形旁为"饣"。

砝 fǎ　珐 fà

[释义] **砝** 砝码,天平上作为重量标准的物体。
珐 珐琅,涂在铜质或银质器物上,经过烧制能形成不同颜色的釉质表面。

[辨析] 因音近形似致误。两字均为形声字,左右结构,声旁均为"去"("法"的略写)。"砝"为砝码,形旁为"石";"珐"指珐琅,形旁为"王"。

番 fān　翻 fān

[释义] **番** ①指外国或外族的:~邦|~茄|~薯。②数量单位;次、回、种:三~五次|几~较量。
翻 ①反转;歪倒:~身|~车|推~|人仰马~。②改变、变换:~脸|~新|~译。③成倍增加:~两番。④越过:~越|~山越岭。

[辨析] 因音同义近致误。两字均与数量有关,但有如下区别:"番"可作量词,指次、回、遍,是倍数的单位;"翻"作动词,指数量成倍增加。数量加倍应写作"翻番"。

[提示] "番"另读 pān。

幡 fān　蟠 pán

[释义] **幡** 一种窄长的旗子,垂直悬挂。

蟠 蟠曲:龙~虎踞。

[辨析] 因形似致误。两字均为形声字,左右结构,声旁均为"番"。"幡"指一种窄长的旗子,与"布"有关,故形旁为"巾";"蟠"指盘曲地伏着,与"虫豸"有关,故形旁为"虫"。

烦 fán　　繁 fán

[释义] **烦** ①苦闷;心情不畅快:~闷|~恼。②多;乱:~琐|~杂。③表示请托:~劳|麻~。④讨厌:厌~|耐~。
繁 ①繁多;复杂:~杂|多满天~星。②兴旺;茂盛:~华|~茂|~荣。③生育;生殖:~殖|~育。④复杂(与"简"相对):~难|~体字。

[辨析] 因音义近致误。两字均有多的意思,但有如下区别:"烦"着重指多而杂乱,由"烦"构成的词一般都含有杂、乱等义,如"烦杂""烦乱"等;"繁"与"简"相对,着重在多,如"繁多""繁忙"等。

[提示] "繁"用作姓氏时,也读 pó。

反 fǎn　　返 fǎn

[释义] **反** ①方向相背(与"正"相对):~其道而行之。②反抗,反对:~腐蚀;③转换;翻过来:~败为胜。④回;还:~问。⑤反而:~倒见效。⑥类推:举一~三。
返 回;归:~回|~老还童|~朴归真。

[辨析] 因音同义近致误。两字均有回、还的意思,但有如下区别:"反"与"正"相对,着重在方向相反,如"反问""反戈一击"等;"返"与"往"相对,着重在回到原处,如"返回""返航"等。

氾 fàn　　汜 sì

[释义] **氾** 氾水,古水名。

汜 汜水,水名,在河南。

[辨析] 因形似致误。两字均为形声字,左右结构,因本义均为水名,故形旁均为"氵"。"汜"的声旁为"巳",笔顺为:乛乚巳;"汜"的声旁为"巳",笔顺为:乛彐巳。

[提示] "汜"用作姓氏时,也读 fán。

贩 fàn 皈 guī

[释义] 贩 ①商人买货:~货。②贩卖东西的人:小~|摊~。
皈 皈依,原指佛教的入教仪式,后泛指虔诚地信奉佛教或参加其他宗教组织。

[辨析] 因形似致误。两字在"皈依"一词上特别容易混淆:"皈依"原指佛教的入教仪式,后多指虔诚地信奉佛教或参加其他宗教组织,也可以写成"归依",但不能写成"贩依"。

防 fáng 妨 fáng

[释义] 防 ①预先作准备应付祸患等:~备|~火|预~。②警戒;守卫:~卫|~御|边~。③挡水的堤坝:堤~。
妨 阻碍;不利于:~碍|~害|无~|不~|何~。

[辨析] 因音同形似致误。两字均为形声字,左右结构,声旁均为"方"。"防"的本义指挡水的堤坝,与地势的高低有关,故形旁为"阝";"妨"的形旁为"女"。

仿 fǎng 彷 páng

[释义] 仿 ①比照样子去做:~造|~冒|~效|模~。②相似;类似:相~|~佛。
彷 彷徨。

[辨析] 因形似致误。两字均为形声字,左右结构,声旁均为

"方"。"仿"本义为相似,形旁为"亻";"彷"与"徨"合用为"彷徨",意为"彳亍",即走走停停、犹豫不决的样子,故形旁为"彳"。

[提示] "彷"另读 fǎng。

绯 fēi　诽 fěi　悱 fěi

[释义] **绯** 红色:~红|深~。
　　　诽 无中生有地捏造事实说别人的坏话:~谤。
　　　悱 想说又不知道怎么说:~恻。

[辨析] 因音近形似而致误。三字均为形声字,左右结构,声旁均为"非"。"绯"指红色,古时常用作朝官的服色,故形旁为"纟";"诽"指说别人的坏话,故形旁为"讠";"悱"指想说又不知道怎么说,表示内心活动,故形旁为"忄"。

斐 fěi　蜚 fěi　翡 fěi　裴 péi

[释义] **斐** 有文采:~然。
　　　蜚 古书上指蝗虫一类的昆虫。
　　　翡 翡翠。
　　　裴 姓。

[辨析] 因音近或形似而致误。四字均为形声字,上下结构,声旁均为"非"。"斐"的本义为有文采,故形旁为"文";"蜚"指昆虫,故形旁为"虫";"翡"与"翠"合用为"翡翠",本义为一种羽毛可做装饰品的鸟,故形旁为"羽";"裴"的本义为衣服长,故形旁为"衣"。

[提示] "蜚"另读 fēi。

废 fèi　费 fèi

[释义] **废** ①放弃;停止:~弃|~除|作~|半途而~。②失去

效用的;无用的:~物|~纸。③特指肢体伤残:残~。

费 ①消耗:~钱|~力|浪~。②需要用的钱:学~|路~|经~。

[辨析] 因音同义近致误。两字均有失去的意思,但有如下区别:"废"着重指失去效用、无用的,如"废纸""废气"等;"费"着重指用去、消耗,如"费力""费时"等。注意"废话"与"费话"的区别:"废话"指没有用的话或说废话,"费话"指耗费言词、多说话。

焚 fén　　燓 xiǎn

[释义] **焚** 烧:~烧|~香。

燓 野火:兵~。

[辨析] 因形似义近致误。两字均为会意字,上下结构。"焚"的甲骨文字形像火烧丛林,故上面为表示林木的"林",下面为"火",意为烧;"燓"的甲骨文字形像火烧野兽,故上面为两个表示野猪的"豖",下面为"火",意为野火。

[提示] 不要将"燓"上面的两个"豖"误写成"豕"。

分 fēn　　份 fèn

[释义] **分** ①责任和权利的限度:本~|过~|安~守己。②构成事物的各种不同的物质:成~|水~|糖~。③指情绪等因素:缘~|情~|天~。

份 ①整体中的部分:~额|股~|等~。②数量单位:一~礼物|两~报纸。③用在年、月及省县后面,表示单位:年~|月~|省~。

[辨析] 因音同形似义通致误。两字在使用中,有如下区别:①用作量词时,用"份",如"一份礼物""这份材料""两份文件"等;②用在省、县、年、月后面,表示划分的单元,用

"份",如"省份""年份""月份"等;③不作为语素构词而单独使用时,用"份",如"到了这份上""这事没我的份"等;④搭配成"份"的东西,用"份",如"份额""份子"等;⑤个别已约定俗成的用法,用"份",如"身份""股份"等。其余用"分"为宜,如"养分""成分""福分""辈分""恰如其分""知识分子"等。

[提示] "分"另读 fēn。

奋 fèn　　愤 fèn

[释义] **奋** ①振动;鼓劲:~斗|勇~|振~|~不顾身。②用力挥起、举起:~笔疾书。

愤 因不满而激动、发怒:~恨|~怒|~慨。

[辨析] 因音同义近致误。两字在表示决心努力做某事时可以通用,如"发奋"也作"发愤",但有如下区别:"奋"表示振作的、昂扬的、积极向上的精神状态和行动,如"奋笔疾书"表示感情激昂、提笔疾书,不能写成"愤笔疾书";"愤"表示因不满而产生的恼怒和激动情绪,如"愤世嫉俗"意为对不合理的社会和习俗表示愤恨,不能写成"奋世嫉俗"。

忿 fèn　　愤 fèn

[释义] **忿** 恼怒;生气:~怒|~恨|~~不平。

愤 因不满而激动、发怒:~恨|~怒|~慨。

[辨析] 因音同义近致误。两字在指因不满而产生的恼怒和激动情绪时,可以通用,如"忿忿不平"可以写作"愤愤不平",但表达感情的程度和形式有如下区别:"忿"常指内心的不平和急躁,如"不胜其忿";"愤"则表示爆发式的、强烈的情绪,如"愤慨""悲愤"。

风 fēng 凤 fèng 夙 sù

[释义] **风** ①空气流动所产生的现象：～力｜台～｜刮～｜一路顺～。②习俗：～俗｜～气｜歪～邪气。③景色；景象：～景｜～光。④仪态；举止：～格｜～采｜～度｜高～亮节。⑤不确定的传闻：～闻｜～言～语。⑥消息：～声｜望～｜通～报信。⑦借风力吹干吹净：～干｜～鸡。

凤 传说中的百鸟之王：～凰｜百鸟朝～。

夙 ①早：～兴夜寐。②素有的；旧有的：～志｜～愿。

[辨析] 因音近或形似致误。三字均为半包围结构，外面均为"几"，区别在里面："风"的里面是"×"；"凤"的里面是"又"；"夙"的里面是"歹"。

峰 fēng 烽 fēng 锋 fēng 蜂 fēng

[释义] **峰** ①高而突出的山顶：山～｜顶～。②形状像峰的东西：驼～｜洪～。

烽 古代边防报警的烟火：～火｜～烟。

锋 ①刀、剑等物的锐利部分或尖端的部分：～利｜～芒｜刀～。②在前面带头的人：先～｜前～。

蜂 ①昆虫名：蜜～｜马～。②特指蜜蜂：～蜜｜～箱。③众多；成群地：～拥而上。

[辨析] 因音同形似致误。四字均为形声字，左右结构，声旁均为"夆"。"峰"指山顶，故形旁为"山"；"烽"为古代边防报警的烟火，故形旁为"火"；"锋"指刀、剑的锐利或尖端部分，故形旁为"钅"；"蜂"为昆虫，故形旁为"虫"。

肤 fū 浮 fú

[释义] **肤** ①肉体表面的组织：皮～｜肌～｜体无完～。②比喻

浅薄：～浅。

浮 ①漂在水面上或飘在空中(与"沉"相对)：漂～|～萍|～云。②空虚；不切实际：～夸|～华。③不沉静；不沉着：～躁|轻～。④表面上的：～面|～雕。⑤多于：人～于事。

[辨析] 因音近义近致误。两字的混淆主要在"肤浅"与"浮浅"上："肤浅"多用于形容人的认识浅显或学问不深，如"我的认识较肤浅，请大家多提意见"；"浮浅"指浅薄，重在表示缺乏某种知识与修养，如"她举手投足间表现出的是那么浮浅"。

伏 fú　　服 fú

[释义] **伏** ①趴：～案|俯～。②屈服；使屈服：～输|降～。③低下去；落下去：起～|倒～。④隐蔽：～击|埋～。
服 ①衣裳：～装|礼～。②做事；担任：～务|～役。③相信；顺从：～从|说～。④习惯；适应：水土不～。⑤吃：～用。

[辨析] 因音同义近致误。两字在表示驯服、服从的意思时，可以通用，如"伏侍"可以写作"服侍"、"伏输"可以写作"服输"、"伏帖"可以写作"服帖"、"伏罪"可以写作"服罪"、"收伏"可以写作"收服"。两字的混淆主要在"伏法"与"服法"上："伏法"的意思是罪犯被处决，"服法"的意思是服从法令约束。

[提示] "服"另读 fù。

伏 fú　　俯 fǔ

[释义] **伏** ①趴：～案|俯～。②屈服；使屈服：～输|降～。③低下去；落下去：起～|倒～。④隐蔽：～击|埋～。

俯 屈身低头;向下:～视|～冲。

[辨析] 因音近义近致误。两字除均有面朝下、背朝上的意思外,还有如下区别:"伏"与"起"相对,表示降低、低落,如"此起彼伏";"俯"与"仰"相对,指低头,如"俯仰由人"。

凫 fú　　袅 niǎo

[释义] 凫 水鸟,形状像鸭子而略小,栖于湖泊中,俗称野鸭。
袅 细长柔弱:～娜。

[辨析] 因形似而误。两字均为上下结构,区别在下半部分:"凫"的下半部分为"几乎"的"几";"袅"的下半部分为"衣服"的"衣"。

扶 fú　　抚 fǔ

[释义] 扶 ①用手支持人或物使不倒:～持|～手。②帮助:～贫|～助|～植。
抚 ①用手轻轻地摸:～摸|～今追昔。②安慰;慰劳:～恤|～慰|安～。③爱护;养育:～爱|～育。

[辨析] 因音近形似致误。两字均为形声字,左右结构,因本义均与动作有关,故形旁均为"扌"。"扶"的声旁为"夫","抚"的声旁为"无"。两字的混淆主要在"扶养"与"抚养"上:"扶养"指养活,对象可以是老人或长辈,也可以是小孩或晚辈;"抚养"指爱护并教养,对象多是小孩或晚辈。

苻 fú　　符 fú

[释义] 苻 ①草名。②姓。
符 ①古代用来作凭证的东西,用竹、木、玉等制成,上刻文字,分为两半,双方各执一半,合之以验真假:兵～|

虎~。②符合;相合:相~。③道士画的驱使鬼神的东西:护身~。④姓。

[辨析] 因音同形似致误。两字均为形声字,上下结构,声旁均为"付"。"苻"为草名,故形旁为"艹";"符"在古代指用作凭证的东西,多用竹制成,故形旁为"⺮"。

符 fú　　副 fù

[释义] **符** ①古代用来作凭证的东西,用竹、木、玉等制成,上刻文字,分为两半,双方各执一半,合之以验真假:兵~｜虎~。②符合;相合:相~。③道士画的驱使鬼神的东西:护身~。④姓。
副 ①处在第二位的;起辅助作用的:~职｜~刊｜~标题。②附带的;次要的;次等的:~业｜~食品｜~产品。③符合;相称:名~其实。④数量单位,用于成双成对或配套的东西:一~手套｜一~眼镜。

[辨析] 因音近义近致误。两字均为形声字,"符"为上下结构,声旁为"付",在古代指作凭证的东西,多用竹制成,故形旁为"⺮";"副"为左右结构,声旁为"畐",本义为劈,即将物体一劈为二,故形旁为"刂",今义为引申义。两字均可用作动词,表示"符合"的意思,但有如下区别:"符"除用作动词外,还可用作名词,如"兵符""护身符"等。"副"除用作动词外,还可用作形容词,指处在第二位的、附带的,如"副职""副业";也可用作量词,用于成双成对或配套的东西,如"一副手套""一副眼镜"等。

幅 fú　　辐 fú　　蝠 fú

[释义] **幅** ①布匹等纺织品的宽度:~面｜单~。②泛指宽度:~度｜篇~。③数量单位:一~画｜一~布。

辐 车轮中连接轴心和轮圈的条状物：～条｜～射。

蝠 蝙蝠，哺乳类动物，头部和躯干像老鼠，四肢和尾部之间有皮质的膜，夜间在空中飞翔，捕食蚊、蛾等昆虫。

[辨析] 因音同形似致误。三字均为形声字，左右结构，声旁均为"畐"。"幅"的本义指布匹等纺织品的宽度，故形旁为"巾"；"辐"的本义与车有关，故形旁为"车"；"蝠"指蝙蝠，故形旁为"虫"。

幅 fú　　副 fù

[释义] **幅** ①布匹等纺织品的宽度：～面｜单～。②泛指宽度：～度｜篇～。③数量单位：一～画｜一～布。

副 ①处在第二位的；起辅助作用的：～职｜～手。②附带的；次要的：～业｜～品。③符合；相称：名～其实｜名实相～。④数量单位，用于成双成对或配套的东西：一～手套｜一～眼镜。

[辨析] 因音近形似致误。两字均为形声字，左右结构，声旁均为"畐"，两字均可作量词，但有如下区别："幅"作量词时，用于布帛、图画等，如"一幅画""两幅布"等。"副"作量词时，用于成双成对或配套的东西，如"一副手套""一副眼镜""全副武装"等；还可用于面部表情，如"一副笑脸"。

斧 fǔ　　釜 fǔ

[释义] **斧** ①砍东西的工具：～子｜班门弄～。②古代一种兵器：～钺。

釜 古代的炊事用具，相当于现在的锅：破～沉舟。

[辨析] 因音同形似致误。两字均为形声字，上下结构，声旁均

为"父"。"斧"的本义为砍东西的工具,故形旁为砍伐工具的"斤";"釜"的本义为一种炊具,多用金属制成,故形旁为"亚"("金"的略写)。

付 fù　　副 fù

[释义] **付** 交;给:～给｜～款｜～出｜支～。
副 ①处在第二位的;起辅助作用的:～职｜～刊｜～标题。②附带的;次要的;次等的:～业｜～食品｜～产品。③符合;相称:名～其实。④数量单位,用于成双成对或配套的东西:一～手套｜一～眼镜。

[辨析] 因音同及将"付"作为"副"的简化字致误。"付"用作动词,意为交、给,如"支付""付款"。"副"可用作形容词,指处在第二位的、附带的、次要的,如"副职""副业";也可用作动词,表示符合、相称,如"名副其实";还可用作量词,用于成双成对或配套的东西,如"一副手套""一副眼镜"等。

负 fù　　复 fù

[释义] **负** ①背:～重。②担负:～责任。③倚仗;倚靠:～隅。④遭受:～伤。⑤享有:久～盛名。⑥亏欠;拖欠:～债。⑦背弃;辜负:～约。⑧失败(与"胜"相对):胜～。⑨小于零的:～数｜～号。⑩指得到电子的(与"正"相对):～极｜～电。
复 ①回答;回报:～信｜仇～。②重;又:～习｜～查｜～审。③还原:～原｜恢～。④不简单:～杂｜～句。⑤转过去再转过来:反～无常｜循环往～。

[辨析] 因音同致误。两字的混淆主要在"抱负"与"报复"上:"抱负"为名词,指远大的志向。"报复"用作名词时,指

因自己的行为而受到对方的打击;用作动词时,指回击批评自己或损害自己利益的人。

服 fú　副 fù

[释义] **服** 数量单位,用于中药:一～药。
副 ①处在第二位的;起辅助作用的:～职|～刊|～标题。②附带的;次要的;次等的:～业|～食品|～产品。③符合;相称:名～其实。④数量单位,用于成双成对或配套的东西:一～手套|一～眼镜。

[辨析] 因音同致误。二字均可用作量词,但有如下区别:"服"只用于中药,指中药的一剂或煎一次,如"一服药"。"副"作量词时,用于成双成对或配套的东西,如"一副手套""一副眼镜""全副武装"等;还可用于面部表情,如"一副笑脸"。

[提示] "服"另读 fú。

复 fù　覆 fù

[释义] **复** ①回答;回报:～信|～仇|答～。②重;又:～习|～查|～审。③还原:～原|恢～。④不简单:～杂|～句。⑤转过去再转过来:反～无常|循环往～。
覆 ①翻过来;翻倒:颠～|天翻地～。②灭亡:～灭|重蹈～辙。

[辨析] 把"复"作为"覆"的简化字致误。1986 年 10 月 10 日,国家语言文字工作委员会在《关于重新发表〈简化字总表〉的说明》中规定,"覆"不再作"复"的繁体字,因而要注意两字的区别:"复"指重复、反复、恢复等,"覆"指覆盖、颠覆等。

丐 gài   丏 miǎn

[释义] 丐 以专靠讨饭要钱为生的人;乞～。
丏 遮蔽;看不见。
[辨析] 因形似致误。两字均为独体字,4画,可根据不同的笔顺加以区别。"丐"的笔顺为:一丅下丐;"丏"的笔顺为:一丅丆丏。

概 gài   慨 kǎi

[释义] 概 ①大略;大致:～况|～论|～述|～括。②气度;风度:英雄气～。③全部;一律:～不负责|～不退换。
慨 ①感叹:～叹|感～。②非常气愤:愤～。③豪爽;大方:慷～解囊。
[辨析] 因形似致误。两字均为形声字,左右结构,声旁均为"既"。"概"的本义是用木头制成的量米时用来刮平斗斛的器具,故形旁为"木",后由刮平动作引申为一概、一律等;"慨"本义为感慨,表示一种心理感受,故形旁为"忄",今义为引申义。"气概"不能写成"气慨";"慷慨"不能写成"慷概"。

杆 gān   竿 gān   秆 gǎn

[释义] 杆 细长的棍状物或管状物:～子|木～|旗～|栏～。

竿 竹子的主干:竹~|爬~|钓鱼~|立~见影。
秆 某些植物的茎:麦~|秸~|高粱~。

[辨析] 因音近形似义近致误。三字均为形声字,声旁均为"干"。"杆"为左右结构,本义为木棍,故形旁为"木",凡木杆及形状像杆状的东西都用"杆"字;"竿"为上下结构,指竹子的主干,故形旁为"⺮",凡指竹子的长棍都用"竿";"秆"为左右结构,指某些植物的茎,故形旁为"禾",凡与植物有关的杆状物均用"秆"。

[提示] "杆"另读 gǎn。

竿 gān   芊 qiān

[释义] 竿 竹子的主干:竹~|爬~|钓鱼~|立~见影。
芊 芊绵,草木茂密繁盛。

[辨析] 因形似致误。两字均为形声字,上下结构,"竿"指竹子的主干,故形旁为"⺮",声旁为"干";"芊"与草木有关,故形旁为"艹",声旁为"千"。

肝 gān   旰 gàn

[释义] 肝 人和高等动物的消化器官之一:~脏|~胆|~脑涂地。
旰 天色晚;晚上:宵衣~食。

[辨析] 因音近形似致误。两字均为形声字,左右结构,声旁均为"干"。"肝"为人和高等动物的消化器官,故形旁为"肉",后因作形旁的"肉"与"月"混同,均写作"月";"旰"指天色晚,故形旁为"日"。

冈 gāng   岗 gǎng

[释义] 冈 较低而平的山脊:山~|景阳~。

岗 ①隆起的土坡：黄土～。②守卫、工作的场所：～哨｜～位｜～亭｜站～。

[辨析] 因音近形似义近致误。两字的本义都与山有关,但有如下区别："冈"多指不高而又平坦的山脊,常与"山"连用,如"山冈起伏"；"岗"除指隆起的土坡,如"黄土岗"外,还指岗位、岗哨等。

[提示] "岗"另读 gāng、gàng。

扛 gāng　　杠 gàng

[释义] 扛 ①用两手举重物：力能～鼎。②抬东西。
　　　杠 ①较粗的棍棒：木～｜铁～。②体育运动的器械：单～｜双～。③阅读或批改时画的粗直线：画～｜几道～～。

[辨析] 因音近形似致误。两字均为形声字,左右结构,声旁均为"工"。"扛"本义指用手举重物,故形旁为"扌"；"杠"本义指较粗的棍棒,故形旁为"木"。

[提示] "扛"另读 káng,"杠"另读 gāng。

刚 gāng　　钢 gāng

[释义] 刚 ①强硬；坚毅（与"柔"相对）：～强｜～毅｜～劲。②才；方才：～～｜～才｜天～亮。③恰好：～好｜～巧。
　　　钢 铁碳合金,是重要的工业材料：～材｜～铁｜～管。

[辨析] 因音同形似致误。两字均为形声字,左右结构,声旁均为"冈"。"刚"指坚强,形旁为"刂"；"钢"指铁碳合金,形旁为"钅"。两字在"刚强"一词上特别容易混淆："刚强"意为性格、意志坚强,不怕困难或不屈服于恶势力,故不能写成"钢强"。

[提示] "钢"另读 gàng。

戆 gàng　憨 hān

[释义] 戆　傻：～头～脑。
　　　 憨　①傻：～笑|～态|～头～脑。②朴实：～厚|～直。
[辨析] 因形似义近致误。两字均为形声字，上下结构，因本义均为傻，故形旁均为"心"。"戆"的声旁为"赣"，"憨"的声旁为"敢"。"戆"多含贬义，如"戆头戆脑"；"憨"指朴实，多含褒义，如"憨态可掬""憨厚"。
[提示] "戆"另读 zhuàng。

篙 gāo　蒿 hāo

[释义] 篙　撑船用的竹竿和木杆：竹～|杉～。
　　　 蒿　蒿子，一种草本植物。
[辨析] 因形似致误。两字均为形声字，上下结构，声旁均为"高"。"篙"指撑船用的竹竿，故形旁为"⺮"；"蒿"指一种草本植物，故形旁为"艹"。

杲 gǎo　杳 yǎo

[释义] 杲　①明亮：～日。②姓。
　　　 杳　①幽暗。②远得不见踪影：～然|～无音信。
[辨析] 因形似致误。两字均为会意字，上下结构。"杲"由"曰"和"木"组合而成，"曰"在"木"上，表示太阳当空，意为光线明亮；"杳"由"木"和"曰"组合而成，"曰"在"木"下，表示太阳西下，本意为光线幽暗，引申为远得不见踪影。

搞 gǎo　缟 gǎo　槁 gǎo　稿 gǎo　犒 kào

[释义] 搞　指做、干、整治或获得：～卫生|～运动|～好各项工作。

缟 古代的一种白绢。

槁 干枯:枯~。

稿 ①谷类植物的茎:~荐。②稿子:草~|书~。③外发公文的草稿:拟~|核~。

犒 犒劳:~赏。

[辨析] 因音同或形似致误。五字均为形声字,左右结构,声旁均为"高"。"搞"指做、干,故形旁为"扌";"缟"为古代的一种白绢,故形旁为"纟";"槁"意为树木干枯,故形旁为"木";"稿"的本义指谷类植物的茎,故形旁为"禾";"犒"指犒劳,即以酒食等慰劳,因古代的食物多为牲畜,故形旁为"牛"。

戈 gē　弋 yì

[释义] **戈** 古代的一种兵器:干~|反~一击。

弋 ①用带有绳子的箭射鸟:~获。②用来射鸟的带有绳子的箭。③姓。

[辨析] 因形似致误。两字均为独体字:"戈",4画,笔顺为:一亅戈戈;"弋",3画,笔顺为:一亅弋。

胳 gē　骼 gé

[释义] **胳** 胳膊,手臂。

骼 骨骼。

[辨析] 因音近形似致误。两字均为形声字,左右结构,声旁均为"各"。"胳"指胳膊,故形旁为"肉",后因作形旁的"肉"与"月"混同,均写成"月";"骼"指骨骼,故形旁为"骨"。

[提示] "胳"另读 gā、gé。

隔 gé　槅 gé

[释义] **隔** ①阻断;阻挡使不能相通:~开|~断|阻~。②有距

离;相距:～日|～世间|～|相～。

槅 ①房屋中有窗格子的门或隔扇:～门。②分层放置器物的架子。

[辨析] 因音同形似义近致误。两字均为形声字,左右结构,声旁均为"鬲"。"隔"的本义为被山土隔断,故形旁为表示山土的"阜"(即"阝");"槅"本义指房屋中有窗格子的门或隔扇,故形旁为"木"。两字除表示"在房屋内部起隔开作用的一扇一扇的木板墙,上部一般做成窗棂,糊纸或装玻璃"时可以通用,即"隔扇"可以写作"槅扇"外,有如下区别:"隔"多用作动词,表示阻断、有距离;"槅"只用作名词,意为门或隔扇、分层放置器物的架子。

隔 gé　　膈 gé

[释义] **隔** ①阻断;阻挡使不能相通:～开|～断|阻～。②有距离;相距:～日|～世间|～|相～。

膈 人或哺乳动物胸腔和腹腔之间的膜状肌肉。

[辨析] 因音同形似致误。两字均为形声字,左右结构,声旁均为"鬲"。"隔"的本义为被土山隔断,故形旁为表示土山的"阜"(即"阝");"膈"是动物的肌膜,故形旁为"肉",后因作形旁的"肉"与"月"混同,均写作"月"。两字的混淆主要在"隔膜"与"膈膜"上:"隔膜"指情意不相通、彼此不了解和不通晓、外行等,如"他俩之间有些隔膜""我对这种新技术实在隔膜";"膈膜"又称横膈膜,指人或哺乳动物胸腔和腹腔之间的膜状肌肉。

个 gè　　各 gè

[释义] **个** ①单独的:～人|～性|～体。②数量单位:一～人|两～月。③指身材或物体的大小:大～子|小～子。

各 每个;彼此不同的:～位|～地|～有所长|～式～样。

[辨析] 因音同致误。两字的混淆主要在"个别"与"各别"上:"个"指单独的,不牵涉整体,多用作量词,故"个别"指单个或少有的情况;"各"指整体中的每一个,多用作代词,故"各别"指整体中有区别和不同。

[提示] "个""各"另读 gě。

艮 gěn　　良 liáng

[释义] **艮** ①指人性子直或说话生硬:这个人真～。②指食物不松脆:花生米～了。

良 ①好;优:～好|优～|善～。②很:～久|用心～苦。③善良的人:忠～|除暴安～。

[辨析] 因形似致误。两字均为独体字。"艮"6画,第1笔为"フ";"良",7画,第1笔为"丶"。

[提示] "艮"另读 gèn。

亘 gèn　　互 hù

[释义] **亘** 指空间或时间上延续不断:横～|～古。

互 互相;彼此:～助|～互。

[辨析] 因"亘"的异体字"亙"与"互"形似致误。"亘"的古字像两岸夹回水的形状,现为上下结构,上面为"一",下面为"旦";"互"的古字像绞绳的器具,现为独体字,笔画为4画。

茛 gèn　　莨 làng

[释义] **茛** 毛茛,多年生草本植物,有毒,可做药。

莨 莨菪,多年生草本植物,有毒,可做药。

[辨析] 因形似义近致误。两字均为形声字,上下结构,均是多年生草本植物,形旁均为"艹"。"茛"的声旁为"艮",

"茛"的声旁为"良"。

[提示] "茛"另读 liáng。

埂 gěng　　**哽** gěng　　**绠** gěng
梗 gěng　　**鲠** gěng　　**粳** jīng

[释义] **埂** 高起的小土梁;田间稍微高起的分界小路:土~|田~。

哽 因哀痛而语塞:~咽。

绠 汲水用的绳子:~短汲深。

梗 ①草本植物的茎或枝:草~|玉米~。②阻塞;阻碍:~阻|~塞。③直挺着:~着脖子。

鲠 ①鱼骨头:如~在喉。②鱼骨头等卡在喉咙里。③正直:~直。

粳 粳稻:~米。

[辨析] 因音同或形似致误。六字均为形声字,左右结构,声旁均为"更"。"埂"指高起的小土梁,故形旁为"土";"哽"指因哀痛而说不出话来,故形旁为"口";"绠"是汲水用的绳子,故形旁为"纟";"梗"指草本植物的茎或枝,故形旁为"木";"鲠"指鱼骨头,故形旁为"鱼";"粳"指粳稻,故形旁为"米"。

工 gōng　　**功** gōng

[释义] **工** ①工人:~会|职~|技~。②劳动生产:~作|加~。③较大的项目建设:~程|施~|竣~。④指工业:~业|~化。⑤精巧;精细:~整。⑥一个劳动力一天的工作:挖这条沟要三个~。

功 ①作出的成绩和贡献(与"过"相对):~劳|~臣|歌~颂德。②成效:~能|~率|成~。③为出成效而所需的基本技术和修养:~力|练~|~到自然成。

[辨析] 因音同义近致误。两字都有表示技术和技术修养的意

思,在某些词语中,可以通用,如"唱工"可以写作"唱功",但有如下区别:由"工"组成的词语多与做工、工作有关,如"工效"指工作效率,"工夫"指做事所费的精力和时间并引申指时间;由"功"组成的词语多与工作的成效有关,如"功效"是功能、效率所起的作用,"功劳"指对事业的贡献。

公 gōng　　攻 gōng

[释义] **公** ①属于国家或集体的事物(与"私"相对):～事|～物|～务。②公正:～平|～道。③共同的:～共|～约。④国际通用的:～历|～制|～海。⑤公开让大家都知道:～告|～报|～演。⑥雄性的:～牛|～鸡。
攻 ①进击(与"守"相对):进～|～打。②专心致力研究:～读。③指责:～击|群起而～之。

[辨析] 因音同而致误。两字的混淆主要在"公关"与"攻关"上:"公关"为公共关系的简称;"攻关"指攻打关口、努力突破科学、技术等方面的难点。

宫 gōng　　官 guān

[释义] **宫** ①古代帝王的住所:～殿|～廷|故～。②神话或传说中仙人的住所:天～|龙～。③一些公共文化娱乐场所的名称:文化～|少年～|民族文化～。
官 ①在国家政府中任职的公职人员:～员|法～|外交～。②属于国家或政府的:～办|～价。③生物体上有某种特定生理机能的部分:器～|感～|五～。

[辨析] 因形似而致误。两字均为会意字,上下结构。"宫"由"宀"和"口""口"组合而成,表示一幢房子分成几间,本义为古代帝王的住所;"官"由"宀"和"㠯"组合而成,表示把

众人关在房屋内,本义为管理众人。

贡 gòng　供 gòng

[释义] **贡** 古代臣民或属国向帝王进献东西或进献的东西:～献｜～品｜进～。
供 ①向神佛或先祖献祭品:～品｜～佛｜上～。②受审人的陈述词:～词｜口～｜翻～。

[辨析] 因音同义近致误。两字的混淆主要在"贡奉"与"供奉"、"贡品"与"供品"上:"贡奉"指向朝廷或上级贡献物品;"供奉"意为敬奉、供养,也指以某种技艺侍奉帝王的人。"贡品"指古代臣民或属国献给帝王的物品;"供品"指供奉神佛祖宗用的瓜果酒食等。

[提示] "供"另读 gōng。

勾 gōu　沟 gōu

[释义] **勾** ①描画出形象的轮廓:～画｜～勒。②用钩形符号表示删除或重点:把重点句子～出来。③串通:～通｜～结。④引起;引出:～起我的回忆。
沟 ①水道;山谷:山～｜水～。②类似沟梁的工事或浅槽:壕～｜轮～。

[辨析] 因音同形似致误。两字的混淆主要在"勾通"与"沟通"上:"勾通"指暗中勾结、串通,有明显的贬义色彩;"沟通"原指开沟使两水相通,后泛指使双方有联系与交流,是不含褒贬色彩的中性词。

[提示] "勾"另读 gòu。

苟 gǒu　荀 xún

[释义] **苟** ①马虎;随便:不～言笑｜一丝不～。②姑且;只图眼

前：～安｜～活｜～且偷生。

荀 姓。

[辨析] 因形似致误。两字均为形声字，上下结构，因本义均为小草名，故形旁均为"艹"。"苟"的声旁为"句"，用作形容词或副词；"荀"的声旁为"旬"，用作名词。

枸 gǒu　构 gòu

[释义] **枸** 枸杞，一种落叶灌木，果实叫枸杞子。

构 ①构造，组合：～图。②结成：虚～。

[辨析] 因形似音近致误。两字均为形声字，左右结构，因本义均与植物有关，故形旁均为"木"。"枸"的声旁为"句"，"构"的声旁为"勾"。

[提示] "枸"另读 gōu、jǔ。

诟 gòu　垢 gòu

[释义] **诟** ①怒骂；辱骂：～骂。②耻辱。

垢 脏东西：污～｜油～。

[辨析] 因音同形似致误。两字均为形声字，左右结构，声旁均为"后"。"诟"指怒骂，故形旁为"讠"；"垢"指脏东西，与尘土有关，故形旁为"土"。

估 gū　沽 gū

[释义] **估** 大致推算：～计｜～算｜～量｜～价。

沽 ①买；获取：～酒｜～名钓誉。②卖：待价而～。

[辨析] 因音同形似致误。两字均为形声字，左右结构，声旁均为"古"。"估"的本义为负责评定物价的人，故形旁为"亻"；"沽"的本义为古水名，故形旁为"氵"。两字在"沽名钓誉"与"待价而沽"上特别容易混淆："沽名钓誉"意

为故意做作或用某种手段骗取名誉,"待价而沽"意为等待合适的价格出卖,两词均没有推算的意思,故不能写成"估名钓誉"与"待价而估"。

[提示] "估"另读 gù。

孤 gū　　弧 hú

[释义] **孤** ①幼年丧父或父母双亡的:～儿。②单独:～单|～独|～立。

弧 圆周上的任意一段:～线|～形|～度。

[辨析] 因形似致误。两字均为形声字,左右结构,声旁均为"瓜"。"孤"的本义指孤儿,故形旁为"子";"弧"指圆周上的任意一段,形状像"弓",故形旁为"弓"。

辜 gū　　故 gù

[释义] **辜** ①罪;罪过:无～|死有余～。②背弃;对不住:～负。

故 ①原因;缘～|无缘无～。②意外的事情:事～|变～。③有意的:～意。④原来的;过去的:～乡|～地。⑤老朋友:～人|一见如～。⑥死亡:～去|病～。

[辨析] 因音近致误。两字的混淆主要在"无辜"与"无故"上:"无辜"的意思是没有罪及没有罪的人,除了表明当事人的清白外,还暗含当事人受到了不公正的待遇或蒙受了某种冤屈,如"株连无辜";"无故"的意思是没有缘故,是指在没有正当理由的情况下没有做应该做的事或做了不应该做的事。

辜 gū　　幸 xìng

[释义] **辜** ①罪;罪过:无～|死有余～。②背弃;对不住:

～负。

幸 ①生活美满;心情愉快:～福|～运|荣～。②认为幸福而高兴:欣～|庆～。③意外的成功或免去灾难:～亏|～好|～免。④敬辞,表示希望:～勿推却。

[辨析] 因形似致误。两字均为上下结构,可通过不同的构词法加以区别:"幸"为形声字,声旁为"古","幸"的本义为罪、罪过,故形旁为与罪的意思有关的"辛";"幸"的本义指吉而免凶,其古字为"㚔","夭"意为死,故死称为"不㚔",即"不幸"。

汩 gǔ 汨 mì

[释义] **汩** 水流的声音或样子。
汨 汨罗江。

[辨析] 因形似致误。两字均为形声字,左右结构,因本义都与水有关,故形旁均为"氵"。"汩"的声旁为"曰","汩"可以两字叠用,形容水流动的声音;"汨"的声旁为"日","汨"字不能叠用,只用于"汨罗江"。

蛊 gǔ 盅 zhōng

[释义] **蛊** 古代传说把许多毒虫放在器皿里使互相吞食,最后剩下不死的毒虫叫蛊,用来放在食物里害人。
盅 饮酒或喝茶用的没有把的杯子:酒～|茶～。

[辨析] 因形似致误。两字均为形声字,上下结构,形旁均为"皿"。"蛊"的声旁为"虫","盅"的声旁为"中"。

毂 gǔ 穀 gǔ 縠 hú

[释义] **毂** 车轮的中心部分,有圆孔,可以插轴。

縠 一种树皮能做制造桑皮纸和宣纸原料的落叶乔木。
縠 有绉纹的纱。

[辨析] 因音同或形似致误。三字均为形声字,左右结构,声旁均为"𣪊"(读作 què)。"毂"指车轮的中心部分,故形旁为"车";"榖"指一种树,故形旁为"木";"縠"指一种有绉纹的纱,故形旁为"糸"。

[提示] "榖"另读 gū。

固 gù　　故 gù

[释义] **固** ①结实;牢靠:坚~|稳~。②不变动;坚定:~体|~定。③不易改变:顽~|~执。④原来:~有。
故 ①原因;缘~|无缘无~。②意外的事情:事~|变~。③有意的:~意。④原来的;过去的:~乡|~地。⑤老朋友:~人|一见如~。⑥死亡:~去|病~。

[辨析] 因音同义近致误。两字均有原来的意思,但词性不同:"固"表示原来的意思时用作副词,如"固有""固当如此"等;"故"表示原来的意思时用作形容词,如"故土""故居"等。但在成语"故步自封"中"故"也可写作"固"。两字的混淆主要在"固态"与"故态"上:"固态"指物质的固体状态;"故态"指旧日的情况或态度。

顾 gù　　雇 gù

[释义] **顾** ①回头看;看:回~|环~。②照管;照~|~全大局。③购物的人:~客|~主。
雇 ①出钱叫人做事:~用|解~。②租用交通工具:~车|~船。

[辨析] 因音同致误。两字的混淆主要在"顾主"与"雇主"上:"顾主"即顾客,商店或服务行业称来买东西或要求服务

的人;"雇主"指出钱雇用雇工或车船等的人。

锢 gù　　涸 hé

[释义] **锢** ①熔化金属堵塞物体的空隙。②禁锢。
涸 干涸:～辙。

[辨析] 因形似致误。两字均为形声字,左右结构,声旁均为"固"。"锢"的本义为熔化金属填塞物体的空隙,故形旁为"钅";"涸"指干涸,与水有关,故形旁为"氵"。

刮 guā　　聒 guō　　恬 tián

[释义] **刮** ①用刀等去掉物体表面的东西:～脸|～垢。②吹:～风。③榨取:搜～。④在物体表面涂抹:～糨糊。
聒 声音嘈杂,使人厌烦:～噪|～耳。
恬 ①安静:～静|～适。②不在乎:～不知耻。

[辨析] 因音同或形似致误。三字均为形声字,左右结构,声旁均为"舌"。"刮"的本义为用刀去掉物体表面的东西,故形旁为"刂";"聒"指声音嘈杂,与听觉有关,故形旁为"耳";"恬"的本义为平静,与心理活动有关,故形旁为"忄"。

卦 guà　　挂 guà

[释义] **卦** 古代占卜用的符号:八～|算～。
挂 ①把物体吊在高处或某处:悬～|～灯结彩。②登记:～号|～失。③惦念;牵记:～念|牵～。④数量单位:一～葡萄。

[辨析] 因音同形似致误。两字均为形声字,左右结构,声旁均为"圭"。"卦"是古代占卜用的符号,故形旁为"卜";"挂"的本义为悬挂,故形旁为"扌"。

冠 guān　　寇 kòu

[释义] **冠** ①帽子:王～|桂～|衣～楚楚。②像帽子一样的东西:鸡～|树～。

寇 ①强盗;侵略者:敌～。②侵略:入～。

[辨析] 因形似致误。两字均为会意字,上下结构。"冠"由表示蒙覆的"冖"、表示人形的"元"与表示手的"寸"组合而成,意为手拿帽子戴到头上,所以"冠"的本义为帽子;"寇"由表示房子的"宀"、表示人形的"元"与像手拿棍子样子的"攴"组合而成,意为手拿棍子闯入屋中打人,所以"寇"的本义为强盗。

[提示] "冠"另读 guàn。

管 guǎn　　菅 jiān

[释义] **管** ①细长的圆筒形而中空的东西:竹～|水～|钢～。②负责;经理:～理|主～。③治理;约束;照看:～束|～教|看～。④过问;参与:爱～闲事。⑤把:大家～她叫"小当家"。⑥吹奏的乐器:～弦乐|双簧～。⑦姓。

菅 ①一种多年生草本植物。②姓。

[辨析] 因形似致误。两字均为形声字,上下结构,声旁均为"官"。"管"的本义为竹制的管乐器,故形旁为"⺮";"菅"的本义为一种草本植物,故形旁为"艹"。两字在"草菅人命"一词上特别容易混淆:"草菅人命"意为把人命看得如野草一般,指任意杀害人民,"菅"在这里指野草,不能写成"管"。

鹳 guàn　　獾 huān

[释义] **鹳** 一种生活在水边,吃鱼、虾的鸟。

獷 一种哺乳动物：狗～。

[辨析] 因形似致误。两字均为形声字,左右结构,声旁均为"瞿"。"鹳"是一种鸟,故形旁为"鸟";"獾"是一种哺乳动物,故形旁为"犭"。

犷 guǎng　　旷 kuàng

[释义] **犷** 粗野：粗～。
旷 ①空阔：～野｜～远｜空～｜地～人稀｜荒郊～野。②心胸开阔：～达｜～荡｜心～神怡。③荒废：～工｜～课。

[辨析] 因形似致误。两字均为形声字,左右结构,声旁均为"广"。"犷"的本义指野兽凶猛,故形旁为"犭";"旷"的本义指明亮,故形旁为"日"。

龟 guī　　黾 mǐn

[释义] **龟** 爬行动物,寿命很长。
黾 黾勉,指努力、尽力。

[辨析] 因形似致误。两字均为象形字："龟"的上面为"⺈",下面为"电";"黾"的上面为"口",下面为"电"。

[提示] "龟"另读 jūn、qiū,"黾"另读 miǎn。

规 guī　　轨 guǐ

[释义] **规** ①画圆的工具：圆～。②法则；章程：～矩｜～则｜～律。③谋划；打算：～划｜～定。④劝告：～劝。
轨 ①供火车、电车等行驶的轨道：铁～｜无～电车。②比喻规矩、秩序：越～｜步入正～。

[辨析] 因音近义近致误。两字的混淆主要在"正规"与"正轨"、"常规"与"常轨"上：①"正规"指符合正式规定的或公认标准的,"规"在这里指规则、章程;"正轨"指正常的秩

序,"轨"在这里指秩序。②"常规"指从过去流传下来经常实行的规矩;"常轨"指正常的、经常使用的方法或途径。

诡 guǐ　　鬼 guǐ

[释义] **诡** 狡诈;奸猾:～诈|～辨|～计多端。
鬼 ①迷信认为人死后的灵魂:～魂|～怪|～使神差。②不光明正大;不正当:～混|～头～脑。③对某些有不良习气的人的蔑称:酒～|胆小～|吸血～。④机灵:小～|机灵～。

[辨析] 因音同义近致误。两字在用作形容词时,都有表示不正当的意思,但用法有如下区别:"诡"着重指心地坏,手段卑鄙;"鬼"着重指行动不合规范,令人不痛快。注意"诡怪"与"鬼怪"的区别:"诡怪"着重指奇异怪诞;"鬼怪"除指鬼和妖怪外,还形容行动怪异。

诡 guǐ　　桅 wéi

[释义] **诡** 狡诈;奸猾:～诈|～辨|～计多端。
桅 桅杆:船～。

[辨析] 因形似致误。两字均为形声字,左右结构,声旁均为"危"。"诡"的本义指欺诈,与语言有关,故形旁为"讠";"桅"指桅杆,故形旁为"木"。

晷 guǐ　　咎 jiù

[释义] **晷** ①日影,比喻时光:焚膏继～。②古代用来观测日影以定时刻的仪器:日～。
咎 ①过失;罪过:引～自责。②责备:既往不～。

[辨析] 因形似致误。"晷"为形声字,因本义与太阳有关,故形

旁为"日",声旁为"咎";"咎"为会意字,右上角的"卜"为"人","人"在"各"的右上角意为人有过失、罪过。

衮 gǔn　兖 yǎn

[释义] **衮** 古代君王的礼服：～服。
兖 兖州,地名,在山东。

[辨析] 因形似致误。两字均为形声字,上下结构,"衮"的下半部分为"衣","兖"的下半部分为"儿"。

坩 guō　锅 guō

[释义] **坩** 坩埚,熔化金属或其他物质的器皿。
锅 烧煮食品的用具：饭～|铁～|火～。

[辨析] 因音同形似致误。两字均为形声字,左右结构,声旁均为"呙"。"坩"即坩埚,用耐火材料制成,故形旁为"土","坩"字不能单独使用,只能与"坩"合用作"坩埚";"锅"的本义与金属有关,故形旁为"钅","锅"字可单独使用。

果 guǒ　馃 guǒ

[释义] **果** ①植物的果实：～树|～园|水～。②事情的结局：结～|效～|成～。③饱;充实：衣不蔽体,食不～腹。④坚决：～断|～敢。⑤确实;真的：～真|～然。
馃 馃子,一种油炸的面食。

[辨析] 因音同形似致误。两字在字形上的区别是"馃"比"果"多了形旁"饣"。两字的混淆主要在"果子"和"馃子"上："果子"指可以吃的果实,"馃子"专指一种油炸的面食。

果 guǒ　裹 guǒ

[释义] **果** ①植物的果实：～树|～园|水～。②事情的结局：

结~|效~|成~。③饱;充实:衣不蔽体,食不~腹。④坚决:~断|~敢。⑤确实;真的:~真|~然。

裹 ①包;缠绕:~腿|包~。②夹杂在里头:~挟。

[辨析] 因音同致误。两字在"食不果腹"一词上特别容易混淆:"食不果腹"意为吃不饱肚子,形容生活贫困,没有缠绕和夹杂在里头的意思,故不能写成"食不裹腹"。

骇 hài　　害 hài

[释义] 骇 吃惊;害怕:惊~|~怕|惊涛~浪。
害 ①产生怕或不安的情绪:~怕|~羞。②坏处;灾祸: 灾~|虫~|为民除~。③受到损失;招致祸患:~人|损 ~|迫~。④杀;杀~|遇~|谋财~命。⑤有坏处的: ~虫|公~。⑥生病:~病。

[辨析] 因音同义近致误。两字均有怕的意思,但表意的强烈程 度有如下区别:"骇"表示怕的程度深,还可指使别人受 到惊吓;"害"表示怕的程度浅。

酣 hān　　鼾 hān

[释义] 酣 饮酒尽兴;也泛指尽兴:~饮|~睡|~畅。
鼾 睡觉时粗重的呼吸声:~声|打~。

[辨析] 因音同致误。两字均为形声字,左右结构。"酣"的声旁 为"甘",因本义指饮酒尽兴,故形旁为"酉";"鼾"的声旁 为"干",因本义为睡觉时粗重的呼吸声,故形旁为"鼻"。 两字的混淆主要在"酣睡"与"鼾睡"上:"酣睡"的意思是 熟睡,"鼾睡"的意思是熟睡并且打呼噜。

含 hán　　涵 hán

[释义] 含 ①嘴里放着东西,不咽下也不吐出:~片|~辛茹

苦。②包在里面：～意｜包～。③心里怀着：～羞｜～恨。

涵 包含；包容：～义｜～养｜内～。

[辨析] 因音同义近致误。两字在表示包含、包容的意思时可以通用，如"含蓄"可写作"涵蓄"、"含义"可写作"涵义"、"蕴含"可写作"蕴涵"。两字的混淆主要在"包含"与"包涵"、"内含"与"内涵"上：①"包含"的意思是里边含有；"包涵"为客套话，意为请人原谅。②"内含"的意思是内部包含的；"内涵"的意思与"外延"相对，为概念的内容，也指内在的涵养。

函 hán　　涵 hán

[释义] 函 书信；文件：～件｜～授｜公～。

涵 包含；包容：～义｜～养｜内～。

[辨析] 因音同形似致误。"函"为象形字，故字像装有箭的盛箭器，故本义为匣子，引申为书信、文件等。"涵"为形声字，左右结构，声旁为"函"，因本义为水泽多，故形旁为"氵"。

捍 hàn　　悍 hàn　　焊 hàn

[释义] 捍 保卫；抵御：～卫。

悍 ①精干；勇猛：强～｜短小精～。②蛮横；凶暴：凶～。

焊 用熔化的金属或某些非金属把工件连接或修补起来：～接｜电～工。

[辨析] 因音同形似致误。三字均为形声字，左右结构，声旁均为"旱"。"捍"指保卫、抵御，故形旁为"扌"；"悍"指勇猛，形旁为"忄"；"焊"指用熔化的金属或某些非金属把

工件连接起来,故形旁为"火"。

颔 hàn　颌 hé

[释义] 颔 ①下巴。②点头:～首。
颌 构成口腔上部和下部的骨头和肌肉组织。

[辨析] 因形似致误。两字均为形声字,左右结构,因本义均与人首有关,故形旁均为"页"。"颔"的声旁为"含",可用作名词及动词;"颌"的声旁为"合",只用作名词。

[提示] "颔"用作姓氏时,也读 gé。

撼 hàn　憾 hàn

[释义] 撼 摇动:～动|震～|摇～。
憾 失望,不满意:遗～|缺～。

[辨析] 因音同形似致误。两字均为形声字,左右结构,声旁均为"感"。"撼"指摇动,故形旁为"扌";"憾"指失望、不满意,故形旁为"忄"。

号 háo　嗥 háo　嚎 háo

[释义] 号 ①呼啸;呼喊:～叫|狂风怒～。②大声哭叫:～哭|哀～。
嗥 指野兽等大声叫:～叫|～吠。
嚎 大声叫;大声哭:～叫|鬼哭狼～。

[辨析] 因音同义近致误。三字都表示叫,但使用时有如下区别:"号"多用于人和物,如形容人大声哭叫为"号哭""哀号""号啕",形容狂风呼啸为"怒号";"嗥"只用于野兽,如"嗥叫""嗥吠";"嚎"既可用于形容人的哭声,如"嚎丧",又可形容野兽的叫声,如"鬼哭狼～"。

[提示] "号"另读 hào。

毫 háo 豪 háo

[释义] **毫** ①动物身上细长而尖的毛：～毛｜狼～。②计量单位：～米｜～克｜～升。③特指毛笔：中号狼～｜挥～泼墨。④极少数；一点儿：丝～｜分～。
豪 ①有杰出才能的人：～杰｜文～｜英～。②直爽有气魄：～放｜～自｜～迈。③强横；仗势：～门｜～绅｜～强。

[辨析] 因音同形似致误。两字均为形声字，上下结构，声旁均为"亳"（"高"省去下面的"口"）。"毫"的本义为动物身上细长而尖的毛，故形旁为"毛"；"豪"的本义为豪猪项脊间长而硬的毛，故形旁为"豕"。

浩 hào 皓 hào

[释义] **浩** 广大；众多：～大｜～瀚｜～劫｜～如烟海。
皓 ①洁白：～首｜明眸～齿。②明亮：～月。

[辨析] 因音同形似致误。两字均为形声字，左右结构，声旁均为"告"。"浩"指水势盛大，故形旁为"氵"；"皓"形容洁白，故形旁为"白"。

合 hé 和 hé

[释义] **合** ①闭；拢（与"开"相对）：～拢｜闭～。②聚集；结合到一起（与"分"相对）：～并｜～力｜～唱。③相符：～格｜～适｜～法。④折算：～算｜折～。⑤整个：～家。
和 ①相处配合得很好：～好｜～谐。②温和；不激烈：～善｜谦～。③不冷也不热：～暖｜～风日丽。④不分胜负：～局｜～棋。⑤平息争端：～解｜～谈。⑥连带着：～盘托出。⑦跟：我～你｜你～他。⑧两个及两个以上的数相加的总数：总～。

[辨析] 因音同义近致误。两字都有相合的意思,但"合"强调相同、符合,如"合得来""合不来";"和"强调感情融洽,如"和睦"。两字还含有一共、一起的意思,但"合"侧重于全部、整个,如"合家欢";"和"侧重于连带、追随,如"和盘托出"。

[提示] "合"另读 gě,"和"另读 hè、hú、huó、huò。

荷 hé　　菏 hé

[释义] 荷 ①莲。②莲的花:～花。

菏 菏泽,地名,在山东。

[辨析] 因音同形似致误。两字均为形声字,上下结构,因本义均与植物有关,故形旁均为"艹"。"荷"的声旁为"何","菏"的声旁为"河"。

[提示] "荷"另读 hè。

赫 hè　　赧 nǎn

[释义] 赫 显著;盛大:～然|显～|～～有名。

赧 因羞愧而脸红:～颜|羞～。

[辨析] 因形似致误。两字均为左右结构:"赫"为会意字,由两个"赤"组成,本义为火红色,引申为显著、盛大等义;"赧"为形声字,声旁为"艮",意为因羞愧而脸红,故形旁为"赤"。

狠 hěn　　恨 hèn

[释义] 狠 ①凶恶;残忍:～毒|～心|凶～。②坚决;严厉:～抓|下～心。③抑制感情:他～着心才把这件事办成。

恨 ①怨;仇恨:怨～|仇～|憎～。②遗憾;懊悔:悔～|相见～晚。

[辨析] 因音近形似致误。两字均为形声字,左右结构,声旁均为"艮"。"狠"指凶恶、残忍,故形旁为"犭";"恨"指怨恨、仇恨,表示一种心理活动,故形旁为"忄"。

亨 hēng　享 xiǎng

[释义] **亨** 顺利:～通。
　　　 享 物质和精神上得到满足:～受|～用|分～。

[辨析] 因形似致误。两字均为上下结构,区别在下半部分:"亨"的下半部分为"了",2画;"享"的下半部分为"子",3画。

恒 héng　衡 héng

[释义] **恒** 持久不变:～久|～温|～心|永～。
　　　 衡 ①称重量的器具。②称重量:～量。③比较;掂量:～量|权～|抗～。④不偏重;不倾斜;平～|均～。

[辨析] 因音同致误。两字的混淆主要在"恒山"与"衡山"上:"恒山"为我国五岳中的北岳,主峰在河北省曲阳县西北部;"衡山"为我国五岳中的南岳,在湖南省衡山县的西部。

恒 héng　桓 huán

[释义] **恒** 持久不变:～久|～温|～心|永～。
　　　 桓 ①建筑物旁作为标志的柱子,后称华表。②大。

[辨析] 因形似致误。两字均为形声字,左右结构,声旁均为"亘"。"恒"指持久不变,与人的内心思想有关,故形旁为"忄";"桓"的本义指柱子,故形旁为"木"。

轰 hōng　哄 hōng

[释义] **轰** ①炮击或爆炸:～炸|炮～。②象声词,形容巨大的

声音：～鸣｜～的一声。③赶走：～走｜～出去。
哄 很多人同时发出声音：～动｜～抢｜～堂大笑。

[辨析] 因音同义近致误。两字均表示声音,但有如下区别："轰"用于物,形容巨大的声响,如"雷声轰鸣"；"哄"多用于人,形容很多人同时发出声音或许多人的大笑声,如"哄堂大笑"。

[提示] "哄"另读 hǒng、hòng。

弘 hóng　　宏 hóng

[释义] **弘** ①大：～图｜～恶｜～旨。②扩充；光大：恢～。
宏 广大；巨大：～伟｜～图｜～大｜～恶｜～愿。

[辨析] 因音同义近致误。两字均有大的意思,但有如下区别："弘"用作形容词,又可用作动词,作形容词时,意思与"宏"相同,故"弘论"可写作"宏论"、"弘图"可写作"宏图"、"弘伟"可写作"宏伟"。"弘"还可用作动词,意为扩充、光大；"宏"不能用作动词。

宏 hóng　　洪 hóng

[释义] **宏** 广大；巨大：～伟｜～图｜～大｜～愿。
洪 ①大水：～峰｜山～。②大：～大｜～亮。

[辨析] 因音同义近致误。两字均为形声字,都含有大的意思,但有如下区别：①"宏"为上下结构,声旁为"厷",因本义指屋子深、大,故形旁为"宀",引申为广大；"洪"为左右结构,声旁为"共",因本义指大水,故形旁为"氵",引申为大。②"宏"组成的词语多表示规模,如"宏大"表示规模巨大、宏伟；"洪"组成的词语多表示声音、体积、容量等,如"洪大"表示声音等大。

侯 hóu　候 hòu

[释义] **侯** ①古代贵族五等爵位的第二等：～爵。②泛指达官贵人：诸～。

候 ①等待：～车｜～诊｜等～。②问好：问～。③时间；时节：～鸟｜时～。④情况或程度：火～｜症～｜征～。

[辨析] 因音同形似致误。两字均为左右结构。"侯"的左边为"亻",只能用作名词,凡表示姓及古时王侯的,都用"侯";"候"的左边为"亻",可用作动词,如"候车""等候"等。"侯"可用作声旁另行组字,如"喉""猴"等;"候"不能用作声旁另行组字。

[提示] "侯"另读 hòu。

忽 hū　豁 huò

[释义] **忽** ①粗心；没有注意到：～略｜～视。②突然且出人意料：～然｜～地。

豁 ①开阔；开朗：～达｜～亮｜～然。②免除：～免。

[辨析] 因音近致误。两字的混淆主要在"忽然"与"豁然"上："忽然"为副词,表示来得迅速而又出乎意料,如"忽然下起了大雨";"豁然"为形容词,形容开阔或通达,如"豁然开朗""豁然醒悟"。

[提示] "豁"另读 huá、huō。

狐 hú　弧 hú

[释义] **狐** 哺乳动物：～狸｜～朋狗党。

弧 圆周上的任意一段：～线｜～形｜～度。

[辨析] 因音同形似致误。两字均为形声字,左右结构,声旁均为"瓜"。"狐"是一种哺乳动物,故形旁为"犭";"弧"指

圆周上的任意一段,形状像"弓",故形旁为"弓"。

壶 hú　　壸 kǔn

[释义] 壶 一种盛液体的器皿:水~|酒~|茶~。
壸 宫里的路。

[辨析] 因形似致误。两字均为上下结构,区别在下半部分:"壶"的下半部分为"业","壶"字经常使用,如"水壶""茶壶"等;"壸"的下半部分为"亚","壸"字只指宫里的路,极少使用。

浒 hǔ　　许 xǔ

[释义] 浒 水边。
许 ①答应;应允:~可|~诺|允~。②答应给予:~愿|~诺。③称赞;赞~|称~。④或者;可能:也~|或~。⑤表示程度或数量:~久|~多|少~。

[辨析] 因形似致误。两字均为形声字,左右结构。"浒"的声旁为"许",本义为水边,故形旁为"氵"。"许"的声旁为"午",因本义为答应,与言语有关,故形旁为"讠"。

[提示] "浒"另读 xǔ。

猾 huá　　滑 huá

[释义] 猾 奸诈;不老实:狡~|奸~|老奸巨~。
滑 ①表面光溜:~溜|光~。②在光溜的物体表面上移动:~雪|~梯。③奸诈;不老实:~头|圆~|刁~。

[辨析] 因音同形近义近致误。两字均为形声字,左右结构,声旁均为"骨"。①"猾"的本义为传说中的一种狡诈的野兽,故形旁为"犭";"滑"的本义为光溜、滑溜,形旁为"氵"。②两字均有奸诈、不老实的意思,但有如下区别:"猾"指狡诈、不老实的程度较重、较恶劣,如"老奸巨猾"

"奸猾"等;"滑"常指多占便宜、少负责、少干事等行为,如"滑头""圆滑"等。

划 huà　　画 huà

[释义] 划 ①安排;设计;计~|规~|~策。②区分;分开:~分|~清|区~。③调拨:~账|~款。④一致;整齐~一。⑤绘出图形或线条:~线。

画 ①绘成的图:国~|年~|漫~。②绘出图形或线条、符号等:~画|~线|~饼充饥。③汉字的一笔叫一画:笔~|一笔一~。

[辨析] 因音同义近致误。两字可用作动词,均有表示绘出图形或线条的意思,但结果却不同:"划"的结果是划破、刻上痕迹,如"划痕""划分"等;"画"的结果是画上图形、符号,如"一笔一画""画饼充饥"等。

[提示] "划"另读 huá。

踝 huái　　裸 luǒ

[释义] 踝 小腿与脚之间部位左右凸起的部分:脚~骨。
裸 无遮盖;暴露出:~体|~露|赤~~。

[辨析] 因形似致误。两字均为形声字,左右结构,声旁均为"果"。"踝"指脚踝骨,故形旁为"𧾷";"裸"的本义为光着身子,即不穿衣服,故形旁为"衤"。

缓 huǎn　　援 yuán　　媛 yuán

[释义] 缓 ①慢(与"急"相对):~慢|~步|舒~。②变宽松,不紧张:~和|~解|~冲。③推迟;延迟:~期|延~。④恢复:~了口气。

援 ①用手牵拉;攀~。②引用:~引|~古征今。③帮

助:～助|支～|求～。

漫 潺潺,形容河水慢慢地流。

[辨析] 因音同或形似致误。三字均为形声字,左右结构,声旁均为"爰"。"缓"的本义为宽、松,形旁为"纟";"援"的本义为拉,形旁为"扌";"漫"指河水流动,形旁为"氵"。

幻 huàn　　换 huàn

[释义] **幻** ①不真实的:～想|～境|虚～。②难以捉摸的变化:～术|变～莫测。

换 ①对调:～防|～班。②变更:～车|替～。

[辨析] 因音同致误。两字的混淆主要在"变幻"与"变换"上:"变幻"的意思是不规则地改变,如"风云变幻""变幻莫测";"变换"的意思是事物的内容或形式改变成另一种内容或形式。

幻 huàn　　幼 yòu

[释义] **幻** ①不真实的:～想|～境|梦～。②难以捉摸的变化:变～莫测|变～无穷。

幼 ①年纪小或未长成的:～小|～稚|～年。②儿童:老～皆宜|男女老～。

[辨析] 因形似致误。两字均为左右结构,区别在右边:"幻"的右边为"丁",1画;"幼"的右边为"力",2画。

唤 huàn　　涣 huàn　　焕 huàn

[释义] **唤** 发出大声,使对方觉醒、注意或随声而来:呼～|～醒。

涣 消散:～散|～然冰释。

焕 光彩:～发|～然一新|精神～发。

[辨析] 因音同形似致误。三字为形声字,左右结构,声旁均

为"奂"。"唤"的本义为发出大声,故形旁为"口";"涣"的本义为离散、分散,形旁为"氵";"焕"的本义为鲜明、光亮,故形旁为"火"。"涣"与"焕"的混淆主要在"涣然"与"焕然"上:"涣然"强调消除,形容嫌隙、疑虑、误会等完全消除;"焕然"强调有光彩,形容面貌、精神、气象等。

肓 huāng　　盲 máng

[释义] **肓** 我国古代医学上把心脏和膈膜之间叫肓:病入膏~。
　　　盲 ①失明;眼睛看不见东西:~人|~文。②对某些事物分辨不清或不了解:色~|文~|法~。
[辨析] 因形似致误。两字均为形声字,上下结构,声旁均为"亡"。"肓"指心脏和膈膜之间,故形旁为"肉",后因作形旁的"肉"与"月"混同,均写作"月";"盲"指眼睛看不见,故形旁为"目"。

荒 huāng　　慌 huāng

[释义] **荒** ①年成不好:~年|饥~。②没有开垦或耕种过的土地:~山|开~。③冷落;人烟稀少:~凉|~僻。④废弃:~废|~疏。⑤不正确;不合理:~谬|~唐。
　　　慌 ①心神不定,动作忙乱:~张|惊~|恐~。②表示难以忍受:闷得~|闲得~。
[辨析] 因音同形似致误。两字的混淆主要在"荒乱"与"慌乱":"荒乱"指国家或社会秩序极不稳定;"慌乱"指人的心绪慌张而混乱。
[提示] "慌"另读 huang。

慌 huāng　　谎 huǎng

[释义] **慌** ①心神不定,动作忙乱:~张|惊~|恐~。②表示难

以忍受:闷得~|闲得~。

谎 骗人的话;假话:~话|~言|说~|撒~。

[辨析] 因音近形似致误。两字均为形声字,左右结构,声旁均为"荒"。"慌"的本义为心中慌乱,故形旁为"忄";"谎"的本义是说梦话,与言语有关,故形旁为"讠"。

[提示] "慌"另读 huang。

遑 huáng　惶 huáng　煌 huáng

[释义] 遑 ①匆忙:~~。②闲暇:不~。
惶 恐惧:~恐|惊~。
煌 明亮:辉~。

[辨析] 因音同形似致误。三字均为形声字,声旁均为"皇"。"遑"的本义为匆忙,与行走有关,故形旁为"辶";"惶"的本义为恐惧,故形旁为"忄";"煌"的本义为火势盛大,故形旁为"火"。

潢 huáng　璜 huáng

[释义] 潢 ①积水池。②染纸:装~。
璜 半璧形的玉。

[辨析] 因音同形似致误。两字均为形声字,左右结构,声旁均为"黄"。"潢"的本义为积水池,故形旁为"氵",引申为染纸;"璜"的本义指一种玉,故形旁为"王"。两字在"装潢"一词上特别容易混淆。"装潢"意为装饰物品使美观(原只指书画,今不限),如"装潢门面",故不能写成"装璜"。

蝗 huáng　蟥 huáng

[释义] 蝗 蝗虫:~灾|灭~。
蟥 蚂蟥。

[辨析] 因音同义近致误。两字均为形声字,左右结构,因本义均与"虫"有关,故形旁均为"虫"。"蝗虫"是昆虫,主要危害禾本科植物,是农业害虫;"蚂蟥"是蛭纲动物,生活在水田、湖沼中,能刺伤人的皮肤,但不吸血。

晃 huǎng　幌 huǎng

[释义] **晃** ①亮光闪耀刺眼:~眼|明~~。②很快地闪过:一~而过|虚~一枪。

幌 帷幔;帐幔:~子。

[辨析] 因音同形似致误。两字均为形声字:"晃"为上下结构,声旁为"光",意为亮光闪耀刺眼,故形旁为"日";"幌"为左右结构,声旁为"晃",本义为帷幔,故形旁为"巾"。

[提示] "晃"另读 huàng。

诙 huī　恢 huī

[释义] **诙** 戏谑;嘲笑:~谐。

恢 大;宽广:~宏|天网~~,疏而不漏。

[辨析] 因音同形似致误。两字均为形声字,左右结构,声旁均为"灰"。"诙"意为戏谑、嘲笑,与言语有关,故形旁为"讠";"恢"指宽广、宏大,表示一种气度、心态,故形旁为"忄"。

晖 huī　辉 huī

[释义] **晖** 阳光:春~|朝~。

辉 ①闪耀的光彩:~光。②照耀:~映。

[辨析] 因音同形similar近义致误。两字均为形声字,左右结构,声旁均为"军"。"晖"的本义为阳光,故形旁为"日";"辉"的本义指闪耀的光彩,故形旁为"光"。"晖"只指太阳光,如"春晖""晚霞的余晖"等;"辉"既可指阳光,也可指

其他闪耀的光,如"光辉""灯火辉煌"等。

徽 huī　　微 wēi

[释义]　**徽**　标志:～章|国～|帽～。

　　微　①细小;轻;少:～小|～弱|～笑。②精深奥妙:精～。

[辨析]　因形似致误。两字均为形声字,左右结构。"徽"的声旁为"微"("微"的省写),因本义指三股线合成的绳索,故形旁为"糸";"微"的声旁为"散",因本义为隐蔽行走,故形旁为与行动有关的"彳"。

悔 huǐ　　诲 huì　　晦 huì

[释义]　**悔**　做错事或说错话后心里受到自责:～恨|～悟|～改。

　　诲　教育;劝导:教～|～人不倦。

　　晦　①昏暗不明:～暗|～气|～涩。②夜晚:风雨如～。③农历每月的最后一天叫晦。

[辨析]　因音近形似致误。三字均为形声字,左右结构,声旁均为"每"。"悔"的本义是后悔,与心理活动有关,故形旁为"忄";"诲"的本义为教导,与言语有关,故形旁为"讠";"晦"的本义为昏暗不明,故形旁为"日"。

汇 huì　　会 huì

[释义]　**汇**　①水流汇合在一起:～合|总～。②寄钱款:～款|～兑|～票。③聚集:词～|～编。

　　会　①聚合;会合:～诊。②会见;见面:～面。③有一定目的的集会:开～|报告～。④指某些团体、活动或某些时机:庙～|适逢其～。⑤理解:体～。⑥熟习;擅

[辨析] 因音同义近致误。两字均有聚集、会合的意思,但有如下区别:"汇"多用于指水流及其他事物的聚合,如"汇流成河""汇编""汇报"等;如用于人时,需把人比喻为某一事物,如"人们从四面八方如潮水般地汇集到人民广场"。"会"多用于指人的会聚,如"会师""会餐""会诊"等都是指人聚在一起的活动。注意"汇合"与"会合"的区别:"汇合"指水流聚集、汇合;"会合"多指人的聚合。

[提示] "会"另读 kuài。

讳 huì　违 wéi

[释义] **讳** ①因有顾忌而不愿说或不敢说;忌讳:隐～｜直言不～。②忌讳的事情。③旧时不敢直称帝王或尊长的名字叫讳。

违 ①离别:久～。②不依从;不遵照:～背｜～反｜～约。

[辨析] 因形似致误。两字均为形声字,声旁均为"韦"。"讳"为左右结构,意为有所顾忌而不敢言或不愿说,故形旁为"讠";"违"为半包围结构,本义为"离",故形旁为"辶"。两字的混淆主要在"讳言"与"违心"上:"讳言"意为不愿说或不敢说,没有背离的意思,故不能写成"违言";"违心"意为与本意相反,不是出于本心,没有不敢说的意思,故不能写成"讳心"。

烩 huì　侩 kuài　脍 kuài

[释义] **烩** 一种烹调方法,混在一起烧煮:大杂～。

侩 旧指以拉拢买卖从中获利为职业的人:市～。

脍 切得很细的肉或鱼;把肉或鱼切成薄片。

[辨析] 因音同或形似致误。三字均为形声字,左右结构,声旁均为"会"。"烩"的本义与烹调有关,故形旁为"火";"侩"指以拉拢买卖从中获利的人,故形旁为"亻";"脍"指切得很细的鱼或肉,与"肉"有关,故形旁为"肉",后因作形旁的"肉"与"月"混同,均写成"月"。

彗 huì　　慧 huì

[释义] 彗 扫帚。
慧 聪明;有才智:～眼|智～|聪～。
[辨析] 因音同形似致误。两字均为上下结构:"彗"为会意字,由表示扫帚的"龶"与手的变体"彐"组合而成,意为手持扫帚;"慧"为形声字,声旁为"彗",意为聪明,故形旁为"心"。

惠 huì　　慧 huì

[释义] 惠 ①好处:恩～|实～|优～。②表示尊敬:～顾|～存。
慧 聪明;有才智:～眼|智～|聪～。
[辨析] 因音同形似致误。两字均为形声字,上下结构,形旁均为"心"。"惠"的声旁为"叀",本义指恩惠;"慧"的声旁为"彗",本义指聪明。两字只在形容妇女心地善良、通情达理时可以通用,如"贤惠"可写作"贤慧"。

喙 huì　　啄 zhuó

[释义] 喙 ①鸟兽的嘴:长～。②借指人的嘴:不容置～。
啄 鸟类用嘴取食物:～食|鸡～米。
[辨析] 因形似致误。两字均为形声字,左右结构,因本义均与嘴有关,故形旁均为"口"。"喙"的声旁为"彖",用作名

词,指鸟兽的嘴,也借指人的嘴,如"不容置喙""百喙莫辩";"啄"的声旁为"豖",用作动词,指鸟类等嘴的动作,如"啄食""啄木鸟"等。

荤 hūn　　晕 yūn

[释义] **荤** 指鸡、鸭、鱼、肉等食物(与"素"相对):～菜|～腥不沾。

晕 ①头昏目眩:头～|～头转向。②昏迷:～倒|～厥。

[辨析] 因音近形似致误。两字均为形声字,左右结构,声旁均为"军"。"荤"的本义指有葱、蒜等特殊气味的蔬菜,古代斋戒不吃荤,就指不吃这类有气味的菜,故形旁为"艹",现专指肉食;"晕"的本义是围绕日月的光气,故形旁为"曰"。

[提示] "荤"另读 xūn,"晕"另读 yùn。

浑 hún　　混 hún

[释义] **浑** ①水不清;污浊:～浊|搅～|～水摸鱼。②糊涂;不明事理:～话|～～噩噩。③全;满:～身|～似。④天然的:～朴|～厚。

混 ①水不清:～浊。②糊涂:～人|～话|～蛋。

[辨析] 因音同义近致误。两字在表示水不清、认识不清楚等义时,可以通用,如"浑水摸鱼"与"混水摸鱼"、"浑蛋"与"混蛋"。"浑"在表示全、满、天然等含义,如"浑身""浑朴"等时,不可写作"混"。

[提示] "混"另读 hùn。

浑 hún　　诨 hùn

[释义] **浑** ①水不清;污浊:～浊|搅～|～水摸鱼。②糊涂;不

明事理:～话|～～噩噩。③全;满:～身|～似。④天然的:～朴|～厚。

诨 开玩笑:插科打～。

[辨析] 因音近形似致误。两字均为形声字,左右结构,声旁均为"军"。"浑"的本义指水不清,故形旁为"氵";"诨"意为开玩笑,与语言有关,故形旁为"讠"。

霍 huò　豁 huò

[释义] 霍 霍然。

豁 ①开阔;开通;通达:～然|～达。②免除:～免。

[辨析] 因音同致误。两字的混淆主要在"霍然"与"豁然"上:"霍然"为副词,意为突然,如"灯光霍然一闪";"豁然"为形容词,意为开阔或通达,如"豁然开朗"。

[提示] "豁"另读 huá、huō。

Jj

讥 jī 叽 jī

[释义] **讥** 讽刺;挖苦:~讽|~笑|反唇相~。
叽 象声词,模拟小鸡、小鸟的叫声:~~喳喳。

[辨析] 因音同形似致误。两字均为形声字,左右结构,声旁均为"几"。"讥"的本义为用语言诽谤,故形旁为"讠";"叽"为象声词,模拟用口发出的声音,故形旁为"口"。

积 jī 集 jí

[释义] **积** ①聚集:~集|~累|堆~。②长期形成的:~习。③乘法的得数:乘~。
集 ①聚合在一起:~合|~会|~中。②作品汇编成书册:~子|全~。③相对独立的段落或部分:上~|下~。④定期买卖的市场:~市|赶~。

[辨析] 因音近义近致误。两字均有聚在一起的意思,但有如下区别:"积"的本义为禾谷积聚,引申为积聚起来的东西,故只能用于表示物的聚集,如"聚积";"集"的本义为许多鸟聚集在树上,引申为聚合在一起,既可用于表示物的聚集,又可用于表示人的聚合,如"聚集"。

屐 jī 屣 xǐ

[释义] **屐** ①木头鞋:木~。②鞋:~履。

屣 鞋：敝～。

[辨析] 因形似义近致误。两字均为形声字,形旁均为"尸"。"履"的声旁为"彳",除表示鞋的意思外,还专指木头鞋;"屣"的声旁为"徙",只表示鞋的意思,多用于书面语。

缉 jī 楫 jí 辑 jí

[释义] **缉** 缉拿：通～｜～捕。

楫 桨：舟～。

辑 ①收集文章或材料汇编成书册：～录｜编～。②整套书或资料的若干部分：专～｜特～。

[辨析] 因音近形似致误。三字均为形声字,左右结构,声旁均为"咠"。"缉"的本义为把麻拆成丝搓成绳,故形旁为"纟";"楫"指船桨,故形旁为"木";"辑"的本义为车厢,故形旁为"车"。

[提示] "缉"另读 qī。

跻 jī 挤 jǐ

[释义] **跻** 登上；上升：～身强国之林。

挤 ①互相推拥：拥～。②用力压：～奶｜～牙膏。③排斥：排～。

[辨析] 因音近形似致误。两字均为形声字,左右结构,声旁均为"齐"。"跻"意为登上,故形旁为"⻊";"挤"意为互相推拥,故形旁为"扌"。两字在"跻身"一词上特别容易混淆："跻身"意为使自己上升到某种行列、位置等,没有互相推拥或排斥的意思,故不能写成"挤身"。

箕 jī 萁 qí

[释义] **箕** ①簸箕：～踞。②簸箕形的指纹：斗～。③二十八

宿之一。

萁 豆秸:豆~。

[辨析] 因形似致误。两字均为形声字,上下结构,声旁均为"其"。"箕"是用竹篾编成的一种用具,故形旁为"⺮";"萁"是豆秸,草本植物,故形旁为"艹"。

汲 jí 吸 xī

[释义] 汲 从下往上打水:从井里~水。

吸 ①把气体或液体引入体内(与"呼"相对):~气|呼~|~吮。②摄入:~收|~取|~尘器。③引来:~引|~力|~铁石。

[辨析] 因形似致误。两字均为形声字,左右结构,声旁均为"及"。"汲"指从下往上打水,故形旁为"氵";"吸"指把气体引入体内,形旁为"口"。在表示吸收、采取的意思时,"汲取"与"吸取"通用,但"汲取"多用作书面语。

即 jí 既 jì

[释义] 即 ①靠近;接触:若~若离|可望而不可~。②当下;立刻:~日|~时|立~。③就;便:~景生情|一触~发。④是;非此~彼。

既 ①已经:~成事实|一如~往|~往不咎。②表示兼有:水~清且深|~能文又能武。③既然:~来之则安之。

[辨析] 因音近形似致误。两字均为左右结构,左边均为"日",区别在右边:"即"的右边是"卩","既"的右边是"旡"。"即"既可作动词又可作副词,作动词时,表示靠近、到、就是的意思,作副词时是"就"的意思,"即使"是个连词,与"也"或"还"搭配,组成一种表示假设兼让步的结构。

"既"作副词时,有已经的意思,与"又、且、也"搭配,组成一种表示并列关系的结构;"既"作连词时,相当于"既然"的意思。

及 jí 急 jí

[释义] **及** ①达到:～格|涉～|波～|望尘莫～。②趁着:～时|～早。③连词,跟,和:以～。
急 ①快速而猛烈:～速|～促|～转直下。②紧迫:～迫|～切|～件。③焦躁:～躁|焦～|着～|～中生智。④匆忙:～忙|～匆匆。⑤紧急而又严重的事:告～|当务之～。

[辨析] 因音同致误。两字在"迫不及待"一词上特别容易混淆:"迫不及待"的意思是急迫得不能再等待,形容心情十分急切。"及"在这里含有"来不及"的意思,故不能写成"迫不急待"。

亟 jí 急 jí

[释义] **亟** 急迫;紧迫:～待解决。
急 ①快速而猛烈:～速|～促|～转直下。②紧迫:～迫|～切|～件。③焦躁:～躁|焦～|着～|～中生智。④匆忙:～忙|～匆匆。⑤紧急而又严重的事:告～|当务之～。

[辨析] 因音同义近致误。两字都有紧迫的意思,但使用时有如下区别:"亟"用作副词,多用于动词前,如"亟待解决"。"急"用作形容词,多用于名词前,如"急事""急电";有时也用在动词前,如"急诊",但强调紧迫的程度没有"亟"那么重。

[提示] "亟"另读 qì。

棘 jí   辣 là

[释义] **棘** ①一种多刺的落叶灌木。②泛指有刺的草木：荆~|披荆斩~。③扎手；刺人：~手。

辣 ①一种有刺激性的味道：~椒|~酱|辛~。②狠毒，凶恶：毒~|心狠手~。

[辨析] 因形似致误。"棘"为象形字，左右结构，"朿"是木刺的象形字，两个"朿"并列，表示"棘"是一种长得低且丛生的果实小的酸枣树，引申为有刺的草木；"辣"为形声字，左右结构，声旁为"束"（"剌"省去"刂"），因本义为很浓的辛味，故形旁为"辛"。两字的混淆主要在"棘手"与"辣手"上：在形容事情难办时两词可以通用，但"辣手"还指毒辣或厉害的手段。

嫉 jí   忌 jì

[释义] **嫉** 忌妒；憎恨：~恨|妒~|~恶如仇。

忌 ①忌妒；憎恨：~恨。②害怕，顾虑：~惮|畏~。③禁戒，不宜：~讳|~口|禁~。

[辨析] 因音近义近致误。两字在表示忌妒、憎恨的意思时，可以通用，如"嫉妒"可写作"忌妒"、"嫉恨"可写作"忌恨"。但"忌"还有害怕、顾虑、禁戒等意思，如"畏忌""忌讳""忌口""禁忌"等。

藉 jí   籍 jí

[释义] **藉** 践踏；侮辱。

籍 ①书：书~|古~|~典。②祖居或本人的出生地：~贯|祖~。③代表个人的隶属关系：户~|国~|学~。

[辨析] 因音同形似致误。两字均为形声字，上下结构，声旁均

为"楷"。"藉"读 jiè 时,本义为草垫,故形旁为"艹";"籍"的本义为书籍、籍册,因古人写字记事多用竹片,故形旁为"𥫗"。

[提示] "藉"另读 jí。

己 jǐ　　已 yǐ

[释义] **己** 对人称本人:自~|舍~为人|固执~见|先人后~。
已 ①停止;罢了:而~|死而后~。②已经:~知|木~成舟|大势~去。

[辨析] 因形似致误。两字均为独体字,3画:"己"上面敞口,第三笔不能超出第二笔;"已"上面半封闭,第三笔超出第二笔,但不与第一笔相交。两字的混淆主要在"自己"与"自已"上:"自己"是代词,指自身,有时作形容词,意为关系密切的、亲近的,如"自己人""自己兄弟";"自已"是动词,指抑制住自己的感情,多用于否定式,如"不能自已"。

挤 jǐ　　济 jǐ

[释义] **挤** ①人或物紧紧靠拢在一起:~做一团。②在拥挤的环境中用身体排开:从人群中~出来。③用压力使从空隙中出来:~牙膏。④排斥:排~。
济 ①济水,古水名。②济济,形容人多:人才~~。

[辨析] 因音同形似义近致误。两字均为形声字,左右结构,声旁均为"齐"。①"挤"的本义指人或物紧紧靠拢在一起,与动作有关,故形旁为"扌";"济"的本义为古水名,故形旁为"氵"。②两字都与表示人多的意思有关,但用法各不相同:"挤"多作动词,如"挤眉弄眼""我好不容易从人群中挤出来"等;"济"多作形容词,如"人才济济"。

[提示] "济"另读 jǐ。

记 jì 纪 jì

[释义] **记** ①写下来：～述｜～载｜～录｜登～。②把印象保留在脑子里：～忆｜～性｜惦～。③载录事物的书册或文字：日～｜游～｜笔～。④标志：～号｜暗～｜标～。

纪 ①制度；法度：～律｜法～｜违法乱～。②记载：～年｜～实｜～要。③年代单位，表示一百年或更长时间：世～。

[辨析] 因音同形似义近致误。两字均为形声字，左右结构，声旁均为"己"。"记"的本义是记住不忘，形旁为"讠"，引申为记载、记录等；"纪"的本义是用丝线将事物理出个头绪，故形旁为"纟"，引申为制度、法度、记载等。两字都有记载的意思，如"记录"也可写成"纪录"，但用法各不相同：①"把话记录下来"，多用"记"；"打破纪录""纪录片"等，多用"纪"。②作为文体，"纪"只用于史书中记述帝王事迹的部分，如《项羽本纪》，其他多用"记"。

[提示] "纪"另读 jǐ。

伎 jì 技 jì 妓 jì

[释义] **伎** ①古代称以歌舞为业的女子。②手段；花招：故～重演｜～俩。

技 本领；能力：～术｜～艺｜巧～｜特～｜一～之长。

妓 妓女：娼～。

[辨析] 因音同形似致误。三字均为形声字，左右结构，声旁均为"支"。"伎"古代指以歌舞为业的女子，故形旁为"亻"；"技"的本义为专门的本领、手艺，故形旁为"扌"；

"妓"指妓女,故形旁为"女"。

迹 jì　绩 jì

[释义] **迹** ①物体遗留的印痕:足~|手~|痕~。②前人留下的事物:古~|遗~。
绩 ①用麻或其他纤维捻成线:~麻|纺~。②功业;成就:业~|成~|战~。

[辨析] 因音同致误。两字均为形声字。"迹"的声旁为"亦",因本义与脚的动作有关,故形旁为"辵"(简化为"辶"),引申指物体留下的印痕或做过的事情,如"足迹""痕迹""事迹"等;"绩"的声旁为"责",本义指用麻或其他纤维捻成的线,故形旁为"纟",引申指功业、成就等,如"政绩""丰功伟绩"等。

继 jì　既 jì

[释义] **继** 连续:~续|~承|前仆后~。
既 ①已经:~成事实|一如~往|~往不咎。②表示兼有:水~清且深|~能文又能武。③既然:~来之则安之。

[辨析] 因音同致误。两字在"一如既往"一词上特别容易混淆:"一如既往"意为完全跟已经过去的一样,没有连续的意思,故不能写成"一如继往"。

继 jì　寄 jì

[释义] **继** 连续:~续|~承|前仆后~。
寄 ①托人传送:~信|邮~。②托付;依附:~托|~放|~养。③认作亲属:~父|~女。

[辨析] 因音同致误。两字的混淆主要在"继父(母)"和"寄父

(母)"上;"继父(母)"指男子或妇女带着子女再娶或再嫁,再嫁的丈夫就是该妇女原有子女的继父,续娶的妻子就是该男子原有子女的继母;"寄父(母)"指没有血缘关系或婚姻关系而认的父母。

夹 jiā　　浃 jiā

[释义] **夹** ①从两旁向中间将东西钳住:~菜|~着两本书。②夹东西的用具:票~|皮~|文件~。③从两面来的;处在两者之间:~击|~攻|~缝。④掺杂:~杂|~生|~叙~议。

浃 透;遍及:汗流~背。

[辨析] 因音同形似致误。"夹"为会意字,其繁体字"夾"像一个人夹持着两个人,本义为夹持,引申为从相对的两个方向施加压力等;"浃"为形声字,左右结构,声旁为"夹",因本义为湿透,与水有关,故形旁为"氵"。

[提示] "夹"另读 gā、jiá。

茄 jiā　　笳 jiā

[释义] **茄** 古书上指荷花的茎。

笳 胡笳,我国古代北方民族的一种乐器。

[辨析] 因音同形似致误。两字均为形声字,上下结构,声旁均为"加"。"茄"的本义为植物,故形旁为"艹";"笳"即胡笳,是一种类似笛子的乐器,用竹管制成,故形旁为"⺮"。

[提示] "茄"另读 qié。

佳 jiā　　嘉 jiā

[释义] **佳** 美的;好的:~人|~音|~话|渐入~境。

嘉 ①美好的：～宾｜～礼。②赞扬；夸奖：～奖｜～勉。
[辨析] 因音同义近致误。两字都表示美好的意思，但有如下区别：①作为形容词，"嘉"的外延大于"佳"，"嘉"字自古就有吉庆祥瑞的意思，比较庄重，古代有十几位皇帝用它作年号用字，因而像"嘉禾""嘉礼""嘉会""嘉宾"等中的"嘉"字不能改用"佳"字。②"嘉"可以用作动词，如"嘉许""嘉奖""嘉勉"等，而"佳"则不能。

枷 jiā　　架 jià

[释义] 枷 旧时套在犯人脖子上的一种刑具：～锁。
架 ①用作支撑物体的东西或改造物体的用具：～子｜书～｜担～。②支撑；搭起：～桥｜～梯子。③争吵：吵～｜打～。④搀扶；承受：招～｜～不住。⑤数量单位：一～飞机。
[辨析] 因音同形似致误。两字均为形声字，声旁均为"加"，形旁均为"木"。"枷"为左右结构，只用作名词，指旧时套在犯人脖子上的一种刑具；"架"为上下结构，除用作名词指架子、书架外，也可用作动词，表示支撑、搭起、争吵、搀扶等，还可用作量词。

袈 jiā　　驾 jià　　架 jià

[释义] 袈 袈裟，佛教僧尼穿的法衣。
驾 ①用牲口拉：～车｜轻车熟～｜腾云～雾。②操纵；开动：～驶。③向对方表示敬意：大～劳｜～挡。
架 ①用作支撑物体的东西或放置物体的用具：～子｜书～｜担～。②支撑；搭起：～桥｜～梯子。③争吵：吵～｜打～。④搀扶；承受：招～｜～不住。⑤数量单位：一～飞机。

[辨析] 因音近形似致误。三字均为形声字,上下结构,声旁均为"加"。"袈"即袈裟,故形旁为"衣";"驾"的本义为把车套在马身上,故形旁为"马",多用作动词;"架"的本义为放东西的用具或支撑东西的结构,多为木结构,故形旁为"木",用作动词时,表示支撑、搭起、争吵、搀扶等,还可用作量词。

嫁 jià　　稼 jià

[释义] **嫁** ①女子结婚:出~|~人。②转移祸害、罪名等:转~|~祸于人。③嫁接,把不同品种的两种植物用芽或枝连接在一起以改善品种、提高质量等。

稼 ①种植谷物:耕~|~穑。②农作物:庄~。

[辨析] 因音同形似致误。两字均为形声字,左右结构,声旁均为"家"。"嫁"的本义为女子结婚,故形旁为"女";"稼"的本义指种植谷物,故形旁为"禾"。

坚 jiān　　艰 jiān

[释义] **坚** ①硬;牢固:~固|~硬|~韧|无~不摧。②不动摇:~定|~决|~强|~持。

艰 困难:~难|~险|~巨|~苦卓绝。

[辨析] 因音同致误。两字都能作形容词,但意义不同:"坚"表示硬、牢固、意志坚强等义,所以"无坚不摧"不能写成"无艰不摧";"艰"表示困难,所以"艰苦卓绝"不能写成"坚苦卓绝"。注意"坚苦"与"艰苦"的区别:"坚苦"意为坚忍刻苦;"艰苦"意为艰难困苦。

坚 jiān　　竖 shù

[释义] **坚** ①硬;牢固:~固|~硬|~韧|无~不摧。②不动摇:

～定｜～决｜～强｜～持。

竖 ①与地面垂直的：～琴。②从上到下的；从前到后的：画一条～线。③使物体跟地面垂直：～电线杆。④汉字的笔画：横～撇点折。

[辨析] 因形似致误。两字均为形声字，上下结构，声旁均为"䘏"（"豎"的简写）。"坚"的本义为硬、牢固，与"土"有关，故形旁为"土"；"竖"的本义为与地面垂直的，故形旁为"立"。

监 jiān　　临 lín

[释义] **监** ①注视；督察：～督｜～考｜～制。②关押犯人的处所：～狱｜～牢｜探～。

临 ①来；到：～门｜来～｜光～。②靠近；面对着：～近｜～河｜面～｜如～大敌。③将要；快要：～走｜～别｜～终。④照样模仿：～摹｜～画。

[辨析] 因形似致误。"监"为会意字，上下结构，本义为对着盛着水的器皿从上往下看水中的人影，引申为注视、督察；"临"为象形字，其古字像人俯视众物之形，故本义为从上往下看，引申为来、到等义。

[提示] "监"另读 jiàn。

拣 jiǎn　　捡 jiǎn

[释义] **拣** 挑选：～菜｜挑～｜挑肥～瘦。

捡 拾取：～柴｜～煤｜～破烂。

[辨析] 因音同义近致误。两字在表示拾取义时可通用，如"拣东西"与"捡东西"，但在表示挑选义时，只能用"拣"，所以"挑肥拣瘦""挑挑拣拣"的"拣"都不能写成"捡"。

俭 jiǎn　　简 jiǎn

[释义] **俭** 节省;不浪费:～朴|～省|节～。
简 ①古代用来写字的竹片或木片:竹～。②书信:书～。③不复杂;不烦琐:～单|～要。

[辨析] 因音同义近致误。两字均为形声字。"俭"为左右结构,意为人过日子节省,故形旁为"亻",声旁为"佥";"简"为上下结构,古代指写字的竹片,故形旁为"𥫗",声旁为"间",引申指简单、不复杂。两字的混淆主要在"俭朴"与"简朴"、"俭省"与"简省"、"俭约"与"简约"上:"俭朴""俭省""俭约"中的"俭"都有节省的意思;"简朴""简省""简约"中的"简"都有简单的意思。

俭 jiǎn　　捡 jiǎn　　检 jiǎn

[释义] **俭** 节省;不浪费:～朴|～省|节～。
捡 拾取:～拾|～破烂。
检 ①查:～查|～阅|～测|～讨。②约束;限制:～点|～束。

[辨析] 因音同形似致误。三字均为形声字,左右结构,声旁均为"佥"。"俭"的本义指人过日子节省,故形旁为"亻";"捡"的本义为清理,故形旁为表示动作的"扌";"检"的本义为封467题签,古人写书是把文字写在竹片、木片上,书成之后,用皮条或绳索串编起来,在绳结处封泥并盖上印章,叫"检",故形旁为"木",由封题竹木书简引申为约束、限制等。

剪 jiǎn　　箭 jiàn

[释义] **剪** ①铰东西的工具:～子|～刀|裁衣～。②用剪刀铰:～断|～彩|～纸|～贴。③除去;除掉:～除|～灭。

④形状像剪子的器具:火~|夹~。

箭 古代的兵器:~头|弓~|归似~。

[辨析]因音近形似致误。两字均为形声字,上下结构,声旁均为"前"。"剪"是剪刀,故形旁为"刀";"箭"是一种兵器,古代的箭多用竹制成,故形旁为"⺮"。

睑 jiǎn　　脸 liǎn

[释义]睑 眼睑;眼皮。

脸 ①面孔:~面|~庞。②面子:~皮|赏~。③脸上的表情:~色|笑~|愁眉苦~。

[辨析]因形似致误。两字均为形声字,左右结构,声旁均为"佥"。"睑"指眼睑,故形旁为"目";"脸"指面孔,故形旁为"肉",后因作形旁的"肉"与"月"混同,均写成"月",引申为面子、脸上的表情。

饯 jiàn　　贱 jiàn　　践 jiàn

[释义]饯 饯行:~别。

贱 ①价格低(与"贵"相对):~价|~卖。②地位低(与"贵"相对):卑~|贫~。③卑鄙;下贱:~骨头。④谦辞,称有关自己的事情:你贵姓,~姓李。

践 ①踩;踏:~踏|糟~。②实行;履行:~行|~言。

[辨析]因音同形似致误。三字均为形声字,左右结构,声旁均为"戋"。"饯"的本义指设宴饯行,故形旁为"饣";"贱"意为价格低,故形旁为"贝";"践"的本义为踩、踏,故形旁为"⻊"。

剑 jiàn　　箭 jiàn

[释义]剑 古代的兵器:宝~|长~|花~|舞~|刀光~影。

箭 古代的兵器:~头|火~|归心似~。

[辨析] 因音同义近致误。两字均为形声字,均为古代的一种兵器,但有如下区别:"剑"的声旁为"佥",本义指人所带的一种短兵器,故形旁为"刂";"箭"的声旁为"前",本义指箭竹,故形旁为"⺮",引申指搭在弓上发射的一种兵器,古代多用竹制成。

浆 jiāng　　桨 jiǎng

[释义] **浆** ①较浓的汁液:～液|泥～。②用米汤来浸制衣物:～洗|～纱。

桨 划船的用具:木～|船～|双～。

[辨析] 因音近形似致误。两字均为形声字,上下结构,声旁均为"", "浆"的本义为饮料,故形旁为"水";"桨"的本义为船桨,用木制成,故形旁为"木"。

[提示] "浆"另读 jiàng。

交 jiāo　　缴 jiǎo

[释义] **交** ①互相纵横穿插;连接:～叉|～错|～接|～头接耳。②相连的时间和地区:春夏之～|两省之～|唐宋之～。③相互往来;接触:～往|～际|～结。④朋友;友谊:世～|断～|一面之～。⑤生物两性结合:～配|～杂。⑥互相:～替|～流|～谈。⑦接触:～战|～锋|～火。⑧一齐;同时:～口|～集|风雨～加。⑨交纳;付给:～付|～代。⑩同"跤",跟头:摔～。

缴 ①交纳;交出:上～|～枪不杀。②迫使交出:～械。

[辨析] 因音近义近致误。两字均可表示交纳、交出的意思,但有如下区别:表示履行义务的交出时,两字通用,如缴(交)税、缴(交)款、缴(交)公粮、缴(交)纳等;表示被迫地"交出"或迫使他人"交出"时,只能用"缴",如"缴枪"

"缴械""缴获"等；表示一般意义上的"交出"时，只能用"交"，如"交割""交付""交账"等。

[提示] "缴"另读 zhuó。

娇 jiāo　　骄 jiāo

[释义] **娇** ①柔嫩；可爱：～美｜～艳｜～嫩｜～柔。②过分宠爱；脆弱不坚强：～贵｜～气｜～生惯养。
骄 ①强烈：～阳。②自高自大：～傲｜～气｜～横。

[辨析] 因音同形似致误。两字均为形声字，左右结构，声旁均为"乔"。"娇"的本义是美好，多与女子姿容有关，故形旁为"女"，多形容姿色、体态等美好或不肯吃苦的作风；"骄"的本义指马高大，故形旁为"马"，多形容性格、品质。注意"娇气"与"骄气"的区别："娇气"指意志脆弱、不能吃苦、习惯于享受的作风，也指物品、花草等容易损坏；"骄气"指骄傲自满的作风。

娇 jiāo　　矫 jiǎo

[释义] **娇** ①柔嫩；可爱：～美｜～艳｜～嫩｜～柔。②过分宠爱；脆弱而不坚强：～贵｜～气｜～生惯养。
矫 ①纠正：～正｜～直｜～治。②强壮：～健｜～捷。③假托：～揉造作。

[辨析] 因音近形似致误。两字均为形声字，左右结构，声旁均为"乔"。"娇"的本义是美好，多与女子姿容有关，故形旁为"女"；"矫"的本义为使曲的变直，故形旁为"矢"。

[提示] "矫"另读 jiáo。

姣 jiāo　　佼 jiǎo

[释义] **姣** 相貌美：～好。

佼 美好：～～。

[辨析] 因音近形似致误。两字均为形声字，左右结构，声旁均为"交"。"姣"的本义是相貌美，多与女子姿容有关，故形旁为"女"；"佼"的本义指人的学识、水平好，故形旁为"亻"。两字均有美好的意思，但有如下区别："姣"只用于形容女子相貌美；"佼"常两字叠用，意为胜过一般水平的，多用作书面语。

姣 jiāo　　皎 jiǎo

[释义] 姣 相貌美：～好。
　　　 皎 白而亮：～洁。

[辨析] 因音近形似致误。两字均为形声字，左右结构，声旁均为"交"。"姣"的本义是相貌美，形容女子姿容，故形旁为"女"；"皎"的本义是白而亮，故形旁为"白"，多形容月光明亮。

礁 jiāo　　憔 qiáo　　樵 qiáo

[释义] 礁 江河海洋中的岩石：～石｜暗～。
　　　 憔 憔悴，形容人消瘦。
　　　 樵 ①柴：砍～。②打柴：～夫。

[辨析] 因音同或形似致误。三字均为形声字，左右结构，声旁均为"焦"。"礁"指江河海洋中的岩石，故形旁为"石"；"憔"指憔悴，重在指人的情绪低落、疲乏，故形旁为"忄"；"樵"指木柴，故形旁为"木"。

矫 jiǎo　　校 jiào

[释义] 矫 ①纠正：～正｜～直。②强壮：～健｜～捷。③假托：～揉造作。

校 校对;订正:～对|～正|～核。

[辨析] 因音近义近致误。两字均为形声字,左右结构。"矫"的声旁为"乔",本义为使曲的变成直的,形旁为"矢",引申指纠正、矫正;"校"的声旁为"交",本义指古代的枷械类刑具,形旁为"木",引申指校对、订正等。两字的混淆主要在"矫正"与"校正"上:"矫正"的意思重在"矫",指将错误或偏差改正、纠正过来;"校正"的意思重在"校",指校对、订正。

[提示] "校"另读 xiào,"矫"另读 jiáo。

侥 jiǎo　　挠 náo

[释义] 侥 意外或偶然地遇到好事或免去不幸的事:不要有～幸心理。

挠 ①干扰;阻止:阻～。②用手指或别的工具轻轻地抓:抓耳～腮。③弯曲:百折不～。

[辨析] 因形似致误。两字均为形声字,左右结构,声旁均为"尧"。"侥"常与幸连用,与人的心理有关,故形旁为"亻";"挠"的本义为用行动有意地对抗,与动作有关,故形旁为"扌"。

[提示] "侥"另读 yáo。

缴 jiǎo　　檄 xí

[释义] 缴 ①交纳;付出:～费|～纳|～税|～款。②迫使交出:～械|～获。

檄 ①檄文:～书。②用檄文晓谕或声讨:～告天下。

[辨析] 因形似致误。两字均为形声字,左右结构,声旁均为"敫"。"缴"的本义为缠绕,故形旁为"纟",引申为交纳、付出;"檄"的本义为檄文,因古代文字写在竹、木片上,故形旁为"木"。

[提示]"缴"另读 zhuó。

窖 jiào　　窑 yáo

[释义] **窖** 收藏东西的地洞和坑:地~|冰~。
窑 ①烧制陶瓷砖瓦的大炉灶:~坑|砖~|石灰~。②山崖或土坡上挖的洞:~洞|土~。

[辨析] 因形似义近致误。两字均为形声字,上下结构,因本义均与洞穴有关,故形旁均为"穴"。"窖"的声旁为"告",多指从地面上挖下去的洞;"窑"的声旁为"缶",多指在地上的或依坡掏挖的洞。

秸 jiē　　桔 jié

[释义] **秸** 农作物脱粒以后的茎:~秆|豆~|麻~。
桔 桔梗,一种多年生草本植物。

[辨析] 因音近形似致误。两字均为形声字,左右结构,声旁均为"吉"。"秸"的本义与农作物有关,故形旁为"禾";"桔"的本义与植物有关,故形旁为"木"。

[提示] "桔"另读 jú,为"橘"的俗字。

接 jiē　　截 jié

[释义] **接** ①靠近;碰上:~近|~触。②连:~壤|嫁~。③连续:~连|青黄不~。④收受:~收|~纳。⑤迎:~待|迎~。⑥替换:~任|交~。
截 ①割断:~断|~取|~长补短。②阻拦:~住|~获。③到期限:~止。④数量单位:半~橡皮。

[辨析] 因音近致误。两字的混淆主要在"截长补短"一词上:"截长补短"意为截取长的去弥补短的,比喻用长处弥补短处,没有连接的意思,故不能写成"接长补短"。

孑 jié　孓 jué

[释义] **孑** 孤独;孤单:～身。
　　　孓 孑孓,蚊子的幼虫。

[辨析] 因形似致误。两字均为独体字,3画,区别在第三笔:"孑",第三笔为"亅",可用作形容词,表示孤独、孤单;"孓",第三笔为"丶",只能与"孑"合用为"孑孓",指蚊子的幼虫。

节 jié　截 jié

[释义] **节** ①节日;节气:～令|佳～|春～。②作物的茎秆连接部分:竹～|枝～|～外生枝。③动物的骨骼连接部分:关～。④段落:～拍|～奏。⑤减少;省:～约|～省|～制。⑥事项:细～|情～|礼～。⑦操守:气～|晚～|高风亮～。⑧数量单位:两～课。
　　　截 ①割断:～断|～取|～肢。②阻拦:～住|堵～。③到期限:～止。④数量单位:半～橡皮|一～木头。

[辨析] 因音同义近致误。两字均可用作量词,都表示"段"的意思,但有如下区别:"节"所指的整体中的一部分,具有独自存在的内容和形式,如书本中章、节的"节",这个"节",内容完整,自成体系,又与整体有所联系;"截"是指从整体中任意取下一段,每一段都称一截,如"一截木头""半截橡皮"。

[提示] "节"另读 jiē。

诘 jié　拮 jié

[释义] **诘** 诘问:盘～|反～。
　　　拮 拮据,指经济困难,境况窘困。

[辨析] 因音同形似致误。两字均为形声字,左右结构,声旁均为"吉"。"诘"的本义是责问、追问,故形旁为"讠";"拮"只能与"据"合用构成联绵词,表示经济状况不好,手中缺钱用,故形旁为"扌"。

[提示] "诘"另读 jí。

戒 jiè 戎 róng

[释义] 戒 ①防备:~备 | ~严 | 警~。②改掉不良嗜好:~烟 | ~酒。③禁律;禁止做的事:~律 | 开~。④教训;警告:告~ | 警~。

戎 ①兵器;武器:兵~。②军事;军队:~马生活。

[辨析] 因形似致误。两字均为会意字:"戒"由"廾"与"戈"组成,意为双手拿着兵器,以示戒备;"戎"由"十"与"戈"组成,"十"是古代钟鼎文的"甲"字,是古代打仗时穿的衣服,"戈"指兵器,都与打仗有关,所以"戎"表示兵器、军队的意思。

届 jiè 屈 qū

[释义] 届 ①期;次:首~ | 应~ | 历~。②到:~时。

屈 ①弯曲:~指 | 能~能伸。②屈服;妥协:~从 | 坚贞不~。③理亏:理~词穷。④被误解;受冤枉:冤~ | 委~。

[辨析] 因形似致误。两字均为半包围结构,外面均为"尸",区别在里面:"届"的里面是"由","屈"的里面是"出"。

禁 jīn 经 jīng

[释义] 禁 承受;忍受;忍耐:~受 | 弱不~风 | 情不自~。

经 ①织物的纵线(与"纬"相对):~线。②地理学上的

经度：东~|西~。③管理；治理：~营|~管。④传统的、权威的著作：~典|~学。⑤过程；历程：~过|~手。⑥中医学的名词：~络。

[辨析] 因音近义近致误。两字在表示承受的意义时可以通用，如"禁受"可以写成"经受"，"禁得起"可以写成"经得起"，"禁不起"可以写成"经不起"。但"弱不禁风""情不自禁"中的"禁"不能写成"经"。"经"在表示过程、历程等时，如"经风雨见世面""经久不衰""经年累月"中的"经"不能写成"禁"。

[提示] "禁"另读 jìn，"经"另读 jīng。

仅 jǐn　尽 jǐn

[释义] **仅** 只：~~|不~|绝无~有。

尽 ①最；极：~快|~早|~可能。②总是：~下雨|~说话。③放在最先：~老人坐|~别人先吃。④表示有一定的范围限制，不要超过：~这点钱用。

[辨析] 因音同致误。两字都能用作副词，表示程度，但意义不同："仅"意为只、不过，所以"绝无仅有"不能写成"绝无尽有"；"尽"表示尽量、尽可能的意思，所以"尽快完成"不能写成"仅快完成"。

[提示] "仅""尽"另读 jìn。

馑 jǐn　殣 jìn

[释义] **馑** 蔬菜、谷物歉收：饥~。

殣 ①饿死。②掩埋。

[辨析] 因音近义近致误。两字均为形声字，左右结构，声旁均为"堇"。"馑"的本义指蔬不熟，与食物有关，故形旁为"饣"；"殣"的本义与死有关，故形旁为"歹"。

浸 jìn　　侵 qīn

[释义] **浸** 泡在水里或液体里：～泡|～湿|～润|沉～。
　　　　侵 进犯：～入|～犯|～害。

[辨析] 因形似致误。两字均为左右结构："浸"为形声字,声旁为"㑴",因本义为泡在水里或液体里,故形旁为"氵";"侵"为会意字,左边是个人,右边是一只手拿着扫帚,像是给人打扫尘土,因打扫尘土要"渐进",故"侵"的本义为渐进,后引申为侵犯。

兢 jīng　　竞 jìng

[释义] **兢** 兢兢,小心;谨慎。
　　　　竞 比赛;互相争胜：～赛|～争|～选|～技。

[辨析] 因音近及"竞"的繁体字"競"与"兢"相似致误。"兢"是两个"克","競"是两个"竞"。"兢"字一般不单独使用,只能组词为"兢兢",意为小心、谨慎;"竞"意为比赛、互相争取。

睛 jīng　　晴 qíng

[释义] **睛** 眼珠：眼～|目不转～|画龙点～。
　　　　晴 天气好：～天|～朗|雨过天～。

[辨析] 因形似致误。两字均为形声字,左右结构,声旁均为"青"。"睛"指眼珠,故形旁为"目";"晴"指天气好,故形旁为"日"。

井 jǐng　　阱 jǐng

[释义] **井** ①人工挖成的能取水的深洞：～台|挖～|坐～观天。②形状像井的东西：矿～|油～|天～。③整齐;有条理：～然|～～有条|秩序～然。④人口聚居的地方：

市~|背~离乡。

阱 用来杀伤敌人或捕野兽的陷坑：陷~。

[辨析] 因音同形似义近致误。两字都表示挖土形成的洞，但有如下区别："井"为指事字，在金文和小篆中，都在"井"的中心加一点，表示这是水的所在，故"井"的本义为水井，引申为像井的东西，又因"井"的方方正正的形状，引申为整齐、有条理等；"阱"为形声字，左右结构，声旁为"井"，因本义为用来指杀伤敌人或捕野兽的陷坑，表示地势的突然下降，故形旁为与表示地势变化有关的"阜（阝）"。

景 jǐng　　境 jìng

[释义] **景** ①风景：~致|~色|盆~。②情况；情形：~象|~况。③布景：内~|外~。④佩服；尊敬：~慕|~仰。

境 ①疆界；边界：国~|边~。②状况，境况：~遇|处~。③地方；处所：~界|~地。

[辨析] 因音近义近致误。两字的混淆主要在"幻景"与"幻境"上："幻景"的意思重在"景"，指虚幻不实的景象；"幻境"的意思重在"境"，指虚幻不实的境界或地方。

警 jǐng　　擎 qíng

[释义] **警** ①告诫；提醒注意：~告|~诫|~示。②注意并防备可能发生的危险：~卫|~备|~戒。③危险而紧急的事或情况：火~|~报。④对危险或异常情况感觉敏锐：~惕|~觉|~机。⑤指警察或与之有关的事物：~官|~车|民~。

擎 举；向上托：~起|~天柱|众~易举。

[辨析] 因形近致误。两字均为形声字，上下结构，声旁均为"敬"。"警"的本义为告诫、警告，与言语有关，故形旁为

"言";"擎"指举,表示手的动作,故形旁为"手"。

径 jìng　　胫 jìng

[释义] **径** ①小路:山~|小~|曲~。②指通过圆心交于圆周的直线:直~|半~|口~。③达到目的的方法:捷~|门~|途~。④直接:~直|~自答复。
胫 小腿。

[辨析] 因音同形似致误。两字均为形声字,左右结构,声旁均为"圣"。"径"的本义为走路的小道,故形旁为"彳";"胫"的本义为小腿,故形旁为"肉",后因作形旁的"肉"与"月"混同,均写成"月"。两字的混淆主要在"不胫而走"上:"不胫而走"本义是指没有腿却能跑,形容消息传布迅速,这里的"胫"指小腿,不能写成"径"。

竞 jìng　　竟 jìng

[释义] **竞** 比赛;互相争胜:~赛|~争|~选|~技。
竟 ①终止;完毕:未~之业。②终于:究~|毕~|有志者事~成。③出乎意料;居然:~然|~敢。

[辨析] 因音同形似致误。两字均为会意字,上下结构。"竞"为"競"的简化字,古字"競"像两人竞走的形状,故"竞"的本义为竞逐,引申为比赛;"竟"由"音"与"儿"组合而成,表示乐曲终了,引申为终止、完毕。

迥 jiǒng　　炯 jiǒng

[释义] **迥** ①远:~远|山高地~。②形容差得远:~异|~然。
炯 明亮:~然|~~有神|目光~~。

[辨析] 因音同形似致误。两字均为形声字,声旁均为"冋"。"迥"意为远,故形旁为与行走、道路有关的"辶";"炯"指

明亮,故形旁为"火"。

纠 jiū　赳 jiū

[释义] **纠** ①聚集:～集|～合。②缠绕:～结|～纷|～缠。③改正:～正|有错必～。
赳 赳赳,形容健壮威武的样子:雄～～,气昂昂。

[辨析] 因音同形似致误。两字均为形声字,声旁均为"丩"。"纠"为左右结构,本义为三股的绳索,故形旁为"纟",引申为聚集、缠绕等;"赳"为半包围结构,一般不单独使用,只能组词为"赳赳",表示威武雄壮的样子,形旁为"走"。

究 jiū　咎 jiù

[释义] **究** ①探求;追查:研～|追～|追根～底。②到底:～竟|终～。
咎 ①过失,罪过:引～自责。②责备:既往不～。

[辨析] 因音近致误。两字均可用作动词,但意义不同:"究"是追寻根底的意思,所以"追根究底"不能写成"追根咎底";"咎"指责备,所以指对过去做错的事不再责备的"既往不咎"不能写成"既往不究"。

鸠 jiū　鸩 zhèn

[释义] **鸠** 鸽子一类的鸟。
鸩 ①传说中的一种有毒的鸟,用它的羽毛泡的酒,喝了会中毒而死。②毒酒:饮～止渴。

[辨析] 因形似致误。两字均为形声字,因本义均与鸟有关,故形旁均为"鸟"。"鸠"的声旁为"九";"鸩"的声旁为"尤"。不要将"饮鸩止渴"中的"鸩"误读或误写成"鸠"。

玖 jiǔ　　玫 méi

[释义] **玖** ①玉名。②数目"九"的大写。
　　　玫 美玉名。

[辨析] 因形似而误。两字均为形声字,左右结构,因本义均与玉有关,故形旁均为"王(玉)"。"玖"的声旁为"久";"玫"的声旁为"文"。

灸 jiǔ　　炙 zhì

[释义] **灸** 针灸,中医的一种治病方法。
　　　炙 ①烤:烈日～人。②烤熟的肉。

[辨析] 因形似而误。两字均为上下结构:"灸"为形声字,声旁为"久",因本义是烧,与火有关,故形旁为"火";"炙"为会意字,"⺼"是"肉"的变体,肉在火上烤即为"炙"。

狙 jū　　阻 zǔ

[释义] **狙** ①古书里指一种猴子。②窥伺:～击。
　　　阻 ①险要的地方:险～。②拦阻:～挡|～止|～挠。

[辨析] 因形似而误。两字均为形声字,左右结构,声旁均为"且"。"狙"古书里指一种猴子,故形旁为"犭",引申为窥伺;"阻"本义为险要的地方,故形旁为与地势变化有关的"阜(阝)",引申为拦阻。两字的混淆主要在"狙击"与"阻击"上:"狙击"的意思是埋伏在隐蔽的地方伺机袭击敌人,如"狙击手";"阻击"的意思是以防御的手段阻止敌人增援、逃跑或进攻,如"阻击战"。

掬 jū　　鞠 jū

[释义] **掬** 用双手捧;笑容可～。

鞠 ①古代的一种球。②抚养;养育。③弯曲:～躬。④姓。

[辨析] 因音同形似致误,两字均为形声字,左右结构,声旁均为"匊"。"掬"意为用双手捧,故形旁为"扌";"鞠"的本义为古代用来踢、打的一种皮球,故形旁为"革"。

雎 jū　　睢 suī

[释义] **雎** 用于人名,如范雎、唐雎。

睢 恣睢,指任意胡为。

[辨析] 因形似致误。两字均为形声字,左右结构。"雎"的声旁为"且",因本义与禽鸟有关,故形旁为"隹",如"雎鸠";"睢"的声旁为"隹",本义为"仰目",故形旁为"目"。

橘 jú　　谲 jué

[释义] **橘** 常绿乔木,果实叫橘子。

谲 ①欺诈:～诈。②奇特;怪异:诡～。

[辨析] 因音近形似致误。两字均为形声字,左右结构,声旁均为"矞"。"橘"是一种乔木,故形旁为"木";"谲"指欺诈,与言语有关,故形旁为"讠"。

咀 jǔ　　沮 jǔ　　诅 zǔ　　阻 zǔ

[释义] **咀** 嚼:～嚼。

沮 颓丧;消沉:～丧。

诅 迷信的人祈求鬼神加祸于所恨的人:～咒。

阻 ①险要的地方:险～。②拦阻:～挡|～止|～挠。

[辨析] 因音同或形似致误。四字均为形声字,左右结构,声旁均为"且"。"咀"指嚼,咀嚼需用口,故形旁为"口";"沮"的本义是水名,故形旁为"氵",现指颓丧、消沉;"诅"即诅

咒,与言语有关,故形旁为"讠";"阻"的本义为险要的地方,故形旁为与地势变化有关的"阜(阝)",引申为拦阻。

[提示] "咀"另读 zuǐ,"诅"另读 jù。

矩 jǔ　距 jù

[释义] **矩** ①画直角或正方形、矩形用的曲尺:～尺。②法度;规则:循规蹈～。

距 离开;相隔:～离|今|差～。

[辨析] 因音近形似致误。两字均为形声字,左右结构,声旁均为"巨"。"矩"的本义指画几何图形的曲尺,故形旁为"矢";"距"的本义指鸡脚,故形旁为"𧾷"。

巨 jù　匡 pǒ

[释义] **巨** 大;非常大:～人|～大|～型。

匡 ①不可:～测。②便;就。

[辨析] 因形似致误。两字均为半包围结构,区别在中间:"巨"的中间是"彐",2画;"匡"的中间是"口",3画。

具 jù　俱 jù

[释义] **具** ①日常生活和生产活动的器具:家～|工～|文～。②备有:～备|别～一格。

俱 全,都:～全|万事～备|面面～到。

[辨析] 因音同形似致误。"具"为会意字,在甲骨文中,"具"的字形是双手捧着食器,故"具"的本义是供置饭食的意思,又指食具,引申为一般器具;"俱"为形声字,声旁为"具",本义是在一起,同来同去,故形旁为"亻",引申为全、都等。

[提示] "俱"另读 jū。

倨 jù　据 jù　踞 jù

[释义] **倨** 傲慢：～傲。
据 ①占据：盘～|～为己有。②凭借;依靠：～点。③按照;依据：～理力争。④可以用作证明的事物：凭～|证～|字～。
踞 ①蹲或坐：虎～龙盘。②盘踞;占据。

[辨析] 因音同形似或义近致误。三字均为形声字，左右结构，声旁均为"居"。"倨"形容人傲慢，故形旁为"亻"；"据"的本义为占据，与动作有关，故形旁为"扌"；"踞"的本义为蹲或坐，故形旁为"𧾷"。"据"与"踞"均有占据的意思，但有如下区别："据"只用于人，除了占据的意思外，还有凭借、依靠、按照等义，还可用作名词，指可以用作证明的事物；"踞"只用于动物。

[提示] "据"另读 jū。

卷 juàn　券 quàn

[释义] **卷** ①考试时写试题及答案用的纸：试～|～子。②机关分类保管的文件、档案：～宗|案～。③古代指可以卷起来收藏的书画，今为书画的通称：画～|书～。
券 票据;作为凭证的纸片：证～|债～|稳操胜～。

[辨析] 因音近形似致误。两字均为形声字，上下结构，声旁均为"关"。"卷"的本义是膝部弯曲，故形旁为"卩"，"卩"在古字中表示人跪着的样子，古时书籍写在帛或纸上，卷起来收藏，故称书为"卷"；"券"的本义是契约，古代契据，用竹、木做成，用刀剖开，双方各持一半，以能相合为凭，故形旁为"刀"，现泛指票据。

[提示] "卷"另读 juǎn，"券"另读 xuàn。

倦 juàn　　蜷 quán

[释义] **倦** ①疲乏：疲～。②厌倦：孜孜不～。
蜷 蜷曲：～缩。

[辨析] 因形似致误。两字均为形声字，左右结构，声旁均为"卷"。"倦"的本义指人感到困乏、疲惫，故形旁为"亻"；"蜷"的本义指像虫子一样把身子蜷曲收缩起来，故形旁为"虫"。

决 jué　　诀 jué　　抉 jué
玦 jué　　袂 mèi

[释义] **决** ①河堤被水冲开：～堤｜～口｜溃～。②拿定主意；作出判断：～定｜～断｜～心｜犹豫不～。③执行死刑：枪～｜处～。④判定最后胜败：～战｜～赛。⑤表示坚决或必然：～然｜～不。
诀 ①告别；分别：～别｜永～。②关键性的办法：～窍｜秘～。③简短顺口、易于记诵的词句：口～｜歌～。
抉 剔出；剜出：～择。
玦 半环形、有缺口的佩玉。
袂 袖子：联～演出。

[辨析] 因音同或形似致误。五字均为形声字，左右结构，声旁均为"夬"。"决"本写作"决"，本义为堤岸被水冲开，故形旁为"冫(氵)"；"诀"是告别的意思，与言语有关，故形旁为"讠"；"抉"本义是挑出，与手有关，故形旁为"扌"；"玦"为玉，故形旁为"王(玉)"；"袂"指衣袖，故形旁为"衤"。

决 jué　　绝 jué

[释义] **决** ①河堤被水冲开：～堤｜～口｜溃～。②拿定主意；作

出判断:~定|~断|~心|犹豫不~。③执行死刑:枪~|处~。④判定最后胜败:~战|~赛。⑤表示坚决或必然:~然|~不。

绝 ①断:~交|断~|隔~。②尽;完;灭~|斩尽杀~。③没有出路:~境|~处逢生。④极;最:~密|~妙。⑤完全;断然:~对|~不动摇。⑥特别出色;独一无二:~技|拍案叫~。⑦死:~命|悲痛欲~。⑧古诗中的绝句:五~|七~。

[辨析] 因音同义近致误。两字均有一定、绝对的意思,但有如下区别:①"决"为形声字,声旁为"夬",本义是排除塞物、疏通水道,后转为冲破堤岸,故形旁为"氵";"绝"为会意字,古字表示人持刀断丝,意为把丝弄断,后转为断。②凡表示判断、决定、坚决的都用"决",如"决断""决心""判决"等;凡表示极端、程度深的都用"绝",如"绝路""卓绝""深恶痛绝"等。

倔 jué　　掘 jué　　崛 jué

[释义] **倔** 性情固执;不屈服:~强。
掘 挖;刨:~土|挖~|发~。
崛 崛起。

[辨析] 因音同形似致误。三字均为形声字,左右结构,声旁均为"屈"。"倔"的本义指执拗不屈于人,与人的态度、行为有关,故形旁为"亻";"掘"指挖、刨,故形旁为"扌";"崛"指山突起,故形旁为"山"。

[提示] "倔"另读 juè。

猖 jué　　蹶 jué

[释义] **猖** 猖獗,横行霸道,疯狂活动。

蹶 ①跌倒。②失败或挫折：一～不振。

[辨析] 因音同形似致误。两字均为形声字，左右结构，声旁均为"厥"。"獗"的本义指野兽猖獗獗，故形旁为"犭"；"蹶"的本义为跌倒，故形旁为"𧾷"。

[提示] "蹶"另读 juě。

攫 jué　　镢 jué

[释义] **攫** 抓；夺：～取｜～为己有。
镢 镢头，一种农具。

[辨析] 因音同形似致误。两字均为形声字，左右结构，声旁均为"矍"。"攫"指抓、夺，表示手的动作，故形旁为"扌"；"镢"是一种农具，用铁制成，故形旁为"钅"。

均 jūn　　钧 jūn

[释义] **均** ①公平；均匀：平～｜～等。②全，都：老少～宜。
钧 ①古代重量单位，三十斤为一钧。②制陶器的转轮。③敬辞，用于对尊长或上级：～座｜～鉴。

[辨析] 因音同形似义近致误。两字均为形声字，左右结构，声旁均为"勻"，古时两字通用，均有表示相同、相等、均衡、全、都的意思。现两字的意义有明确区分：凡表示相同、相等、均衡、全、都意思的都用"均"；"钧"指古代的重量单位，制陶器所用的转轮，并用作敬辞。两字在"千钧一发"一词上特别容易混淆："千钧一发"意为千钧的重量系在一根头发上，比喻极其危险，故不能写成"千均一发"。

俊 jùn　　峻 jùn　　浚 jùn
骏 jùn　　竣 jùn

[释义] **俊** ①容貌秀美出众：～秀｜英～｜～俏。②才智出众

~杰。

峻 ①山高而陡：~岭|~峭|险~。②严厉：严~。

浚 疏通,挖深：疏~。

骏 好马：~骏。

竣 完成;结束：~工。

[辨析] 因音同形似致误。五字均为形声字,左右结构,声旁均为"夋"。"俊"形容人相貌清秀好看,故形旁为"亻";"峻"的本义是山高而陡,故形旁为"山";"浚"的本义指疏通河道,故形旁为"氵";"骏"的本义为好马,故形旁为"马";"竣"的本义为退立,故形旁为"立",引申为完成、结束。

[提示] "浚"另读 xùn。

Kk

揩 kāi   楷 kǎi

[释义] 揩 擦;抹:~拭。
楷 ①模范;榜样:~模。②通行的汉字手写正体字:~书|~体|正~。
[辨析] 因音近形似致误。两字均为形声字,左右结构,声旁均为"皆"。"揩"指擦、抹,故形旁为"扌";"楷"即楷模,是从模子引申而来的法式、规范、标准等,故形旁为"木"。
[提示] "楷"另读 jiē。

恺 kǎi   铠 kǎi

[释义] 恺 快乐;和乐。
铠 古代护身的战衣:~甲。
[辨析] 因音同形似致误。两字均为形声字,左右结构,声旁均为"岂"。"恺"指快乐,与心情有关,故形旁为"忄";"铠"指铠甲,故形旁为"钅"。

忾 kài   汽 qì

[释义] 忾 愤恨:同仇敌~。
汽 固体或液体受热而变成的气体;特指水蒸气:~船|~车|~水。
[辨析] 因形似致误。两字均为形声字,左右结构,声旁均为

"气"。"忾"指愤恨,表示一种心情,故形旁为"忄";"汽"指水蒸气,故形旁为"氵"。

勘 kān　　堪 kān　　戡 kān

[释义] **勘** ①校订;校对:～误|～正|校～。②实地查看;探测:～察|～测。

堪 ①可以;能够:不～设想。②能忍受:难～|狼狈不～。

戡 用武力平定叛乱:～乱|～平叛乱。

[辨析] 因音同形似致误。三字均为形声字,左右结构,声旁均为"甚"。"勘"的本义为校订、校对,与精力有关,故形旁为"力";"堪"的本义为地面突起处,故形旁为"土",今义为可以、能够等;"戡"意为用武力平定叛乱,故形旁为"戈"。

坎 kǎn　　砍 kǎn

[释义] **坎** ①地面不平:～坷。②自然形成或人工修筑的像台阶的东西:土～|门～。

砍 ①用刀斧等猛劈:～柴|～伐。②除掉;削减:～杀|～价。

[辨析] 因音同形似致误。两字均为形声字,左右结构,声旁均为"欠"。"坎"的本义为坑,指地面凹陷处,故形旁为"土",用作名词;"砍"意为用刀斧等猛劈,"石"表示坚硬,故形旁为"石",用作动词。

炕 kàng　　坑 kēng

[释义] **炕** 北方人用砖或土坯砌成的床,有烟道,可以烧火取暖:火～|热～|～头。

坑 ①四下去的地方:水～|～～洼洼。②地道;地洞;

～道。③陷害：～害｜～人。④活埋：焚书～儒。

[辨析] 因形似致误。两字均为形声字，左右结构，声旁均为"亢"。"炕"为可以烧火取暖的床，故形旁为"火"；"坑"的本义指挖的沟，故形旁为"土"。注意"火炕"与"火坑"的区别："火炕"指设有烟道、可以烧火取暖的炕；"火坑"比喻极端悲惨的生活环境。

拷 kǎo　　铐 kào

[释义] **拷** 打：～打｜～问｜严刑～打。
铐 ①戴在犯人手腕上的刑具：手～｜镣～。②给人戴上刑具：把犯人～起来。

[辨析] 因音近形似致误。两字均为形声字，左右结构，声旁均为"考"。"拷"即打，故形旁为"扌"；"铐"是一种金属制成的刑具，故形旁为"钅"。

柯 kē　　轲 kē

[释义] **柯** ①草木的枝茎：枝～。②斧子的柄：斧～。
轲 轴用两木接续的车。

[辨析] 因音近形似致误。两字均为形声字，左右结构，声旁均为"可"。"柯"指草木的枝茎，故形旁为"木"；"轲"的本义指轴用两木接续的车，故形旁为"车"。

[提示] "轲"另读 kě。

棵 kē　　颗 kē

[释义] **棵** 数量单位，多用于植物：一～树｜一～小草。
颗 ①小而圆的东西：～粒。②数量单位，多用于呈小球状或颗粒状的东西：一～心｜五～子弹。

[辨析] 因音同形同义近致误。两字均为形声字，左右结构，声

旁均为"果",均可用作量词。"棵"只用作量词,多用于植物,故形旁为"木";"颗"的本义是小头,"页"字的本义即"头",故形旁为"页",除引申为小而圆的东西外,还可作量词,用于呈小球状或颗粒状的东西。

棵 kē　　稞 kē　　裸 luǒ

[释义] **棵** 数量单位,多用于植物:一～树｜一～小草。

稞 青稞,麦的一种。

裸 无遮盖;暴露出:～体｜～露｜赤～～。

[辨析] 因音近或形似致误。三字均为形声字,左右结构,声旁均为"果"。"棵"用作量词,多用于植物,故形旁为"木";"稞"即青稞,与禾谷有关,故形旁为"禾";"裸"的本义为光着身子,即不穿衣服,故形旁为"衤"。

嗑 kē　　磕 kē　　瞌 kē

[释义] **嗑** 话:他在一边唠～。

磕 碰撞在硬的物体上:～碰｜～头。

瞌 困倦想睡觉:～睡。

[辨析] 因音同形似致误。三字均为形声字,左右结构,声旁均为"盍"。"嗑"指说话,与口有关,故形旁为"口";"磕"意为碰撞在硬的物体上,"石"表示坚硬,故形旁为"石";"瞌"指想睡觉,故形旁为"目"。

[提示] "嗑"另读 kè。

克 kè　　刻 kè

[释义] **克** ①战胜;攻下:攻～｜～敌制胜。②能:～勤～俭。③制服;抑制:～服｜～制｜以柔～刚。④限定:～期｜～日。⑤重量单位:1 000～为1公斤。

刻 ①用刀子雕、挖:雕~|木~|精雕细~。②时候,指短暂的时间:立~|即~|~不容缓。③形容程度极深:~苦|深~。④不厚道:~薄|~毒。⑤时间单位:一~钟。

[辨析] 因音同致误。两字的混淆主要在"克服"与"刻苦"上:"克服"为动词,表示用坚强的意志和力量战胜、克制、忍受等,故不能写成"刻服";"刻苦"为形容词,表示肯下苦功、能吃苦、俭朴等意,故不能写成"克苦"。

垦 kěn　　恳 kěn

[释义] **垦** 翻耕土地;开荒:开~|~地。
恳 真诚:~切|~求|~请|诚~。

[辨析] 因音同形似致误。两字均为形声字,上下结构,声旁均为"艮"。"垦"指翻耕土地,故形旁为"土";"恳"指真诚,表示一种态度,故形旁为"心"。

倥 kōng　　崆 kōng

[释义] **倥** 倥侗,形容愚昧无知。
崆 崆峒,山名,在甘肃;岛名,在山东。

[辨析] 因音同形似致误。两字均为形声字,左右结构,声旁均为"空"。两字的混淆主要在"倥侗"与"崆峒"上:"倥侗"形容人愚昧无知,形旁都为"亻";"崆峒"为山名,形旁均为"山"。

[提示] "倥"另读 kǒng。

抠 kōu　　眍 kōu　　枢 shū

[释义] **抠** ①用手或尖细的东西掏或挖:~鼻子。②作不必要的钻研:~书本。③吝啬:这人真~,一分钱也不肯花。

眍 眼珠深陷：眼睛～进去了。

枢 ①门上的转轴：流水不腐,户～不蠹。②指事物的中心部分或重要部分。

[辨析] 因音同或形似致误。三字均为形声字,左右结构,声旁均为"区"。"抠"的本义与手的动作有关,故形旁为"扌";"眍"形容眼珠深陷,故形旁为"目";"枢"的本义指木门上的转轴,故形旁为"木"。

扣 kòu　　叩 kòu

[释义] 扣 ①套住；搭住：～题|～上衣纽。②绳结：绳～|死～。③衣纽：纽～|领～。④强留下来；关押：～留|～押。⑤从中减除：～除|～发|～工资|不折不～。⑥篮球、排球中的术语：～篮|～杀|～球得分。

叩 ①敲打：～门。②磕头：～头|三跪九～首。

[辨析] 因音同形似致误。两字均为形声字,左右结构,声旁均为"口"。"扣"的本义为套住、搭住,故形旁为"扌";"叩"的本义为跪拜,"卩"的甲骨文字形像人跪坐之形,故形旁为"卩"。两字在用作动词时,均有表示手部动作的意思,但意义却完全不同："扣"在篮球、排球中表示"扣球",动作幅度大,力量强,且是一次性的;"叩"指敲打,动作幅度不大,但连续多次。

库 kù　　庳 shè

[释义] 库 储存东西的房屋或地方：～房|仓～|粮～。

庳 村庄。

[辨析] 因形似致误。两字均为会意字,半包围结构。"库"由表示房屋的"广"与表示战车的"车"组合而成,本义为储藏战车兵甲的屋舍,引申为储存东西的地方;"庳"由表示

山崖的"厂"与表示战车的"车"组合而成,意为山崖下边有许多战车,引申为村庄。

垮 kuǎ　挎 kuà　胯 kuà　跨 kuà

[释义] **垮** ①倒塌;支持不住:累~了|房子震~了。②失败:~台|打~。
挎 把东西挂在肩上、胳膊上或腰间:~包|~着书包。
胯 人体腰部两侧和大腿之间的部分:~下|~部。
跨 ①迈一大步:~步|~进|~栏。②骑:~上马。③越过界线:~越|~国|~世纪。

[辨析] 因音同形似致误。四字均为形声字,左右结构,声旁均为"夸"。"垮"的本义是倒塌,故形旁为"土",引申为失败;"挎"指把东西挂在肩头,表示手的动作,故形旁为"扌";"胯"指人体中的一部分,故形旁为"肉",后因作形旁的"肉"与"月"混同,均写成"月";"跨"指迈一大步,故形旁为"𧾷"。

侩 kuài　脍 kuài

[释义] **侩** 旧指以拉拢买卖从中获利为职业的人:市~。
脍 切得很细的肉或鱼;把肉或鱼切成薄片。

[辨析] 因音同形似致误。两字均为形声字,左右结构,声旁均为"会"。"侩"指以拉拢买卖从中获利的人,故形旁为"亻";"脍"指切得很细的鱼或肉,与"肉"有关,故形旁为"肉",后因作形旁的"肉"与"月"混同,均写成"月"。

快 kuài　怏 yàng

[释义] **快** ①高兴;喜悦:~乐|愉~。②迅速:~速|~车|飞~。③直爽;干脆:爽~|痛~|勤~。④锋利:~刀斩

乱麻。⑤赶紧：～逃｜赶～。⑥将要：～好了｜天～亮了。

快 快快，形容不高兴或不满意的神情。

[辨析] 因形似致误。两字均为形声字,左右结构,因本义均与人的心情有关,故形旁均为"忄"。"快"的声旁为"夬";"怏"的声旁为"央"。

诓 kuāng　　哐 kuāng

[释义] **诓** 诓骗;哄骗：～人。
哐 象声词,形容撞击震动的声音：～的一声。

[辨析] 因音同形似致误。两字均为形声字,左右结构,声旁均为"匡"。"诓"意为诓骗,与言语有关,故形旁为"讠";"哐"为象声词,故形旁为"口"。

框 kuàng　　眶 kuàng

[释义] **框** ①门窗的架子：门～｜窗～。②器物周围的镶边：镜～｜画～。③约束;限制：不能～得太死。
眶 眼睛的四周：眼～｜热泪盈～。

[辨析] 因音同形似致误。两字均为形声字,左右结构,声旁均为"匡"。"框"本义为门窗的架子,多用木制成,故形旁为"木";"眶"指眼睛的周围,故形旁为"目"。

暌 kuí　　睽 kuí

[释义] **暌** 隔开,分离：～别｜～离。
睽 睽睽,形容注视：众目～～。

[辨析] 因音同形似致误。两字均为形声字,左右结构,声旁均为"癸"。"暌"的本义为隔开、分离,与时间有关,故形旁为"日";"睽"的本义为注视,故形旁为"目"。

蒉 kuì　　篑 kuì

[释义] **蒉** 古时用草编的筐子:荷～而过。
篑 古时盛土的筐:功亏一～。

[辨析] 因音同形似义近致误。两字均为形声字,上下结构,声旁均为"贵",本义均为筐。"蒉"是一种用草编的筐,故形旁为"艹";"篑"是一种用竹子编的盛土筐,故形旁为"竹"。

溃 kuì　　愦 kuì　　聩 kuì

[释义] **溃** ①大水冲破堤岸:～决|～堤。②被打垮;逃散:～败|击～。③腐烂:～烂|～疡。
愦 糊涂;昏乱:～乱。
聩 聋:振聋发～。

[辨析] 因音同形似致误。三字均为形声字,左右结构,声旁均为"贵"。"溃"意为大水冲破堤岸,故形旁为"氵";"愦"指糊涂,故形旁为"忄";"聩"即耳聋,故形旁为"耳"。

[提示] "溃"另读 huì。

坤 kūn　　珅 shēn

[释义] **坤** ①八卦之一,代表地。②指女性的:～表|～包。
珅 一种玉。

[辨析] 因形似致误。两字均为形声字,左右结构,声旁均为"申"。"坤"在八卦中表示地,故形旁为"土";"珅"是一种玉,故形旁为"王"。

困 kùn　　因 yīn

[释义] **困** ①艰难;穷苦:～难|～苦|贫～|穷～。②包围:～

守|围~|~兽犹斗。③疲乏：~倦|~乏|人~马乏。

因 ①原因(与"果"相对)：~素|~果|事出有~。②沿袭：~袭|~循守旧。③依照；根据：~地制宜|~势利导。④由于；因为：~此|~而|~小失大。

[辨析] 因形似致误。两字均为全包围结构,外面均为"囗",区别在里面："困"的里面是"木","因"的里面是"大"。

扩 kuò　　阔 kuò

[释义] 扩 增大；放大：~大|~充|~散。

阔 ①宽；广：宽~|广~|辽~。②有钱；讲排场：~气|~绰|摆~。③久远；时间长：~别。

[辨析] 因音同义近致误。两字均含有宽、大的意思,但有如下区别："扩"用作动词,如"扩大""扩充"等；"阔"用作形容词,如"宽阔""广阔""辽阔""阔气"等。

廓 kuò　　廊 láng

[释义] 廓 ①空阔；广大：寥~。②物体的周边：轮~|耳~。

廊 屋檐下的过道；室外有顶的过道：走~|画~。

[辨析] 因形似致误。两字均为形声字,半包围结构,因本义均与场所或房屋有关,故形旁均为"广"。"廓"的声旁为"郭","廊"的声旁为"郎"。

L

垃 lā   拉 lā

[释义] **垃** 垃圾,指尘土、果壳等扔掉的废物。
拉 ①牵;扯:～扯|～纤。②用车运:～货|～煤。③联络关系:～拢|～交情。④演奏乐器或使发声器发出声音:～胡琴|～警报。⑤拖长;使延长:～开|～长。⑥排泄:～屎|～尿。⑦闲谈:～家常。

[辨析] 因音同形似致误。两字均为形声字,左右结构,声旁均为"立"。"垃"即垃圾,与尘土有关,故形旁为"土";"拉"指牵、扯,故形旁为与动作有关的"扌"。

[提示] "拉"另读 lá、lǎ、là。

腊 là   蜡 là

[释义] **腊** ①指农历的十二月:～月|～八粥。②冬天里腌制的食品:～肉|～味。
蜡 ①从某些动植物或矿物中提炼的固状油脂:蜂～|石～。②用蜡制成的照明物:～烛。

[辨析] 因音同形似致误。两字均为形声字,左右结构,声旁均为"昔"。"腊"的本义为祭祀众神,因是用猎获的兽肉作祭品,故形旁为"肉",后因作形旁的"肉"与"月"混同,均写成"月";"蜡"的本义为由某些动物所生成的油脂,故形旁为"虫"。

[提示] "腊"另读 xī,"蜡"另读 zhà。

蜡 là　　鑞 là

[释义] **蜡** ①从某些动植物或矿物中提炼的固状油脂：蜂～|石～。②用蜡制成的照明物：～烛。
鑞 锡和铅的合金。通常叫焊锡或锡鑞。

[辨析] 因音同及将鑞作为蜡的繁体字而致误。两字在"银样鑞枪头"一词上特别容易混淆："银样鑞枪头"比喻表面看起来还不错，实际上不中用，好像颜色如银子的锡鑞枪头一样，故不能写成"银样蜡枪头"。

[提示] "蜡"另读 zhà。

来 lái　　耒 lěi

[释义] **来** ①从别处到这里(与"去""往"相对)：～信|～电|人～人往。②表示未到的时间：～日|～年|将～。③从过去一直到现在：近～|从～|自古以～。④表示动作的趋向：上～|进～。⑤表示做某些或某个动作：胡～。⑥表示大概的数目：三十～岁|十～天。
耒 ①古代的一种农具，形状像木叉。②古代农具"耒耜"上的木柄。

[辨析] 因音近形似而致误。两字均为独体字，"来"，7画，前三笔的笔顺为一丆丅；"耒"，6画，前三笔的笔顺为一三三。

徕 lái　　睐 lài

[释义] **徕** ①来；到来。②招来；使之来。
睐 看，向旁边看：青～。

[辨析] 因音近形似而致误。两字均为形声字，左右结构，声旁均为"来"。"徕"指来、到来，故形旁为表示行走的"彳"；"睐"指看，故形旁为"目"。

[提示]"徕"另读 lài。

赖 lài　　癞 lài

[释义]　赖　①依靠;仗恃:依～|信～。②狡辩;推卸责任:～账|抵～。③撒泼:～皮|无～。④硬说别人不对:诬～。⑤责怪;怪罪:这件事不能～他。⑥硬留着不肯离开:～着不走。⑦不好;坏:不～|好～。

癞　①头癣痊愈后留下疤痕,不长头发:～子。②因毛发脱落或表面不平而难看:～皮狗。

[辨析]　因音同形似致误。两字在字形上的区别是"癞"比"赖"多了形旁"疒"。两字在"死皮赖脸""死乞白赖"等词上特别容易混淆:"死皮赖脸"形容厚着脸皮纠缠不休,"死乞白赖"意为没完没了地纠缠,两词均没有"癞"字所含的意思,故不能写成"死皮癞脸"和"死乞白癞"。

[提示]"癞"另读 là。

籁 lài　　簌 sù

[释义]　籁　①古代的一种箫。②泛指声音:万～俱寂。

簌　簌簌,象声词,形容风吹竹梢、树叶等的声音。

[辨析]　因形似致误。两字均为形声字,上下结构,因本义均与竹子有关,故形旁均为"⺮"。"籁"的声旁为"赖",13画;"簌"的声旁为"欶",11画。

兰 lán　　蓝 lán

[释义]　兰　一种草本植物:～花|～草。

蓝　①蓼蓝,草本植物,叶子可以提制蓝色染料:青出于～而胜于～。②像晴天天空的颜色:～天|～色|蔚～。

[辨析]　因音同及将"兰"作为"蓝"的简化字致误。两字均为形

声字。"兰"的繁体字为"蘭",上下结构,是一种草本植物,故形旁为"艹",声旁为"阑"。"蓝"为上下结构,是一种可提制蓝色染料的草,故形旁为"艹",声旁为"监"。

拦 lán　　栏 lán

[释义] **拦** 阻止;遮挡:～路|～截|阻～。
栏 ①用来拦挡的东西:～杆|木～|凭～远望。②关养家畜的圈:牛～|猪～。③张贴报纸、公告的地方:报～|宣传～|公告～。④报刊版面按内容、性质等划分的部分:专～|广告～。⑤表格中的各项:备注～。

[辨析] 因音同形似致误。两字均为形声字,左右结构,声旁均为"兰"。"拦"意为阻止、遮挡,形旁为"扌",用作动词;"栏"的本义指用来拦挡的东西,多以木制成,故形旁为"木",用作名词。

蓝 lán　　篮 lán

[释义] **蓝** ①蓼蓝,草本植物,叶子可提制蓝色染料:青出于～而胜于～。②像晴天天空的颜色:～天|天～色。
篮 用竹子等编成的用具:～子|菜～|花～。

[辨析] 因音同形似致误。两字均为形声字,上下结构,声旁均为"监"。"蓝"的本义为一种草本植物,故形旁为"艹";"篮"指用竹子编成的用具,故形旁为"𥫗"。两字在"筚路蓝缕"一词上特别容易混淆:"筚路蓝缕"中的"筚路"指柴车、"蓝缕"指破衣服,意思是驾着柴车、穿着破衣服去开辟山林,形容创业的艰辛,故不能写成"筚路篮缕"。

谰 lán　　澜 lán　　斓 lán

[释义] **谰** ①诬赖。②抵赖。

澜 大波浪：波～|力挽狂～。
斓 斑斓，形容灿烂多彩。

[辨析] 因音同形似致误。三字均为形声字，左右结构，声旁均为"阑"。"谰"指诬赖，与言语有关，故形旁为"讠"；"澜"指大波浪，故形旁为"氵"；"斓"即斑斓，形容灿烂多彩，故形旁为与花纹有关的"文"。

揽 lǎn 缆 lǎn

[释义] 揽 ①用胳膊围住别人，使靠近自己：将孩子～在怀里。②用绳子等把松散的东西拢在一起，使不散开：把这些木头～一下。③拉到自己这边来：包～。④把持：大权独～。

缆 ①拴船用的由多股绳拧成的粗绳：～绳。②许多股拧成的像缆的东西：钢～|电～。③用绳索拴：～船。

[辨析] 因音同形似义近致误。两字均为形声字，左右结构，声旁均为"览"。"揽"的本义与手部动作有关，故形旁为"扌"；"缆"的本义指由多股绳拧成的粗绳，故形旁为"纟"。两字均有用绳索把东西拴住的意思，但有如下区别："揽"指把松散开的东西聚拢，使不松开，"缆"只指用绳索把船拴住。

烂 làn 滥 làn

[释义] 烂 ①腐败；变坏：腐～|～溃。②破残；破碎：破～。③水分过多而松软：稀～|～泥。④程度极深：醉如泥|滚瓜～熟。

滥 ①河水漫溢出来：泛～。②过度；没有节制：～用|狂轰～炸。③空洞而不切实际的：陈词～调。

[辨析] 因音同义近致误。两字均有表示质量差的意思，但有如

下区别:"烂"主要指因事物性质上的变化而造成的质量差,如"腐烂""破烂""稀烂"等;"滥"指因过度、数量多而造成的质量差,如"泛滥""狂轰滥炸"等。

琅 láng　锒 láng　稂 láng　踉 liàng

[释义] 琅 琅琅,象声词:书声～～。

锒 锒铛,指铁锁链或形容金属撞击的声音。

稂 古书上指狼尾草,泛指杂草。

踉 踉跄,形容脚步不稳。

[辨析] 因音同或形似致误。四字均为形声字,左右结构,声旁均为"良"。"琅"的本义是一种玉石,故形旁为"王(玉)";"锒"组成"锒铛"一词,指铁锁链,故形旁为"钅";"稂"是一种妨害禾苗生长的杂草,故形旁为"禾";"踉"组成"踉跄"一词,形容脚步不稳,故形旁为"𧾷"。

[提示] "踉"另读 liáng。

埌 làng　垠 yín

[释义] 埌 圹埌,形容土地广阔。

垠 界限;边际。

[辨析] 因形似致误。两字均为形声字,左右结构,因本义均与土地有关,故形旁均为"土"。"埌"的声旁为"良",只能与"圹"连用构成联绵词,形容土地广阔;"垠"的声旁为"艮",可单独使用,意为界限、边际。

捞 lāo　涝 lào

[释义] 捞 ①从水中和其他液体中取东西:打～。②用不正当的手段取得:～外快|～油水。

涝 ①庄稼因雨水过多而被淹(与"旱"相对):防旱防～。

②因雨水过多而积在田里的水：排～。

[辨析] 因音近形似致误。两字均为形声字，左右结构，声旁均为"劳"。"捞"意为取东西，故形旁为"扌"；"涝"意为庄稼因雨水过多而被淹，故形旁为"氵"。

羸 léi　　嬴 yíng　　赢 yíng

[释义] 羸 ①瘦：～弱。②疲劳：～惫。

嬴 姓。

赢 ①获利：～利。②胜（与"输"相对）：～了三场。

[辨析] 因音同或形似致误。三字均为形声字，上下结构，区别在下面中间的形旁："羸"的本义为瘦，因只有羊比其他动物瘦得更显形，故形旁为"羊"；"嬴"是母系社会八大姓之一，故形旁为"女"；"赢"的本义为获利，与财物有关，故形旁为"贝"。

肋 lèi　　胁 xié

[释义] 肋 胸部的侧面：～骨｜两～插刀。

胁 ①胸部两侧有肋骨的部分。②恐吓；逼迫：～从｜威～｜～迫。

[辨析] 因形似致误。两字均为形声字，左右结构，因本义均指人体的某一部分，故形旁均为"肉"，后因作形旁的"肉"与"月"混同，均写成"月"。"肋"的声旁为"力"，"胁"的繁体字为"脅"，声旁为"劦"。

[提示] "肋"另读 lē。

棱 léng　　菱 líng

[释义] 棱 立体物的边角；物体上凸起的条状部分：～角｜瓦～｜三～镜。

菱 一年生水生草本植物,根生在泥里,叶子浮在水面,果实叫菱角。

[辨析] 因形似致误。两字均为形声字,声旁均为"夌"。"棱"为左右结构,本义为有四角的木头,故形旁为"木",引申指物体上凸起的条状部分;"菱"为上下结构,本义为一种水生草本植物,故形旁为"艹"。

[提示] "棱"另读 lēng、líng。

棱 léng　　梭 suō

[释义] 棱 立体物的边角;物体上凸起的条状部分:～角｜瓦～｜三～镜。

梭 梭子,织布机上牵引纬线的工具。

[辨析] 因形似致误。两字均为形声字,左右结构,因本义均与木头有关,故形旁为"木"。"棱"的声旁为"夌";"梭"的声旁为"夋"。"夌"与"夋"的区别在上半部分,"夌"的上半部分为"土","夋"的上半部分为"厶"。

[提示] "棱"另读 lēng、líng。

楞 léng　　愣 lèng

[释义] 楞 同"棱"。

愣 ①发呆;失神:发～｜～住。②冒失;鲁莽:～干｜～头～脑。

[辨析] 因音近形似致误。两字均为形声字,声旁均为"罗"。"楞"的本义与"棱"相同,指有四角的木头,故形旁为"木";"愣"指发呆、失神,与心理活动有关,故形旁为"忄"。

冷 lěng　　泠 líng

[释义] 冷 ①温度低;寒冷(与"热"相对):～天｜～水｜寒～。

②不热情：～淡｜～漠｜～笑。③生僻；少见：～门｜～僻。④寂静；不热闹：～清｜～静｜～落。⑤意外的；突然的：～枪｜～箭。⑥消沉；失落：心灰意～。

泠 清凉

[辨析] 因形似致误。两字均为形声字，左右结构，声旁均为"令"。"冷"的本义为寒冷，故形旁为表示"冰"的"冫"；"泠"的本义为河水名，故形旁为"氵"，引申为清凉。

梨lí　犁lí

[释义] **梨** 落叶乔木，果实叫梨，是一种常见的水果。
犁 ①耕田的农具：铁～｜木～。②用犁耕地：～田。

[辨析] 因音同形似致误。两字均为形声字，上下结构，声旁均为"利"。"梨"是一种乔木，故形旁为"木"；"犁"为耕田的农具，因耕田时，多以牛拉犁，故形旁为"牛"。

力lì　利lì

[释义] **力** ①力气：～量｜体～。②人体器官的功能：听～｜视～。③事物的功能：火～｜水～。④尽力；争～｜～图。
利 ①尖锐，容易刺入物体：～剑｜锋～锐。②好处；益处（与"害""弊"相对）：～益｜～害｜福。③使得到好处；损人～己。④方便；顺当：顺～｜～便。⑤赚的钱：～息｜～润。

[辨析] 因音同致误。两字的混淆主要在"暴力"与"暴利"、"权力"与"权利"、"势力"与"势利"上：①"暴力"指强制的力量或武力；"暴利"指用不正当的手段在短时间内获得的巨额利润。②"权力"指政治上的强制力量和职责范围内的支配力量，如"国家权力""行使大会主席的权力"；"权利"指公民或法人依法行使的权力和享受的利益（与

"义务"相对)。③"势力"指政治、经济、军事等方面的力量;"势利"形容看财产、地位分别对待人的表现。

历lì　历lì

[释义] **历** ①经历;亲身做过或见过:～程|简～|学～。②过去的:～年|～次|～届。③推算年月日和节气的方法:～法|公～|农～。④记录年月日和时令的书、表、册等:日～|月～|年～。
厉 ①严肃;猛烈:～色|～害。②严格:～行节约。

[辨析] 因音同形似致误。可根据不同的词性及意义加以区别:"历"的本义是经过,故其引申义多与时间有关,如用作名词时,表示推算年月日和节气方法的"历法""公历""农历"等,记录年月日和时令节气的"日历""月历""年历"等;用作动词时,表示经过的"历时""历程";用作形容词时,表示过去的各次或各个的"历届""历次""历任"等。"厉"多用作形容词,如表示严烈的"厉色""厉害",表示严格的"厉行节约""厉禁"等。

厉lì　利lì

[释义] **厉** ①严肃;猛烈:～色|～害。②严格:～行节约。
利 ①尖锐,容易刺入物体:～剑|锋～|锐～。②好处;益处(与"害""弊"相对):～益|～害|福～。③使得到好处;损人～己。④方便;顺当:顺～|便～。⑤赚的钱:～息|～润。

[辨析] 因音同致误。两字的混淆主要在"尖厉"与"尖利"、"厉害"与"利害"上:①"尖厉"形容声音高而刺耳;"尖利"除了形容声音高而刺耳外,还形容眼光、话语、刀锋等尖锐、锐利。②"厉害"为形容词,意思是难以对付或难以

忍受,如"这个人很厉害",还可表示程度很高或很剧烈,如"心跳得很厉害";"利害"既可作形容词,又可作名词,用作形容词时,可写作"厉害";用作名词时,意思是利益与害处,不能写作"厉害"。

厉 lì　　励 lì

[释义] **厉** ①严肃;猛烈:～色|～害。②严格:～行节约。
励 鼓舞;劝勉:鼓～|勉～|奖～。

[辨析] 因音同形似而误。两字的混淆主要在"再接再厉"与"励精图治"上:"再接再厉"是一次又一次地继续努力,越来越勇猛的意思,其中的"厉"同"砺",表示磨砺,所以不能写成"励";"励精图治"指振作精神,想办法把国家治理好,其中的"励"表示激励,所以不能写成"厉"。

吏 lì　　史 shǐ

[释义] **吏** ①旧时没有品级的小公务人员:胥～。②旧时泛指官吏:～治|大～。
史 ①历史:～学|～册。②古代掌管记载史实的官。

[辨析] 因形似义近致误。两字均为独体字,均有表示官的意思,但有如下区别:"吏",6画,为旧时官吏的总称;"史",5画,只指古代掌管记载史实的官。

呖 lì　　沥 lì

[释义] **呖** 呖呖,象声词,形容鸟清脆的叫声。
沥 液体一滴一滴地落下:呕心～血。

[辨析] 因音同形似致误。两字均为形声字,左右结构,声旁均为"历"。"呖"为象声词,表示声音,故形旁为"口";"沥"指液体滴落,故形旁为"氵"。

例 lì　　列 liè

[释义] **例** ①可作依据或示范的事物：～子｜～证｜～题。②规则；标准：条～｜凡～。③照条例规定的：～假｜～会｜照～。

列 ①按一定顺序排放：～队｜排～。②排成的行：行～｜队～。③各；众多：～位｜～强。④安排；归类：～为｜～席。⑤数量单位：一～火车。

[辨析] 因形似致误。两字的混淆主要在"举例"与"列举"、"前例"与"前列"上：①"举例"的意思是提出例子来,提出的例子可以是一个,也可以多个,如"举例说明"；"列举"的意思是一个一个地举出来,所举的内容不止一个。②"前例"指可以供后人援用或参考的事例；"前列"指行列的前面,比喻工作或事业中处于带头的地位。

栗 lì　　粟 sù

[释义] **栗** 落叶乔木,也指这种植物的果实。
粟 谷子,粮食作物,子实脱壳后叫小米。

[辨析] 因形似致误。两字均为形声字,上下结构,声旁均为"西"。"栗"是一种落叶乔木,故形旁为"木"；"粟"指粮食,故形旁为"米"。

砾 lì　　烁 shuò

[释义] **砾** 碎石块；碎块：砂～｜瓦～。
烁 光亮的样子：闪～。

[辨析] 因形似致误。两字均为形声字,左右结构,声旁均为"乐"。"砾"指碎石块,故形旁为"石"；"烁"的本义为光亮的样子,故形旁为"火"。

俩 liǎ　　两 liǎng

[释义] **俩** 指两个,是"两"和"个"的合音词:咱~|他~。
两 ①数词,二:~旁|~元|~只。②双方:~全其美|~厢情愿。③表示不定的数目:真有~下子。④市制重量单位:十市~等于一市斤。

[辨析] 因音近形似致误。"俩"是"两"和"个"的合音字,组词时,后面不能再带量词,如"咱俩"意为我们两个人,不能写成"咱俩口";"两"是数词,组词时,后面可以带量词,如"两个""两张"等。

[提示] "俩"另读 liǎng。

连 lián　　联 lián

[释义] **连** ①相接:~接|~贯|牵~。②包括在内:~带|~同。③一个接一个:~续|~篇累牍。④表示强调:乐得~嘴都合不拢。⑤军队的编制单位:~队|~长。
联 ①连结;结合:~接|~手|~合|~想。②对子:春~|对~。

[辨析] 因音同义近致误。两字均有表示几个东西衔接在一起的意思,但有如下区别:"连"侧重于首尾相连,如"连续""连日""连篇累牍"等;"联"侧重于横向联接,如"联合""联欢""联盟"等。

敛 liǎn　　殓 liàn

[释义] **敛** ①收集;征收:横征暴~。②收起,约束:~。
殓 把死人装进棺材:入~|装~。

[辨析] 因音近形似致误。两字均为形声字,左右结构,声旁均为"佥"。"敛"的本义为收、收集,故形旁为古义表示手

的"攵";"殓"指把死人装进棺材,故形旁为表示死的"歹"。注意"收敛"与"收殓"的区别:"收敛"指笑容、光线等减弱或消失,也指约束或控制放纵的言行;"收殓"指把死尸放进棺材里。

练 liàn 炼 liàn

[释义] **练** ①把生丝煮熟,使其洁白柔软。②白色的丝绢:白~|江平如~。③反复练习;多次操作:~习|训~|演~。④见识广;经验多:熟~|老~|干~。

炼 ①用火烧制:~钢|锤~|冶~|锻~。②仔细推敲使字句简洁精当:~字。

[辨析] 因音近形似致误。两字均为形声字,左右结构,声旁均为"东"。"练"的本义为煮熟生丝,故形旁为"纟",引申为白色的丝绢、练习、熟练等;"炼"指用火烧制,故形旁为"火"。两字在"锻炼"一词上特别容易混淆:"锻炼"本指锻造或冶炼,引申指通过体育运动使身体强壮等,故不能写成"锻练"。

梁 liáng 粱 liáng

[释义] **梁** ①支撑房屋的横木:房~|栋~|横~。②桥:桥~。③物体中间高起的部分:山~|鼻~。

粱 谷子的优良品种的统称。

[辨析] 因音同形似致误。两字均为形声字,上下结构,声旁均为"汈"。"梁"指支撑房屋的横木,故形旁为"木";"粱"是粮食的一种,故形旁为"米"。

凉 liàng 谅 liàng 晾 liàng

[释义] **凉** 把热的东西放一会,使温度降低。

谅 ①不计较：～解｜体～｜原～。②料想：～他不会来。
晾 把东西放在阳光下或通风处使干：～晒｜～干。

[辨析] 因音同形似致误。三字均为形声字，左右结构，声旁均为"京"。"凉"的本义指温度低，故形旁为表示寒冷的"冫"；"谅"指不计较，与言语有关，故形旁为"讠"；"晾"即晒，与阳光有关，故形旁为"日"。

[提示] "凉"另读 liáng。

寥 liáo　　廖 liào

[释义] 寥 ①空旷；高远：～廓。②稀少；稀疏：～落｜～～无几。③空虚；寂静：寂～。
廖 姓。

[辨析] 因音近形似致误。两字均为形声字，声旁均为"翏"。"寥"的形旁为"宀"，"廖"的形旁为"广"。两字在"寥廓"一词上特别容易混淆：在双音节词中有不少词是由字义相近、偏旁相同的两个字组成，如"惭愧""挖掘"等，因此在书写"寥廓"一词时，常常会因为"廓"的形旁是"广"而将前面"寥"字的形旁也类化为"广"，误写成"廖廓"。

撩 liáo　　潦 liáo　　缭 liáo　　燎 liáo

[释义] 撩 挑弄；挑逗；招惹：～逗｜～拨。
潦 古代河流名，即今辽宁省的辽河。
缭 缠绕；围绕：～乱｜烟雾～绕。
燎 蔓延燃烧：～原大火。

[辨析] 因音同形似致误。四字均为形声字，左右结构，声旁均为"尞"。"撩"的本义为挑弄，表示手的动作，故形旁为"扌"；"潦"为水名，故形旁为"氵"；"缭"指缠绕，故形旁

为"纟";"燎"意为蔓延燃烧,故形旁为"火"。
[提示] "撩"另读 liāo、liào,"潦"另读 lǎo,"燎"另读 liǎo。

嘹 liáo　　瞭 liào

[释义] 嘹　嘹亮,形容声音清脆响亮。
　　　瞭　从高处向远处看:～望。
[辨析] 因音近形似致误。两字均为形声字,左右结构,声旁均为"尞"。"嘹"即嘹亮,与声音有关,故形旁为"口";"瞭"指从高处向远处看,故形旁为"目"。

了 liǎo　　瞭 liào

[释义] 了　①明白;清楚:～解|～如指掌。②完结;结束:～结|敷衍～事|没完没～。③与"得"或"不"连用,表示可能或不可能:干得～|受不～。
　　　瞭　从高处向远处看:～望。
[辨析] 因把"了"作为"瞭"的简化字致误。1986 年 10 月 10 日,国家语言文字工作委员会在《关于重新发表〈简化字总表〉的说明》中规定:"瞭"字读作"liǎo(如:了解)"时,仍简化作"了",读作"liào(如:瞭望)"时作"瞭",不简化作"了"。
[提示] "了"另读 le,"瞭"另读 liǎo。

冽 liè　　洌 liè

[释义] 冽　冷:凛～。
　　　洌　水清:清～。
[辨析] 因音同形似致误。两字均为形声字,左右结构,声旁均为"列"。"冽"指冷,故形旁为表示寒冷的"冫";"洌"指水清,故形旁为"氵"。

埒 liè　捋 lǔ

[释义] **埒** ①指矮墙、田埂、堤防等：河～。②相同；相等：富～皇室。
捋 用手指顺着抹过去，使物体顺溜或干净：～胡子。

[辨析] 因形似致误。两字均为形声字，左右结构，声旁均为"寽"。"埒"的本义指矮墙、田埂等，故形旁为"土"；"捋"的本义与手的动作有关，故形旁为"扌"。

[提示] "捋"另读 luō。

邻 lín　临 lín

[释义] **邻** ①住处接近的人家：～舍｜～居｜左～右舍。②位置接近：～近｜～省｜～国。③古代五家为邻。
临 ①靠近；接近：～近｜～江｜～街。②从高处往下看：居高～下。③面对；逢着：～危不惧｜～渴掘井。④到达：光～｜身～其境。⑤将要：～行｜～别。⑥照着书摹仿学习：～摹｜～帖。

[辨析] 因音同义近致误。两字均有靠近、接近的意思，但有如下区别："邻"在古代是一种居民组织，五家为邻，是名词性的，如"邻居"指住家接近的人或人家、"邻邦"指接壤的国家等；"临"意为靠近、接近时，是动词性的，如"临街"指靠着街道、"临河"指靠着河边等。

鳞 lín　麟 lín

[释义] **鳞** ①鱼类、爬行动物等身体表面长的角质或骨质的小薄片：～片｜鱼～。②像鳞一样的东西：～茎｜～次栉比。
麟 麒麟。

[辨析] 因音同形似致误。两字均为形声字,左右结构,声旁均为"粦"。"鳞"即鱼鳞,故形旁为"鱼";"麟"为麒麟,因其形状似鹿,故形旁为"鹿"。

赁 lìn　凭 píng

[释义] **赁** 出租;租用:租～|出～。
凭 ①靠在物体上:～栏。②依靠:～借|～仗。③证据;根据:～证|～据|文～。④听任;不管:任～|听～。
[辨析] 因形似致误。两字均为形声字,上下结构,声旁均为"任"。"赁"意为出租、租用,与钱财有关,故形旁为"贝";"凭"的本义为靠在物体上,故形旁为与物体有关的"几"。

伶 líng　灵 líng

[释义] **伶** ①旧时称演戏的人:～人|名～。②伶俐,指聪明、灵活。
灵 ①指神、神仙、灵魂或精神:神～|～魂|心～。②跟死人有关的事物:～堂|～车|～位。③有效的:～验|～丹妙药。④聪明;机敏:～敏|～巧|～活。
[辨析] 因音同义近致误。两字均有聪明、灵活的意思,但有如下区别:"伶"只能与"俐"连用构成联绵词,只用于形容人聪明、灵活;"灵"既可单独使用也可组词,表示聪明、机敏的意思,既可用于形容人,也可用于形容动物等。

苓 líng　芩 qín

[释义] **苓** 茯苓,一种寄生在松树根上的菌类植物,可入药。
芩 古书上指芦苇一类的植物。
[辨析] 因形似致误。两字均为形声字,上下结构,因本义均为

植物,故形旁均为"艹"。"苓"的声旁为"令","芩"的声旁为"今"。

零 líng　另 lìng

[释义] **零** ①花叶枯萎落下：～落│凋～。②小数目；分散的或细碎的：～碎│～用│～件。③不够一定单位的数量；整数以外的尾数：～头│一百～八元。④表示没有数量,引申为没有：～分│等于～。⑤某些量度的计算起点：～度│～点。

另 此外;别的：～外│～眼相看。

[辨析] 因音近而将"另"作为"零"的简化字致误。"零"除用作形容词,表示部分、零碎等外,可用作动词,指花叶凋落;还可用作数词,表示零头、零数。"另"只能用作形容词,表示此外、另外。注意"零用"与"另用"的区别："零用"指零碎地花钱、零碎地使用或零碎用的钱;"另用"意为另外用。

龄 líng　令 lìng

[释义] **龄** ①岁数：年～│妙～少女。②年限;年数：学～│党～│工～。

令 ①发出指示;指示：命～│指～│发号施～。②时节：时～│冬～季节。③使：～人发指。

[辨析] 因音近而将"令"作为"龄"的简化字致误。两字读音相同,意思完全不同。"令"为会意字,其古字像人持符节,可以发号施令;"龄"为形声字,左右结构,声旁为"令",因本义为岁数,故形旁为表示生长发育的牙齿的"齿"。

[提示] "令"另读 líng、lǐng。

留 liú　　流 liú

[释义] **留** ①停在某个地方或位置上不离开：～守｜停～。②不让离去：挽～｜拘～。③保存：～存｜～念。④注意力集中在某个地方：～心｜～意。⑤遗下：遗～｜残～。⑥特指居留外国求学做事的：～学。

流 ①液体移动：～涡｜～动。②移动不定：～通｜～浪。③水道：河～｜水～。④像水流的东西：气～｜电～。⑤传播；传下来：～传｜～行。⑥等级；品类：上～｜名～。⑦顺畅：～畅｜～利。

[辨析] 因音同义近致误。两字的混淆主要在"留传"与"流传"、"留言"与"流言"上：①"留传"的"留"是遗留、留下的意思，指祖辈遗留下来传给后代的东西，一般是具体物件；"流传"的意思是传下来或传播开，流传的东西多指作品、事迹、故事等口头的语言或书面的文字。②"留言"指离开某地时用书面形式留下要说的话；"流言"多指背后议论、诬蔑或挑拨的没有根据的话。

溜 liù　　遛 liù

[释义] **溜** ①迅速的水流：大～。②迅速；敏捷：眼尖手～。③房顶上流下来的雨水：檐～。④檐沟：水～。⑤排；条：一～平房。

遛 ①慢慢走；散步：出去～～。②牵着牲畜或带着鸟慢慢走：～狗｜～鸟。

[辨析] 因音同形似致误。两字均为形声字，声旁均为"留"。"溜"的本义指水流，故形旁为"氵"；"遛"的本义指慢慢走，故形旁为"辶"。

[提示] "溜"另读 liū，"遛"另读 liú。

龙 lóng　　拢 lǒng

[释义] **龙** ①传说中的神异动物,能上天入水,兴云降雨:~的传人。②封建时代用作帝王的象征;也指属于帝王的东西:~袍|~床。③远古时代一些巨大的爬行动物:恐~。④形状像龙或有龙形的东西:~舟|火~|车水马~。

拢 ①合:~共|归~。②合上:合~。③靠近:靠~|拉~。

[辨析] 因音近形似致误。两字的混淆主要在"合龙"与"合拢"上:"合龙"意为修筑堤坝或桥梁等从两端施工,最后在中间接合为一个整体,不再分开;"合拢"意为合到一起、闭合,没有不再分开的意思。

茏 lóng　　笼 lóng

[释义] **茏** 葱茏,形容草木青翠茂盛。

笼 ①关养鸟兽的器具:~子|鸟~|竹~。②盛东西或蒸东西用的器具:蒸~。③手放在袖筒里:~着双手。

[辨析] 因音同形似致误。两字均为形声字,上下结构,声旁均为"龙"。"茏"即葱茏,与草木有关,故形旁为"艹";"笼"的本义指关养鸟兽的器具,多以竹篾编制而成,故形旁为"⺮"。

[提示] "笼"另读 lǒng。

咙 lóng　　昽 lóng
胧 lóng　　眬 lóng

[释义] **咙** 喉咙。

昽 曚昽,日光不明。

胧 朦胧,原指月光不明,引申指不清楚、模糊。

眬 蒙眬,形容快要睡着或刚醒时,看东西模糊不清的样子。

[辨析] 因音同形似致误。四字均为形声字,左右结构,声旁均为"龙"。"咙"即喉咙,指咽喉,故形旁为"口";"昽"即曈昽,形容日光不明,故形旁为"日";"胧"即朦胧,形容月光不明,故形旁为"月";"眬"指蒙眬,形容双目半开半闭的样子,故形旁为"目"。

拢 lǒng   扰 rǎo

[释义] **拢** ①合:～共|归～。②合上:合～。③靠近:靠～|拉～。

扰 使别人不安宁:干～|打～。

[辨析] 因形似致误。两字均为形声字,左右结构,因本义均与动作有关,故形旁均为"扌"。"拢"的声旁为"龙","扰"的声旁为"尤"。

蒌 lóu   篓 lǒu

[释义] **蒌** 蒌蒿,一种多年生草本植物。

篓 用竹子等编成的盛物用器:鱼～|背～|废纸～。

[辨析] 因音近形似致误。两字均为形声字,上下结构,声旁均为"娄"。"蒌"即蒌蒿,是一种草本植物,故形旁为"艹";"篓"是一种用竹子等编成的盛物用器,故形旁为"⺮"。

搂 lǒu   镂 lòu   缕 lǚ

[释义] **搂** 两臂合抱:～抱|～在怀里。

镂 雕刻:～空|～刻。

缕 ①线:千丝万～|不绝如～。②一条一条地;详细地:

条分～析。③量词,用于细的东西:一～头发。

[辨析] 因音近或形似致误。三字均为形声字,左右结构,声旁均为"娄"。"搂"指两臂合抱,故形旁为"扌";"镂"的本义指可供雕刻的钢铁,故形旁为"钅";"缕"指线,故形旁为"纟"。

[提示] "搂"另读 lōu。

搂 lǒu　　擞 sǒu

[释义] **搂** 两臂合抱:～抱|～在怀里。
擞 抖擞,形容精神振作。

[辨析] 因形似致误。两字均为形声字,左右结构,因本义均与动作有关,故形旁均为"扌"。"搂"的声旁为"娄",用作动词;"擞"的声旁为"数",只能与"抖"连用组成联绵词。

[提示] "搂"另读 lōu,"擞"另读 sòu。

芦 lú　　庐 lú

[释义] **芦** 芦苇,一种生于浅水中的草本植物。
庐 简陋的小屋:茅～|草～。

[辨析] 因音同形似致误。两字均为形声字,声旁均为"户"。"芦"为上下结构,指芦苇,故形旁为"艹";"庐"意为简陋的小屋,故形旁为表示房屋的"广"。

屡 lǚ　　缕 lǚ

[释义] **屡** 多次:～次|～教不改。
缕 ①线:千丝万～|不绝如～。②一条一条地;详细地:条分～析。③量词,用于细的东西:一～头发。

[辨析] 因音同形似致误。两字均为形声字,声旁均为"娄"。"屡"为半包围结构,形旁为"尸",意为多次;"缕"为左右

结构,因本义指线,故形旁为"纟"。两字的混淆主要在"屡屡"与"缕缕"上:"屡屡"的意思是多次;"缕缕"形容一条一条,连续不断。

虏 lǔ　　掳 lǔ

[释义] **虏** ①俘获;活捉:～获|俘～。②打仗时被俘获的人:优待俘～。③对敌方的蔑称:敌～|强～。
掳 ①抢劫;掠夺:～掠。②俘获:他被敌人～去了。

[辨析] 因音同形似义近致误。两字均有"俘获"的意思,但有如下区别:"虏"除用作动词,意为"俘获"外,还可用作名词,指被俘获的人;"掳"只能用作动词,除"俘获"的意思外,还指抢劫、掠夺等。

虑 lǜ　　滤 lǜ

[释义] **虑** ①思考:考～|深谋远～。②担忧;发愁:忧～。
滤 使液体通过纱布、木炭或沙子等,除去杂质,变为纯净:过～。

[辨析] 因音同形似致误。两字的混淆主要在"过虑"与"过滤"上:"过虑"意为过分地担忧某些事情;"过滤"指使液体通过滤纸或其他多孔材料,把所含的固体颗粒或有害成分分离出去。

绿 lǜ　　缘 yuán

[释义] **绿** 树叶和草在春夏季时的颜色:～色|～叶嫩|花红柳～。
缘 ①衣服的边饰:～饰。②给衣服或鞋子等镶边或滚边:～鞋口。③原因:～故|～由|无～无故。④缘分,人与人之间、人与物之间发生联系的可能性;因～。

⑤边沿：边～。⑥因为；为了：～故。⑦沿着：～木求鱼。

[辨析] 因形似致误。两字均为形声字，左右结构，因本义分别为青黄色的丝织品和衣服的边饰，均与织物有关，故形旁均为"纟"。"绿"的声旁为"录"，"缘"的声旁为"彖"。

[提示] "绿"另读 lù。

峦 luán　栾 luán

[释义] 峦 连绵的山；山峰：山～｜峰～。

栾 栾树，一种落叶乔木。

[辨析] 因音同形似致误。两字均为形声字，上下结构，声旁均为"䜌"。"峦"指连绵的山，故形旁为"山"；"栾"即栾树，一种乔木，故形旁为"木"。

孪 luán　挛 luán

[释义] 孪 双胞胎：～生兄弟。

挛 蜷曲不能伸直：痉～｜～缩。

[辨析] 因音同形似致误。两字均为形声字，上下结构，声旁均为"䜌"。"孪"的意思为双胞胎，故形旁为"子"；"挛"的本义为用绳索系住、牵引着，与手有关，故形旁为"手"。

囵 luán　团 tuán

[释义] 囵 ①圆。②整个的。

团 ①圆形的：～扇。②把东西揉成球形：～纸团。③球形的东西：线～｜汤～。④会合；会聚：～结｜～圆。⑤从事某种工作、活动的集体：社～｜剧～｜文工～。⑥特指共青团：～校｜～员。⑦军队编制单位，一般隶属于师，下辖若干营：～部。⑧数量单位：一～和气｜一～乱麻。

[辨析] 因形似义近致误。两字均有圆的意思,但有如下区别:"圜"只用作形容词,意为圆及整个的;"团"除用作形容词,表示圆形的以外,可用作动词,意为把东西揉成球形、会合等,也可用作名词,表示像球形的东西,还可作数量单位及军队编制单位等。

卵 luǎn　卯 mǎo

[释义] **卵** ①雌性生殖细胞:～子。②某些动物的蛋:杀鸡取～。

卯 地支的第四位:～时。

[辨析] 因形似致误。两字均为左右结构,可根据不同的笔画加以区别:"卯",5画,笔顺为:ノ𠄌㇖卯;"卵",7画,在"卯"的左右的中间各加一点,笔顺为:ノ𠄌㇖卯卵。

抡 lūn　抢 qiǎng

[释义] **抡** 使劲挥动手臂:～大锤|～拳头。

抢 ①夺取:～劫|～夺。②争先;突击:～运|～收|～修。③刮掉或擦掉物体表面的一层:～菜刀。

[辨析] 因形似致误。两字均为形声字,左右结构,因本义均与手的动作有关,故形旁均为"扌"。"抡"的声旁为"仑","抢"的声旁为"仓"。

[提示] "抡"另读 lún,"抢"另读 qiāng。

仑 lún　伦 lún　轮 lún

[释义] **仑** 条理;伦次。

伦 ①人与人之间的道德准则和关系:～常|～理|天～之乐。②同类:不～不类|无与～比。③条理:语无

～次。

轮 ①车辆或机械上能够转动的圆形构件：～子｜～盘｜～胎。②像轮子的东西：年～｜耳～。③依次序替换：～换｜～流。④指大型机械：～船｜客～。⑤数量单位：一～明月。

[辨析] 因音同形似致误。三字在字形上的区别是"伦"与"轮"分别比"仑"多了形旁"亻"和"车"。三字在"美轮美奂"一词上特别容易混淆："轮"的本义指盘旋屈曲而上，引申为高大，"美轮美奂"形容房屋高大华美，故不能写成"美仑美奂"或"美伦美奂"。

萝 luó　　箩 luó

[释义] **萝** ①某些爬蔓植物的通称：藤～。②萝卜，一种蔬菜。
箩 用竹或柳条等编成的盛东西的器具：～筐。

[辨析] 因音同形似致误。两字均为形声字，上下结构，声旁均为"罗"。"萝"为草本植物，故形旁为"艹"；"箩"是用竹等编成的盛东西的器具，故形旁为"⺮"。

Mm

吗 ma   嘛 ma

[释义] **吗** 助词,用在句末,表示疑问:是~|你准备好了~?
嘛 助词,用在句末,表示道理显而易见或表示期望、劝阻:有意见就提~|不让你去,你就别去~。

[辨析] 因音同及均用在句末作语气助词致误。两字均作语气助词,但意义不同:"吗"用在疑问句末,表示疑问语气,如"你作业完成了吗?""嘛"用在陈述句末,表示道理显而易见或表示期望、劝阻,如"你有意见就提嘛!""你不要急着走嘛!"

[提示] "吗"另读 má、mǎ。

瞒 mán   蹒 pán

[释义] **瞒** 不让人知道真实情况:隐~|欺上~下。
蹒 走路缓慢、不稳的样子:~跚。

[辨析] 因形似致误。两字均为形声字,左右结构,声旁均为"满"。"瞒"即隐瞒实情,为遮人耳目之意,故形旁为"目";"蹒"形容走路缓慢的样子,故形旁为"𧾷"。

曼 màn   蔓 màn

[释义] **曼** ①柔美;细腻:~舞。②长;远:~延|~声。
蔓 细草不能直立的茎:~草。

[辨析] 因音同形似致误。两字的混淆主要在"曼延"和"蔓延"上:"曼延"的意思重在"曼",表示连绵不断;"蔓延"的意思重在"蔓",意为像草一样不断地向周围扩展。

[提示] "蔓"另读 mán、wàn。

谩 màn　　漫 màn

[释义] **谩** 轻慢,没有礼貌:～骂。
漫 ①水满后溢出来:～溢。②遍布;弥～。③随便;不受拘束:～步|～谈|散～。④长;久:～长。

[辨析] 因音同形似致误。两字均为形声字,左右结构,声旁均为"曼"。"谩"指轻慢、没礼貌,多与言语有关,故形旁为"讠";"漫"指水满后溢出来,故形旁为"氵"。注意"谩骂"与"漫骂"的区别:"谩骂"指用轻慢、嘲笑的态度骂,一般有特定的对象;"漫骂"指随意地骂,一般没有特定的对象。

[提示] "谩"另读 mán。

芒 máng　　茫 máng

[释义] **芒** ①某些谷物子实外壳上细长的刺:麦～。②像芒一样尖细、锋利:光～|锋～。
茫 ①没边没沿;模糊不清:苍～|渺～。②不清楚;不知道;不明白:～然|～无头绪。

[辨析] 因音同形似致误。两字均为形声字。"芒"为上下结构,声旁为"亡",因本义为一种多年生草本植物,故形旁为"艹";"茫"为上下结构,声旁为"芒",因本义为渺无边际,故形旁为"氵"。

茫 máng　　莽 mǎng

[释义] **茫** ①没边没沿;模糊不清:苍～|渺～。②不清楚;不知

道;不明白:～然|～无头绪。

莽 ①茂密的草丛:～原|草～。②粗鲁;冒失:～撞|鲁～。

[辨析] 因音近致误。"茫"为形声字,因本义指水势浩渺,望不到边,故形旁为"氵",声旁为"芒";"莽"会意字,字形像一只犬进入草丛中,故本义指茂密的草丛。两字的混淆主要在"茫茫"与"莽莽"、"苍茫"与"苍莽"上:①"茫茫"和"苍茫"的意思是没有边际,看不清楚,多形容水、大地、暮色,如"茫茫大海";②"莽莽"和"苍莽"多形容草木茂盛或原野辽阔,无边无际,如"莽莽群山"。

玫 méi　　枚 méi

[释义] **玫** 玫瑰,花名。

枚 数量单位:一～硬币|一～纪念章。

[辨析] 因音同形似致误。两字均为形声字,左右结构,声旁均为"攵"。"玫"即玫瑰,本义为一种美玉,故形旁为"王(玉)";"枚"的本义为树干,故形旁为"木"。

枚 méi　　牧 mù

[释义] **枚** 数量单位:一～硬币|一～纪念章。

牧 牧放:畜～|～羊。

[辨析] 因形似致误。两字均为形声字,左右结构,声旁均为"攵"。"枚"的本义为树干,故形旁为"木";"牧"指牧放,故形旁为"牛"。

莓 méi　　梅 méi

[释义] **莓** 指某些果实很小、聚生在球形花托上的植物:草～。

梅 ①落叶乔木,早春开花,果实味酸,可食用:～花|～

树|青~。②梅花。

[辨析] 因音同致误。两字均为形声字,声旁均为"每",果实均可食用。"莓"为上下结构,是一种草本植物,故形旁为"艹";"梅"为左右结构,是一种落叶乔木,故形旁为"木"。

妹 mèi　姝 shū　姊 zǐ

[释义] **妹** 同辈的女性中年龄比自己小的:~~|表~|姐~。
姝 ①美好。②美女。
姊 姐姐。~妹。

[辨析] 因形似致误。三字均为形声字,左右结构,因本义均与女子有关,故形旁均为"女"。"妹"的声旁为"未",用作名词;"姝"的声旁为"朱",用作形容词时表示美好,用作名词时指美女;"姊"的声旁为"朿",用作名词。

昧 mèi　味 wèi

[释义] **昧** ①糊涂;不清楚;愚~|暧~。②隐藏:~心|拾金不~。
味 ①舌头尝或鼻子闻得到的感觉:~道|滋~|气~。②辨别滋味:体~|品~|耐人寻~。③指某类食品:美~|野~。④情趣:趣~|意~深长。⑤数量单位:共有十二~药。

[辨析] 用音近形似致误。两字均为形声字,左右结构,声旁均为"未"。"昧"的本义为昏暗不明,故形旁为"日",引申为糊涂;"味"的本义为品尝味道,故形旁为"口"。

媚 mèi　魅 mèi

[释义] **媚** ①美好;惹人喜欢:明~|妩~。②讨好别人:献|

诣~。

魅 ①传说中的鬼怪:鬼~。②诱惑;吸引:~力。

[辨析] 因音同义近致误。两字在用作动词时,均有吸引别人注意的意思,但有如下区别:"媚"侧重于以财、色迎合别人;"魅"侧重于以自己的内在美打动别人。

闷 mèn　　焖 mèn

[释义] **闷** ①心情不好:烦~|苦~。②封闭:~罐车。

焖 盖紧锅盖,用微火把食物煮熟:~饭。

[辨析] 因音同形似义近致误。两字均为形声字。①"闷"的本义指心情不好,故形旁为"心",声旁为"门",引申为封闭;"焖"为一种烹调方法,故形旁为"火",声旁为"闷"。②两字均含有封闭的意思,但有如下区别:"闷"为形容词,意为心烦、不痛快或密闭、不透气;"焖"为动词,意为盖紧盖子使食物变熟。

[提示] "闷"另读 mēn。

曚 méng　　朦 méng

[释义] **曚** 曚昽,形容日光不明亮。

朦 朦胧,指模糊或形容月光不明亮。

[辨析] 因音同形似致误。两字均为形声字,左右结构,声旁均为"蒙"。"曚"即曚昽,形容日光不明亮,故形旁为"日";"朦"即朦胧,形容月光不明亮,故形旁为"月"。

孟 mèng　　盂 yú

[释义] **孟** ①旧时指兄弟姐妹中排行最大的:~兄。②每季的第一个月:~春|~夏。

盂 盛液体的敞口器具:水~|痰~。

[辨析] 因形似致误。两字均为形声字,上下结构。"孟"的声旁为"皿",本义是长(zhǎng),故形旁为"子";"盂"的声旁为"于",是一种盛液体的器具,故形旁为"皿"。

咪 mī   眯 mī

[释义] **咪** 咪咪,象声词,形容猫叫的声音。
眯 指眼皮微合:~缝着眼睛。
[辨析] 因音同形似致误。两字均为形声字,左右结构,声旁均为"米"。"咪"为象声词,表示声音,故形旁为"口";"眯"指眼皮微合,故形旁为"目"。
[提示] "眯"另读 mí。

迷 mí   谜 mí

[释义] **迷** ①分辨不清:~糊|~惑|~路。②特别喜欢:~恋|~上|着~。③特别喜欢某事物的人:戏~|球~|财~。④使人特别喜欢;使人糊涂,失去判断力:~惑|~人|~信|鬼~心窍。
谜 ①用一句或几句话组成的隐语,让人去猜字或事物:~语|灯~|猜~。②比喻没有弄清楚或没能理解的事:这件事至今仍是一个~。
[辨析] 因音同形似义近致误。两字均为形声字。"迷"的本义为迷路,故形旁为"辶",声旁为"米";"谜"的本义与言语有关,故形旁为"讠",声旁为"迷"。两字均含有不能清楚地知道真实情况的意思,但有如下区别:"迷"多作动词,侧重指失去判断能力或受迷惑而分辨不清;"谜"多作名词,指谜语和像谜语似的需要去猜或弄明白的事物。
[提示] "谜"另读 mèi。

糜 mí　　靡 mí

[释义] **糜** ①粥;粥样的东西:肉～。②烂:～烂。③浪费:奢～。

靡 浪费;侈奢:～费|奢～。

[辨析] 因音同形似义近致误。两字均为形声字,半包围结构,声旁均为"麻"。"糜"的本义是粥,故形旁为"米";"靡"的本义是分散,故形旁为表示相违背的"非"。两字在表示"浪费"的意思时,可以通用,如"奢糜"可写作"奢靡"。

[提示] "糜"另读 méi,"靡"另读 mǐ。

泌 mì　　沁 qìn

[释义] **泌** 分泌,从生物器官或腺体里渗出的液体:～尿|分～。

沁 指香气、液体等渗入或透出:～人心脾。

[辨析] 因形似致误。两字均为形声字,左右结构,因本义均与液体有关,故形旁均为"氵"。"泌"的声旁为"必","沁"的声旁为"心"。

[提示] "泌"另读 bì。

密 mì　　蜜 mì

[释义] **密** ①不公开:保～|秘～|泄～。②距离近;空隙小:～布|茂～|严～。③关系近;感情好:～友|～切|亲～。④精致;细致:周～|精～。

蜜 ①蜜蜂采花酿成的甜品:蜂～。②甜美:～月|甜～|甜言～语。

[辨析] 因音同形似致误。两字均为形声字,上下结构,声旁均为"宓"。"密"的本义是形状像堂屋的山,故形旁为

"山",引申为不公开;"蜜"的本义指蜂蜜,故形旁为"虫"。两字在"哈密瓜"一词上特别容易混淆:"哈密瓜"属甜瓜的一类,品种很多,因其多栽培于新疆哈密一带而得名,故"密"不能写成表示甜味的"蜜"。

谧 mì 谥 shì

[释义] **谧** 安宁;平静:安~|静~|恬~。

谥 ①君主时代帝王、贵族、大臣等死后,依其生前事迹给予的称号。②称;叫。

[辨析] 因形似致误。两字均为形声字,左右结构,因本义均与言语有关("谧"的本义为静默不语,今义为引申义),故形旁均为"讠";"谧"的声旁为"监";"谥"的声旁为"益"。

眠 mián 泯 mǐn

[释义] **眠** ①睡眠:失~|安~。②某些动物的一种生理现象,在一个较长的时间内不动不吃:冬~。

泯 消灭;丧失:~灭|良心未~。

[辨析] 因音同形似致误。两字均为形声字,左右结构,声旁均为"民"。"眠"指睡眠,故形旁为"目";"泯"指消灭,形旁为"氵"。

绵 mián 棉 mián

[释义] **绵** ①蚕丝制成像棉花似的东西:丝~|~里藏针。②连续不断:~长|~延|~~不断。③柔软:~绸|软~~。

棉 植物名,果实似桃,叫棉桃,成熟棉桃中的纤维可以纺纱、絮衣被:~花|~纱|~衣。

[辨析] 因音同形似致误。两字均为形声字,左右结构,声旁均为"帛"。"绵"的本义指蚕丝制成的像棉花似的东西,故形旁为"纟",凡表示像丝一样连绵不断、柔软等意思,均用"绵";"棉"的本义为一种植物,故形旁为"木",凡指棉花类的絮状物均用"棉"。

免 miǎn 兔 tù

[释义] **免** ①去掉:～除|～费|任～。②避开:避～|幸～。③不要:闲人～进。

兔 兔子,哺乳动物。

[辨析] 因形似致误。两字均为象形字,可根据不同的笔画加以区别:"免",7画,笔顺为:ノ ⺈ ⺈ 乌 乌 争 免;"兔",8画,笔顺为:ノ ⺈ ⺈ 乌 乌 争 免 兔。

娩 miǎn 挽 wǎn

[释义] **娩** 妇女生小孩:分～。

挽 ①拉:～弓|手～手。②扭转形势:～回|～救。③卷起:～起袖子。④哀悼死者:～歌|～联。

[辨析] 因形似致误。两字均为形声字,左右结构,声旁均为"免"。"娩"为妇女生小孩,故形旁为"女";"挽"的本义为拉,故形旁为"扌"。

[提示] "娩"另读 wǎn。

沔 miǎn 缅 miǎn 腼 miǎn

[释义] **沔** 沉沔。

缅 遥远:～怀|～想。

腼 腼腆,形容因怕生或害羞而神情不自然。

[辨析] 因音同形似致误。三字均为形声字,左右结构,声旁均

为"面"。"涵"指沉迷于某事就像沉入水中一样,故形旁为"氵";"缅"的本义为细丝,故形旁为"纟",引申为遥远、久远;"腼"即腼腆,形容人因怕生或害羞而神情不自然,故形旁为"月"。

杪 miǎo　秒 miǎo

[释义] **杪** ①树枝的细梢。②年月或四季的末尾：月～｜岁～。
秒 最小的计时单位(60秒等于1分钟)：～针｜～表｜争分夺～。

[辨析] 因音同形似致误。两字均为形声字,左右结构,声旁均为"少"。"杪"的本义指树枝的细梢,故形旁为"木",引申指末尾、尽头;"秒"的本义指禾芒,故形旁为"禾",引申指细微,如"秒忽",最小的计时单位即取其细微义。

渺 miǎo　缈 miǎo

[释义] **渺** ①水面辽阔：～茫｜浩～。②微小：～小｜不足道。
缈 缥缈,形容隐隐约约、若有若无的样子。

[辨析] 因音同形似致误。两字均为形声字,左右结构,声旁均为"眇"。"渺"的本义指水面辽阔,故形旁为"氵";"缈"只能与"缥"组词,其形旁与"缥"相同,为"纟"。

渺 miǎo　藐 miǎo

[释义] **渺** ①水面辽阔：～茫｜浩～。②微小：～小｜不足道。
藐 ①小：～小。②轻视;小看：～视。

[辨析] 因音同义近致误。两字均为形声字。"渺"的本义为水面辽阔,故形旁为"氵",声旁为"眇";"藐"的本义指一种小草,故形旁为"艹",声旁为"貌"。两字均有小、微小的

意思,但有如下区别:"渺"用作形容词,表示微小,不值得一提;"藐"除用作形容词,表示小外,主要用作动词,指小看、轻视。

淼 miǎo　　森 sēn

[释义] 淼　形容水大:~茫|浩~。
　　　森　①树木多而密:~林|林木~~。②形容阴暗可怕:阴~|冷~~。
[辨析] 因形似致误。两字均为会意字。"淼"由三个"水"字组合而成,表示水多;"森"由三个"木"字组合而成,表示树木丛生。

乜 miē　　也 yě

[释义] 乜　乜斜,指斜着眼睛看。
　　　也　语气助词,表示同样、并列、转折、让步、强调等语气:这样做~行。
[辨析] 因形似致误。两字均为独体字,可根据不同的笔画及词性加以区别:"乜",2画,作动词;"也",3画,作语气助词。
[提示] "乜"用作姓氏时,也读 niè。

蔑 miè　　篾 miè

[释义] 蔑　①小;看不起:~视|轻~。②造谣中伤:污~。
　　　篾　竹子劈成的薄片:竹~|~青。
[辨析] 因音同形似致误。两字均为上下结构。"蔑"为会意字,"艹"为眉毛,"罒"表示眼睛,"戍"为守边,本义是眼睛劳累无精神,引申为"小"或"无",作动词;"篾"为形声字,声旁为"蔑"省去了"艹",本义为竹片,故形旁为"⺮",作

名词。

皿 mǐn　　血 xuè

[释义] **皿** 碗、盘、碟、杯等用具的总称：器～。

血 ①血液：～压｜鲜～｜热～沸腾。②有血统关系的：～缘。③比喻刚强热烈：～性｜气方刚。④流血；凶杀：～案。

[辨析] 因形似致误。两字均为独体字，可根据不同的笔画及词性加以区别："皿"，5画，作名词。"血"，6画，除用作名词，表示血液外，还用作形容词，表示有血统关系的，比喻刚强热烈等；还可用作动词，表示流血等。

[提示] "血"另读 xiě。

闵 mǐn　　闽 mǐn

[释义] **闵** 姓。

闽 福建省的别称：～南｜～江。

[辨析] 因音同形似致误。两字均为半包围结构，区别在里面："闵"的里面是"文"；"闽"的里面是"虫"。

鸣 míng　　呜 wū

[释义] **鸣** ①鸟、兽、昆虫或人等叫：～叫｜蝉～｜悲～｜一～惊人。②发出声响：～枪｜轰～｜雷～｜哀～。③发表意见；表达感情：～谢｜百家争～。

呜 象声词，形容哭声、风声或汽笛声。

[辨析] 因形似致误。两字均为左右结构："鸣"为会意字，"口"与"鸟"合在一起，表示鸟儿张着口在叫，故"鸣"的本义为鸟叫；"呜"为形声字，声旁为"乌"，因本义为象声词，与声音有关，故形旁为"口"。

名 míng　　明 míng

[释义] **名** ①人物或事物的称呼：～字｜～称｜姓～。②声望；声誉：～誉｜～望｜～不虚传｜～副其实。③说出：莫～其妙｜不可～状。④名义：挂～｜～存实亡。⑤出名的；有名的：～贵｜～牌。⑥数量单位：一～学生。

明 ①亮（与"暗"相对）：～亮｜～月｜若～若暗。②清楚；了解，智高一等：～白｜～晰｜高～｜英～。③公开；不隐蔽：～文｜～说｜～枪暗箭。④视力：失～。⑤次于今天、今年的：～天｜～年。

[辨析] 因音同致误。两字在"明星""明信片"等词上特别容易混淆："明星"古书上指金星，现称有名的演员、运动员等；"明信片"为专供写信用的硬纸片，邮寄时不用信封。"明星"的"明"含有闪亮的意思，"明信片"的"明"含有公开的意思，故不能写成"名星""名信片"。

冥 míng　　溟 míng

[释义] **冥** ①昏暗：幽～｜晦～。②深奥；深沉：～思｜～想。③糊涂；愚昧：～昧｜～顽。④迷信的人称人死后进入的世界；阴间：～府。

溟 海：东～｜北～。

[辨析] 因音同形似致误。"冥"用作形容词，意为昏暗、深奥、糊涂及迷信的人称人死后进入的世界；"溟"用作名词，意为海。在形容迷茫、苍茫或景色模糊时，两字可以通用，如"冥茫"可写作"溟茫"、"冥蒙"可写作"溟蒙"。

暝 míng　　瞑 míng

[释义] **暝** ①日落；天黑：天已～。②黄昏。

瞑 ①闭眼：死不～目。②眼花：耳聋目～。

[辨析] 因音同形似致误。两字均为形声字，左右结构，声旁均为"冥"。"暝"指太阳落山，故形旁为"日"；"瞑"指闭眼，故形旁为"目"。

谬 miù　　缪 miù

[释义] 谬 错误；差错：～论｜～误｜荒～。

缪 纰缪，指错误。

[辨析] 因音同形似义近致误。两字均为形声字，左右结构，声旁均为"翏"，均有错误的意思，但有如下区别："谬"的形旁为"讠"，多形容言论观点的错误，如"谬论""谬误""荒谬"等；"缪"的形旁为"纟"，只能与"纰"组词，表示错误，多用于书面语。

[提示] "缪"另读 miào、móu。

摹 mó　　模 mó

[释义] 摹 按原样写或画：～写｜临～。

模 ①标准：～范｜～型｜楷～。②照样子做：～仿｜～拟。

[辨析] 因音同义近致误。两字均为形声字，声旁均为"莫"，均有照着样子做的意思，但有如下区别："摹"形旁为"手"，着重指用手摹仿，如"临摹""摹写"等；"模"形旁为"木"，着重于照着原来的样子做，如"模拟""模仿"等。

[提示] "模"另读 mú。

摩 mó　　磨 mó

[释义] 摩 ①接触；擦：～擦｜～拳擦掌。②抚摸：按～｜抚～。

磨 mó　摩 mó

摩 ①磨东西:~刀|临阵~枪。②摩擦:~擦|~合|~损。③阻碍;挫折:~难|折~|好事多~。④消灭:~灭|消~。⑤消耗时间:~洋工。

[辨析] 因音同形似义近致误。两字均为形声字,半包围结构,声旁均为"麻",均有摩擦的意思,但有如下区别:"摩"形旁为"手",表示两手相互搓擦;"磨"形旁为"石",多指用磨料摩擦物体。

[提示] "摩"另读 mā,"磨"另读 mò。

末 mò　未 wèi

[释义] **末** ①最后;尽头:~尾|~梢|周~。②不重要或非本质的事物:本~倒置|细枝~节。③碎屑:粉~。

未 ①没有:~来|方兴~艾|前所~有。②不:~必|~免|~卜先知。

[辨析] 因形似致误。两字均为独体字,5画,可根据不同的笔画加以区别:"末"的上面一横比下面一横长;"未"的上面一横比下面一横短。

[提示] "末"另读 me。

蓦 mò　募 mù　墓 mù
幕 mù　慕 mù　暮 mù

[释义] **蓦** 突然:~然。

募 广泛征求人、物或钱财:~捐|招~。

墓 埋葬死人的地方:~地|~坟|~陵。

幕 ①挂着或盖着的大幅纺织品:~布|~帐|帷~。②像幕一样的东西:夜~|天~。③戏剧中的段落:独~剧。

慕 敬仰;喜爱:仰~|爱~|美~。

暮 ①太阳西下的时候：～色｜～霭。②晚；快到终了的时候：～春｜～年。

[辨析] 因音同或音近形似致误。六字均为形声字，上下结构，声旁均为"莫"。"骘"的本义指上马，故形旁为"马"，引申指突然；"募"的本义是征集、招募，故形旁为表示力量、行为的"力"；"墓"意为坟墓，故形旁为"土"；"幕"的本义与纺织品有关，故形旁为"巾"；"慕"指敬仰、喜爱，与心理活动有关，故形旁为"⺗"（"心"的变体）；"暮"意为太阳西下，故形旁为"日"。

漠 mò　寞 mò

[释义] **漠** ①沙漠：大～。②冷淡；不关心：～视｜冷～。
寞 冷清；寂～。

[辨析] 因音同致误。两字均为形声字，声旁均为"莫"。"漠"为左右结构，本义为沙漠，故形旁为"氵"；"寞"为上下结构，本义指屋子冷清，故形旁为"宀"。

牟 móu　谋 móu

[释义] **牟** 牟取：～利。
谋 ①主意；计谋：阴～。②图谋；谋求：～生｜～害。③商议：不～而合。

[辨析] 因音同义近致误。两字均有谋取的意思，两字的混淆主要在"牟利"与"谋利"、"牟取"与"谋取"上："牟利"与"牟取"为贬义词，指用不正当的手段取得个人私利；"谋利"与"谋取"为中性词，既可以指为个人谋私利，也可以指为他人、为大众谋取福利。"谋利"多与"为"一起使用，如"为职工谋利"。

[提示] "牟"另读 mù。

母 mǔ　　毋 wú

[释义] **母** ①妈妈:~亲|~女|父~。②称呼女性长辈:姑~|姨~|师~|祖~。③雌性的动物:~猪|~牛。④能产生其他事物的东西:~本|~语|失败是成功之~。

毋 ①表示禁止或劝阻,相当于"不要":宁缺~滥。②姓。

[辨析] 因形似致误。两字均为独体字,可根据不同的笔画、笔顺加以区别:"母",5画,笔顺为:㇄㇇母母母。"毋",4画,笔顺为:㇄㇇母毋。

拇 mǔ　　姆 mǔ

[释义] **拇** 手或脚的第一个指头:~指。

姆 保姆,替人照看小孩、老人或做家务的人。

[辨析] 因音同形似致误。两字均为形声字,左右结构,声旁均为"母"。"拇"即拇指,故形旁为"扌";"姆"即保姆,因保姆多为女性,故形旁为"女"。

[提示] "姆"另读 m。

沐 mù　　沭 shù

[释义] **沐** ①洗头发:~浴。②借指蒙受:~恩。

沭 沭河,水名,发源于山东,流入江苏。

[辨析] 因形似致误。两字均为形声字,左右结构,因本义均与水有关,故形旁均为"氵"。"沐"的声旁为"木";"沭"的声旁为"术"。

Nn

哪 nǎ   那 nà

[释义] **哪** ①表示疑问：～里|～儿。②表示反问：～有这种事？③表示不明确的指代：～里艰苦～里就有他。

那 ①指较远的人或事物：～人|～天。②连词，表示顺着上文的语意：～你说怎么办呢？

[辨析] 因音近形似致误。两字均能用作代词，但有如下区别："哪"用作疑问代词，表示疑问或反问，如"哪里""哪有这种事"等；"那"用作指示代词，指较远的人或物，如"那人""那张桌子"等。

[提示] "哪"另读 na、nǎi、né、něi，"那"另读 nā、nǎ、nè、nèi。

呐 nà   纳 nà   衲 nà
钠 nà   讷 nè

[释义] **呐** 呐喊，指大声地叫喊：摇旗～喊。

纳 ①接受：收～|容～|采～。②收进：出～。③交付：～税|交～。④享受：～凉|～福。⑤密密地缝：～鞋底。

衲 ①补缀：百～衣。②和尚自称：老～。

钠 金属元素，符号 Na，银白色，化学性质极活泼。

讷 迟钝：木～。

[辨析] 因音同或形似致误。五字均为形声字，左右结构，声旁均为"内"。"呐"即呐喊，表示声音，故形旁为"口"；"纳"

的本义指丝被水浸湿,故形旁为"纟";"衲"指补缀,与衣服有关,故形旁为"衤";"钠"为金属元素,故形旁为"钅";"讷"意为迟钝,多与语言有关,故形旁为"讠"。

[提示] "呐"另读 na、nè、ne。

奈 nài　　柰 nài

[释义] **奈** 奈何:无~|怎~。
柰 柰子,苹果的一种。
[辨析] 因音同形似致误,二字均为上下结构,下面均为"示",区别在上面部分:"奈"的上面为"大";"柰"的上面为"木"。

奈 nài　　耐 nài

[释义] **奈** 如何;怎么:~何|怎~。
耐 禁得起:~寒|~用|吃苦~劳。
[辨析] 因音同致误。两字在"奈何"与"耐人寻味"上特别容易混淆:"奈"的意思是如何、怎样,"奈何"意为用反问的方式表示没有办法,故不能写成"耐何";"耐"的意思是禁得起、受得住,"耐人寻味"意为值得仔细体会琢磨,故不能写成"奈人寻味"。

猱 náo　　揉 róu

[释义] **猱** 古书上说的一种猴:仰首接飞~。
揉 反复搓、洗:~搓|~眼睛。
[辨析] 因形似致误。两字均为形声字,左右结构,声旁均为"柔"。"猱"为古书上的一种猴,故形旁为"犭";"揉"指反复搓、洗,表示手的动作,故形旁为"扌"。

恼 nǎo　　脑 nǎo

[释义] **恼** ①生气:~羞成怒。②心里不舒畅:苦~|烦~。

脑 ①脑子,人或高级动物神经系统的主要部分:头～|大～。②头部:～袋|虎头虎～。③思维能力:～海|用～过度。④像脑子一样的东西:豆腐～。

[辨析] 因音同形似致误。两字均为形声字,左右结构,声旁为"囟"。"恼"指生气,与心理活动有关,故形旁为"忄";"脑"即脑子,是人或高级动物的神经系统的主要部分,故形旁为"肉",后因作形旁的"肉"与"月"混同,均写作"月"。

馁 něi 绥 suí

[释义] 馁 ①饥饿:饥～|冻～。②失去勇气或信心:气～|自～。
绥 ①安抚:～靖。②安好:顺颂时～(书信结尾用语)。

[辨析] 因形似致误。两字均为形声字,左右结构,声旁均为"妥"。"馁"的本义为饥饿,与食物有关,故形旁为"饣";"绥"的本义为车上供登车时作拉手用的绳索,故形旁为"纟",引申为安抚、安好等。

妮 nī 尼 ní

[释义] 妮 妮子,即女孩子。
尼 出家修行的女性佛教徒:～姑|僧～。

[辨析] 因音近形似义近致误。因两字的意思均与女性有关,故在"尼姑"一词上特别容易混淆:"妮"即妮子,方言指女孩子;"尼"指出家修行的女性佛教徒,故不能写成"妮姑"。

怩 ní 昵 nì

[释义] 怩 忸怩,形容不好意思或不大方的样子。
昵 亲近;亲热:亲～|～称。

[辨析] 因音近形似致误。两字均为形声字,左右结构,声旁均

为"尼"。"怩"即忸怩,表示一种害羞的心理,故形旁为"忄";"昵"意为亲热,表示温暖,故形旁为"日"。

拟 nǐ   似 sì   姒 sì

[释义] **拟** ①起草:~订|草~。②打算:校运会~于3月30日举行。③模仿:~人|模~。④相比较:比~。
似 ①如同;相~|近~。②好像;仿佛:~乎。
姒 ①古代称姐姐。②古代称丈夫的嫂子。③姓。

[辨析] 因音同或形似致误。三字均为形声字,左右结构,声旁均为"以"。"拟"意为起草,故形旁为"扌";"似"的本义为相像,故形旁为"亻";"姒"的意思均与女性有关,故形旁为"女"。

[提示] "似"另读 shì。

黏 nián   粘 zhān

[释义] **黏** 具有把东西粘连起来的性质:~液|~手。
粘 ①用黏的东西把物件连接起来:~贴|~纸。②两样东西紧贴在一起;黏的东西紧贴在别的东西上:~牙|~连。

[辨析] 因义近致误。两字本义相同,以前可以通用,1955年在《第一批异体字整理表》中曾把"黏"作为"粘"的异体字废除,1988年的《现代汉语通用字表》把"黏"重新作为规范字加以收入,因而两字的意义有如下区别:"黏"只用作性质义,指像胶水、糨糊的性质;"粘"多用于动作义,表示用黏的东西把物体连接起来。

[提示] "粘"另读 nián。

捻 niǎn   稔 rěn

[释义] **捻** ①用手指搓:~线。②细条:灯~子。

稔 ①庄稼成熟：丰～。②年；一年：三～。③熟悉：素～｜～知。

[辨析] 因形似致误。两字均为形声字，左右结构，声旁均为"念"。"捻"指用手指搓，故形旁为"扌"，引申为细条；"稔"指庄稼成熟，故形旁为"禾"。

鸟 niǎo　　乌 wū

[释义] 鸟 一种脊椎动物，卵生，有羽毛，一般会飞。

乌 ①黑色：～黑｜～云｜～鸦。②乌鸦：～合之众｜月落～啼。

[辨析] 因形似致误。两字均为象形字，在甲骨文中都像"鸟"形，可根据不同的笔画加以区别："鸟"，5画，因鸟类的眼睛明亮而黑，身上的羽毛则往往不是黑的，故"鸟"字的上部有一个表示眼睛的小黑点；"乌"，4画，因乌鸦的眼睛和全身一样黑，好像没有眼睛一般，故"乌"字上部没有一点。

[提示] "鸟"另读 diǎo，"乌"另读 wù。

袅 niǎo　　枭 xiāo

[释义] 袅 细长柔弱：～娜。

枭 ①鸺鹠。②勇猛；强悍：～雄。③魁首；首领：毒～。④旧时指私贩食盐的人：盐～。⑤把砍下的人头悬挂：～示。

[辨析] 因形似致误。两字均为形声字，上下结构，声旁均为"鸟"的变体"鸟"，可根据不同的形旁加以区别："袅"常用于形容女子的体态轻盈、衣袖飘拂，故形旁为"衣"；"枭"即鸺鹠，相传为一种恶鸟，旧俗往往于夏至日捕杀之，将其头断于木上，故形旁为"木"。

尿 niào　　屎 shǐ

[释义] **尿** 小便;排泄小便:撒～|素～。
屎 ①粪便:狗～|拉～。②眼睛、耳朵等器官分泌的东西:眼～|耳～。

[辨析] 因形似致误。两字均为象形字,半包围结构,"尿"的甲骨文字形像人在小便;"屎"的甲骨文字形像人在大便。今"尿"字里面是"水",表示"尿"为液体;"屎"字里面是"米",表示"屎"(即"粪便")是由食物转化而来的。

[提示] "尿"另读 suī。

捏 niē　　涅 niè

[释义] **捏** ①用手指夹住东西:～住。②用手指把软的东西做成一定的形状:～泥人。③假造:～造。
涅 ①可做黑色染料的矾石。②黑色。③染黑。

[辨析] 因音近形似致误。两字均为形声字,左右结构,声旁均为"星"。"捏"的本义与手指动作有关,故形旁为"扌";"涅"是一种染料,故形旁为"氵"。

镊 niè　　蹑 niè

[释义] **镊** ①夹取细小物品的器具:～子。②用镊子夹取:～刺。
蹑 ①放轻脚步:～手～脚。②追随;跟踪:～踪。③踩:～足。

[辨析] 因音同形似致误。两字均为形声字,左右结构,声旁均为"聂"。"镊"指夹取细小物品的器具,多用金属制成,故形旁为"钅";"蹑"的本义为放轻脚步,故形旁为"𧾷"。

孽 niè　　蘖 niè

[释义] **孽** ①邪恶：妖～｜～种。②罪恶：罪～｜造～｜作～。
蘖 树枝砍去后又长出来的新芽：～枝。
[辨析] 因音同形似致误。两字均为形声字,上下结构,声旁均为"薛"。"孽"古时指非正妻所生的儿子,故形旁为"子";"蘖"指树木的嫩芽,故形旁为"木"。

拧 níng　　咛 níng　　狞 níng
柠 níng　　泞 nìng

[释义] **拧** ①捏住扭转：～手臂。②握住物体向相反的方向扭绞：～干｜～成一股绳。
咛 叮咛,嘱咐。
狞 面目凶恶：～笑｜狰～。
柠 柠檬,一种常绿乔木。
泞 烂泥：泥～。
[辨析] 因音同或形似致误。五字均为形声字,左右结构,声旁均为"宁"。"拧"指捏住扭转,故形旁为"扌";"咛"即叮咛,意为嘱咐,故形旁为"口";"狞"形容面目凶恶似兽,故形旁为"犭";"柠"即柠檬,为一种常绿乔木,故形旁为"木";"泞"意为烂泥,与水有关,故形旁为"氵"。
[提示] "拧"另读 nǐng、nìng。

扭 niǔ　　忸 niǔ　　纽 niǔ

[释义] **扭** ①用力拧：～曲｜～断。②转动;掉转：～转。③身体左右摇摆：～摆｜～秧歌。④抓住不放：～住｜～送。⑤拧伤：脚～伤了。
忸 忸怩,形容不好意思或不大方的样子。

纽 ①衣服上的扣子：～扣|衣～。②物体上可以抓住提起来的东西：秤～|印～。

[辨析] 因音同形似致误。三字均为形声字，左右结构，声旁均为"丑"。"扭"的本义为用力拧，故形旁为"扌"；"怩"指忸怩，表示人的心理状态，故形旁为"忄"；"纽"的本义指系，引申指衣服上的扣子，形旁为"纟"。

[提示] "丑"，4画，中间是"一"，不是"丶"。

浓 nóng　　脓 nóng

[释义] **浓** ①稠密：～茶|～度|～缩。②程度深：～厚|～烈|～重。

脓 由于炎症病变形成的黏液：～肿|化～。

[辨析] 因音同形似致误。两字均为形声字，左右结构，声旁均为"农"。"浓"的本义是露水多，故形旁为"氵"，引申为稠密、程度深；"脓"的本义指身体炎症所形成的黏液，故形旁为"肉"，后因作形旁的"肉"与"月"混同，均写成"月"。

驽 nú　　弩 nǔ

[释义] **驽** ①驽马。②比喻人没有能力：～钝|～才。

弩 弩弓：剑拔～张。

[辨析] 因音近形似致误。两字均为形声字，上下结构，声旁均为"奴"。"驽"的本义指跑不快的马，故形旁为"马"；"弩"为古代一种利用机械力量射箭的弓，故形旁为"弓"。

怒 nù　　恕 shù

[释义] **怒** ①生气：～视|愤～。②形容气势旺盛：～吼|～号。

恕 ①原谅：～罪｜宽～｜饶～。②客套话,请别人不要计较：～不远送｜～难从命。

[辨析] 因形似致误。两字均为形声字,上下结构,因本义均与人的内心活动有关,故形旁均为"心"。"怒"的声旁为"奴","恕"的声旁为"如"。

疟 nüè　虐 nüè

[释义] 疟 疟疾,由蚊子传染的一种急性传染病。
　　　虐 残暴狠毒：～待｜～杀。

[辨析] 因音同形似致误。两字均为半包围结构："疟"为形声字,声旁为"虐"("疟"为"瘧"的简化字),因意为一种疾病,故形旁为"疒"；"虐"为会意字,由"虍"和表示反爪的"㇇"组合而成,意为残暴狠毒。

[提示] "疟"另读 yào。

虐 nüè　谑 xuè

[释义] 虐 残暴狠毒：～待｜～杀。
　　　谑 开玩笑：戏～。

[辨析] 因形似致误。"虐"为会意字,半包围结构,由"虍"和表示反爪的"㇇"组合而成,意为残暴狠毒；"谑"为形声字,左右结构,声旁为"虐",因本义为开玩笑,与言语有关,故形旁为"讠"。

挪 nuó　娜 nuó

[释义] 挪 移动：～动｜～用。
　　　娜 婀娜,姿态柔软而美好。

[辨析] 因音同形似致误。两字均为形声字,左右结构,声旁均为"那"。"挪"意为移动,与动作有关,故形旁为"扌"；

"婀娜"多形容女子姿态柔软而美好,故形旁为"女"。
[提示] "娜"另读 nà。

挪 nuó　　揶 yé

[释义] 挪 移动:～动|～用。
揶 揶揄,指嘲笑。
[辨析] 因形似致误。两字均为形声字,左右结构,因本义均与动作有关,故形旁均为"扌"。"挪"的声旁为"那","揶"的声旁为"耶"。

诺 nuò　　喏 nuò

[释义] 诺 ①答应:～言|许～|承～。②答应的声音:唯唯～～。
喏 叹词,表示提醒对方注意自己所指的事物:～,就是这个。
[辨析] 因音同形似致误。两字均为形声字,左右结构,声旁均为"若"。"诺"的本义与言语有关,故形旁为"讠",引申为答应的声音;"喏"为叹词,故形旁为"口"。
[提示] "喏"另读 rě。

懦 nuò　　儒 rú

[释义] 懦 软弱;不坚强:～夫|～弱|怯～。
儒 ①读书人:～生|～医。②春秋时期孔子创立的学说:～家|～学。
[辨析] 因形似致误。两字均为形声字,左右结构,声旁均为"需"。"懦"意为软弱、不坚强,表示人的心理状态,故形旁为"忄";"儒"意为读书人,故形旁为"亻"。

Oo

讴 ōu　呕 ǒu　沤 òu　怄 òu

[释义] **讴** 歌唱：～歌。

呕 吐：～吐｜～心沥血。

沤 长时间地浸泡，使起变化：～粪。

怄 ①怄气。②使怄气；使不愉快。

[辨析] 因音近形似致误。四字均为形声字，左右结构，声旁均为"区"。"讴"指歌唱，与言语有关，故形旁为"讠"；"呕"指吐，与口有关，故形旁为"口"；"沤"指长时间地浸泡，与水有关，故形旁为"氵"；"怄"即怄气，表示一种心理活动，故形旁为"忄"。

[提示] "沤"另读 ōu。

欧 ōu　殴 ōu

[释义] **欧** 欧洲的简称：西～｜～亚大陆。

殴 打：～打｜斗～。

[辨析] 因音同形似致误。两字均为形声字，左右结构，声旁均为"区"。"欧"的本义为吐呕，故形旁为表示张嘴动作的"欠"；"殴"意为打，故形旁为表示打的动作的"殳"。

偶 ǒu　隅 yú

[释义] **偶** ①用木头、泥土制成的人像：木～｜～像。②双；成

对:~数|无独有~。③伴侣:配~|佳~。④不经常:~然|~尔。

隅 ①角落:屋~|向~而泣。②靠边沿的地方:海~。

[辨析] 因形似致误。两字均为形声字,左右结构,声旁均为"禺"。"偶"的本义是用木头、泥土制成的人像,故形旁为"亻";"隅"的本义是角落,故形旁为表示地方的"阜(阝)"。

Pp

趴 pā　　扒 pá

[释义] **趴** ①身体向前靠在物体上：～在桌上。②身体向前卧倒：～在地上。
扒 ①用手或工具把东西聚拢或散开：～草|～土。②偷别人东西：～手|～窃。

[辨析] 因音近形似致误。两字均为形声字,左右结构,声旁均为"八"。"趴"意为身体倚靠,朝下卧倒,故形旁为"足";"扒"指用手等把东西聚拢或散开,故形旁为"扌"。

[提示] "扒"另读 bā。

帕 pà　　拍 pāi

[释义] **帕** 用来擦手、擦脸或包头的织物：手～|头～。
拍 ①用手或东西轻轻地打：～打|～板。②拍打的工具：球～|蚊～。③发出：～电报。④摄影：～照片。⑤节奏：～节|不合～。⑥巴结；奉承：～马。

[辨析] 因形似致误。两字均为形声字,左右结构,声旁均为"白"。"帕"是用来擦手、脸或包头的织物,故形旁为"巾";"拍"是用手或东西打,故形旁为"扌",今义均为其引申义。

俳 pái　　徘 pái

[释义] **俳** ①古代指滑稽戏。②诙谐；滑稽。

徘 徘徊,在一个地方来回地走。引申为犹疑不决或指事物在某个范围内来回浮动。

[辨析] 因音同形似致误,两字均为形声字,左右结构,声旁均为"非"。"俳"的本义指演滑稽戏的艺人,故形旁为"亻";"徘"即徘徊,表示来回地走,故形旁为与行动有关的"彳"。

爿 pán　　片 piān

[释义] **爿** ①劈成片的竹木等:柴~。②数量单位:一~店。
片 薄而平的东西:唱~|照~。

[辨析] 因形似义近致误。两字本义是指将木头劈开的左右两半,现"爿"多用于田地、工厂、商店的计量单位;"片"多用于片状物或指不全面、连绵不断的事物,也作片状物的计量单位。

[提示] "片"另读 piàn。

盘 pán　　磐 pán

[释义] **盘** ①扁而浅的盛东西的用具:扁~|果~|和~托出。②像盘子一样的东西:棋~|磨~|方向~。③查问;清点:~问|~算。④旋转:~绕|~旋。⑤数量单位:一~棋。
磐 大石头:~石。

[辨析] 因音同致误。两字均为形声字,上下结构,声旁均为"般"("盘"为"盤"的简化字)。"盘"的本义为器皿,故形旁为"皿";"磐"意为大石头,故形旁为"石"。

磐 pán　　磬 qìng

[释义] **磐** 大石头:~石。
磬 ①古代一种打击乐器。②佛教的一种打击乐器。

[辨析] 因形似致误。两字均为形声字,上下结构,因本义均与石头有关,故形旁均为"石"。"磐"的声旁为"般","磬"的声旁为"殸"。

判 pàn   叛 pàn

[释义] **判** ①分开;分辨:～别|～明|评～|批～。②明显不同:～若两人。③评定:裁～|谈～。④法院对案子的决定:～决|审～|宣～。
叛 违背本阶级或集团的利益而投向敌对或对峙的一方:～变|～乱|背～。

[辨析] 因音同形似致误。两字均为形声字,左右结构。"判"的声旁为"半",因本义为分开,故形旁为"刂";"叛"的声旁为"反",形旁为"半",今义为引申义。

畔 pàn   衅 xìn

[释义] **畔** ①田界。②旁边;附近:河～|路～。
衅 嫌隙;争端:挑～。

[辨析] 因形似致误。两字均为形声字,左右结构,声旁均为"半"。"畔"的本义为田地的边界,故形旁为"田";"衅"意为争端,会造成流血、伤亡的后果,故形旁为"血"。

乓 pāng   乒 pīng

[释义] **乓** 象声词,形容碰击声:"～"的一声,枪响了。
乒 ①象声词,形容东西撞击声:楼上传来一阵～～乓乓的声响。②指乒乓球运动:～坛|～赛。

[辨析] 因形似致误。两字均为独体字,均为"兵"字少一画,"乓"为"兵"字少掉左下一撇,"乒"为"兵"字少掉右下一点。

呸 pēi　　胚 pēi　　坯 pī

[释义] **呸** 叹词,表示斥责或唾弃。
胚 发育初期的生物体:～胎|～芽。
坯 ①还没有放到窑炉里烧过的砖、瓦、陶器等:砖～。②指半成品:毛～|面～。

[辨析] 因音似或形似致误。三字均为形声字,左右结构,声旁均为"丕"。"呸"为叹词,与声音有关,故形旁为"口";"胚"为发育初期的生物体,故形旁为"肉",后因作形旁的"肉"与"月"混同,均写作"月";"坯"的本义为没有烧制过的砖、瓦等,故形旁为"土"。

陪 péi　　赔 péi

[释义] **陪** ①伴随:～伴|～同|失～。②协助;衬托:～审|～衬。
赔 ①补偿损失:～偿|～款。②道歉或认错:～礼|～罪。③做买卖亏本:～本|～钱。

[辨析] 因音同形似致误。两字均为形声字,左右结构,声旁均为"咅"。"陪"的本义为加厚土层,故形旁为表示地势升降的"阜(阝)",引申为伴随等;"赔"的本义为补偿损失,与钱财有关,故形旁为"贝"。

佩 pèi　　配 pèi

[释义] **佩** ①带;挂:～带。②心中十分服气:钦～|～服。
配 ①按规定、标准或比例调和:～制|～套|装～。②添补上:～件|～备。③符合;够得上:相～。④男女结婚:婚～|许～|～偶。⑤陪衬:～角|搭～。

[辨析] 因音同致误。两字读音相同,均可用作动词,意义则完

全不同,两字在"佩带"一词上特别容易混淆:"佩带"指把手枪、刀、剑等插在或挂在腰部,只能写成"佩带",而不是"配带"。

抨 pēng　怦 pēng　砰 pēng　坪 píng

[释义] **抨** 弹劾:～击。
怦 象声词,形容心跳:～然心动。
砰 象声词,形容撞击或爆炸声。
坪 ①平地:草～。②土地或房屋面积单位:1～约合3.3平方米。

[辨析] 因音同或形似致误。四字均为形声字,左右结构,声旁均为"平"。"抨"意为弹劾,故形旁为"扌";"怦"形容心跳,故形旁为"忄";"砰"形容物体的撞击声,故形旁为表示坚硬的"石";"坪"的本义为平地,故形旁为"土"。

澎 péng　膨 péng

[释义] **澎** 澎湃,形容波浪互相撞击。
膨 胀大:～胀。

[辨析] 因音同形似致误。两字均为形声字,左右结构,声旁均为"彭"。"澎"的本义与水有关,故形旁为"氵";"膨"的本义指胀,即身体内壁受到压迫而产生不舒服的感觉,与肉体有关,故形旁为"肉",后因作偏旁的"肉"与"月"混同,均写作"月"。

[提示] "澎"另读 pēng。

蓬 péng　篷 péng

[释义] **蓬** ①植物名:～蒿|飞～。②散乱;松散:～松|～乱。③数量单位:一～兰草。

篷 ①遮挡太阳或风雨的东西：车～｜～帐。②船帆：扯～。

[辨析] 因音同形似致误。两字均为形声字，上下结构，声旁均为"逢"。"蓬"的本义为一种草本植物，故形旁为"艹"；"篷"的本义为船篷，用竹篾编成，故形旁为"⺮"。

圮 pǐ　　坯 yí

[释义] **圮** 毁坏；倒塌：倾～。

坯 桥。

[辨析] 因形似致误。两字均为形声字，左右结构，形旁均为"土"。"圮"的声旁为"己"，用作动词；"坯"的声旁为"巳"，用作名词。

篇 piān　　翩 piān

[释义] **篇** ①结构完整的文章：长～｜诗～｜千～一律。②数量单位：一～文章。

翩 形容动作轻快：～跹｜浮想联～。

[辨析] 因音同致误。两字均为形声字，声旁均为"扁"。"篇"为上下结构，本义指结构完整的文章，因古人把文章写在竹简上，故形旁为"⺮"；"翩"的本义为鸟快飞，故形旁为"羽"，引申为轻快。

剽 piāo　　骠 piào

[释义] **剽** ①抢劫；掠夺：～掠｜～窃。②动作敏捷：～悍。

骠 ①形容马快跑：～骑。②勇猛：～勇。

[辨析] 因音近或形似致误。两字均为形声字，左右结构，声旁均为"票"。"剽"的本义为抢劫，故形旁为"刂"；"骠"的本义为形容马快跑，故形旁为"马"。

[提示] "骠"另读 biāo。

漂 piāo　　飘 piāo

[释义] **漂** 在水面上浮着;随着水流移动:～浮|～泊。
　　　飘 随风摇动或飞扬:～动|～扬|～零。
[辨析] 因音同形似致误。两字均为形声字,左右结构,声旁均为"票"。"漂"指在水面上浮着,故形旁为"氵";"飘"指随风摇动,故形旁为"风"。
[提示] "漂"另读 piǎo、piào。

瓢 piáo　　瓤 ráng

[释义] **瓢** 用葫芦、竹木等做成,用来舀水、米等东西的器具:水～|木～。
　　　瓤 ①瓜果的肉:橘～|瓜～。②泛指皮、壳包着的东西:秫秸～。
[辨析] 因形似致误。两字均为形声字,左右结构,因本义均与瓜果有关,故形旁均为"瓜"。"瓢"的声旁为"票","瓤"的声旁为"襄"。

贫 pín　　贪 tān

[释义] **贫** ①穷;不富裕:～穷|～困|清～。②缺少;不足:～乏|～血。
　　　贪 ①求多;不知足:～图|～心|～得无厌。②利用职权非法谋取私利:～污|～官污吏。
[辨析] 因形似致误。两字均为形声字,上下结构,因本义均与钱财有关,故形旁均为"贝"。"贫"的声旁为"分",用作形容词,表示穷困;"贪"的声旁为"今",用作动词,表示爱财。

平 píng　评 píng

[释义] **平** ①表面没有高低凹凸;不倾斜:～坦。②使平:～了三亩地。③两相比较没有先后、高低;不相上下:～局｜～列｜～辈。④平均;公平:～分。⑤安定:风～浪静｜心～气和。⑥用武力镇压;平定:～叛。⑦抑止:把气～一下。⑧经常的;普通的:～常｜～时。⑨平声:～仄。
评 ①评论;批评:书～。②评判:～分。

[辨析] 因音同形似致误。两字的混淆主要在"平定"与"评定"、"平分"与"评分"上:①"平定"作形容词时,意为平稳安定,如"局势平定";作动词时,意为平息,如"平定叛乱"。"评定"为动词,意为经过评判或审核来决定,如"评定职称"。②"平分"为动词,意为平均分配。"评分"作动词,意为根据成绩评定分数;作名词时,意为评出来的分数。

坪 píng　枰 píng

[释义] **坪** 平坦的场地:草～。
枰 棋盘:棋～。

[辨析] 因音同形似致误。两字均为形声字,左右结构,声旁均为"平"。"坪"指平坦的场地,故形旁为"土";"枰"古书中指一种树,故形旁为"木"。

扑 pū　仆 pú　朴 pǔ

[释义] **扑** ①拍打;扑击:～打｜～灭。②向前冲;身体倒在物体上:～救｜反～而来。③用出全部心力:一心～在工作上。④气味、景色直逼过来:香气～鼻｜清风～面。
仆 我国古代对奴隶或差役的称呼:～人｜奴～。
朴 不修饰;不奢侈:～素｜～实｜质～。

[辨析] 因音近形似致误。三字均为形声字,左右结构,声旁均为"卜"。"扑"的本义为拍打,故形旁为"扌";"仆"指奴隶或差役,故形旁为"亻";"朴"的本义为未经加工的木材,故形旁为"木",引申为不加修饰。

[提示] "仆"另读 pū,"朴"另读 piáo、pō、pò。

沏 qī　　砌 qì

[释义] **沏** 用开水冲或泡：～茶。
　　　砌 ①用和好的灰泥把砖、石等一层层地垒起：堆～。②台阶：雕栏玉～。
[辨析] 因形似致误。两字均为形声字,左右结构,声旁均为"切"。"沏"指用开水冲或泡,故形旁为"氵";"砌"指用泥灰等把砖、石一层层地垒起,故形旁为"石"。
[提示] "砌"另读 qiè。

柒 qī　　染 rǎn

[释义] **柒** 数字"七"的大写：～佰陆拾元整。
　　　染 ①用颜料着上颜色：～色|印～。②沾上;传上：传～|感～|污～。
[辨析] 因形似致误。两字均为上下结构,区别在右上角:"柒"的右上角为"七","染"的右上角为"九"。

栖 qī　　憩 qì

[释义] **栖** 本指鸟停在树上,现泛指居住或停留：～息|～身。
　　　憩 休息：小～。
[辨析] 因音近义近致误。两字均有休息的意思,但用法上有如下区别:"栖"的本义指鸟类停留、歇息,引申为居住或停

留,故其所指的休息多指在高处或野外,偏重于临时性、非正规性;"憩"则指一般意义上的休息。

[提示] "栖"另读 xī。

期 qī　　其 qí

[释义] **期** ①规定的时间:~限|日~|定~。②一段时间:学~|假~。③约定的时间:不~而遇。④希望:~望|~待。⑤数量单位:一~杂志。

其 ①他,他们;他的,他们的:出~不意|自圆~说。②这;那:~中|~他。③虚指:夸夸~谈。④词尾:极~|尤~。

[辨析] 因音近致误。"其"为象形字,"期"为形声字。两字的混淆主要在"期间"与"其间"上:"期间"指某个时间段,前面必须有表述某个特定时段的用语,不能单用,如"抗战期间""学校放假期间";"其间"的意思是那中间、其中,也有相当于"这期间"的意思,能单独使用,如"其间一定有缘故""其间他的学术水平提高很快"。

[提示] "期""其"另读 jī。

漆 qī　　添 tiān

[释义] **漆** ①一种涂料:油~|如胶似~。②涂漆:~地板|~家具。

添 增加:~加|~置|增~。

[辨析] 因形似致误。两字均为形声字,左右结构,形旁均为"氵"。"漆"的声旁为"桼",古"桼"为象形字,小篆像漆树形,故"桼"实为"漆"的本字,"漆"本为名词,引申为刷漆的动作,用作动词;"添"的声旁为"忝",用作动词。

岐 qí　　歧 qí

[释义] **岐** ①岐山,地名,在陕西。②同"歧"。
歧 ①岔道:~路|~途。②不一致:~义|分~。
[辨析] 因音同形似致误。两字均为形声字,左右结构,声旁均为"支"。"岐"的本义为山名,故形旁为"山";"歧"的本义为岔道,故形旁为表示走路的"止"。在表示"分歧"义时,两字可以通用。

祈 qí　　乞 qǐ

[释义] **祈** ①祈祷:~福。②请求;希望:~求。
乞 讨取;乞求:~讨|~丐|行~。
[辨析] 因音近致误。两字的混淆主要在"祈求"与"乞求"上:"祈求"的意思重在"祈",表示恳切地希望或请求;"乞求"的意思重在"乞",在表示请求给予的意思时含有讨取、乞求的成分。

畦 qí　　洼 wā

[释义] **畦** 田地里用土埂分成的小块地:~田|~菜。
洼 ①低凹:~地|~陷。②低凹处:坑坑~~。
[辨析] 因形似致误。两字均为形声字,左右结构,声旁均为"圭",但已不能准确表音。"畦"指田地里的小块地,故形旁为"田";"洼"指中间低的地方或小水坑,故形旁为"氵"。

乞 qǐ　　气 qì

[释义] **乞** 讨取;乞求:~讨|~丐|行~。
气 ①指空气:~流|空~。②气体:~压|氧~。③气

味:香~|臭~|熏天。④自然界现象:~象|~候|天~。
⑤气息:~喘|~急败坏。⑥精神状态:~概|神~。
⑦思想作风;习惯;习性:脾~|阴阳怪~。⑧生气:火
~|~愤。⑨使人生气:真~人|把他给~跑了。

[辨析] 因音近形似致误。两字均为独体字,可根据不同的笔画加以区别:"乞",3画,笔顺为:ノ一乞;"气",4画,笔顺为:ノ一气气。

启 qǐ 起 qǐ

[释义] **启** ①打开:~齿|开~|承前~后。②引导:~发|~示|~蒙。③开始:~程|~用|~航。④说明,陈述:~事|~奏。⑤短信:小~|谢~。

起 ①离开原来的位置:~身。②由卧而坐、立或由坐而立:~来。③发生;发动:~义|兴~|引~。④拟写:~草。⑤开始:~步|~点。⑥长出:~痱子|~疙瘩。⑦把东西弄出来:~锚。⑧建立:另~炉灶。⑨用在动词后面,表示动作向上:抬~头|举~旗帜。

[辨析] 因音同义近致误。两字的混淆主要在"启用"与"起用"上:两词读音、词性相同,都有表示开始使用的意思,但适用对象不同,"启用"的对象为物,"启"指开始,强调以前没有用过;"起用"的对象为人,"起"指离开原来的位置,有从下往上升的意思。

气 qì 汽 qì

[释义] **气** ①指空气:~流|空~。②气体:~压|氧~。③气味:香~|臭~|熏天。④自然界现象:~象|~候|天~。⑤气息:~喘|~急败坏。⑥精神状态:~概|神~。⑦思想作风;习惯;习性:脾~|阴阳怪~。⑧生气:火

~|~愤。⑨使人生气：真~人|把他给~跑了。

汽 固体或液体受热而变成的气体，特指水蒸气：~油|~车|~船。

[辨析] 因音同形似致误。"气"为象形字，在甲骨文中就像是空中浮游的云气，故"气"字的本义为"云气"，今义均为其引申义；"汽"为形声字，左右结构，声旁为"气"，因本义指液体受热变成气体，故形旁为"氵"。

讫 qì　　迄 qì

[释义] **讫** ①事情完结：收~|未~。②截止：起~。

迄 ①到：~今为止。②一直：~未见效。

[辨析] 因音同形似义近致误。两字均有表示时段的意思，但有如下区别："讫"强调事情完结、停止、终了，故"银货两讫"不能写成"银货两迄"；"迄"意为到达，故"迄今为止"不能写成"讫今为止"。

葺 qì　　茸 róng

[释义] **葺** 用茅草覆盖房顶，今指修理房屋：修~。

茸 ①小草纤细柔软的样子：绿~~。②浓密细软：毛~~。③雄鹿的嫩角：鹿~。

[辨析] 因形似致误。两字均为形声字，左右结构，因本义均与草有关，故形旁均为"艹"。"葺"的声旁为"咠"，用作动词；"茸"的声旁为"耳"，用作名词。

器 qì　　嚣 xiāo

[释义] **器** ①用具：~具|~皿|家用电~。②器官：生殖~。③度量；才能：~量|大~晚成。

嚣 吵闹；叫嚷：叫~|喧~。

[辨析] 因形似致误。两字均为会意字,"器"在古字中由表示器皿之口的"品"与"犬"组合而成,意为用具;"嚚"在古字中由表示人头的"页"与四个"口"组合而成,意为说话的人多而非常吵闹。

[提示] "嚚"另读 áo。

洽 qià　　恰 qià

[释义] **洽** ①和睦;谐和:融～。②商量:～谈|接～|面～。③广博:博识～闻。
　　　恰 ①妥当;合适:～当。②正好:～好|～巧。

[辨析] 因音同形似致误。两字均为形声字,左右结构,声旁均为"合"。"洽"的本义为沾湿、浸润,故形旁为"氵",引申为和睦;"恰"的本义为用心,故形旁为"忄",引申为妥当,合适。

谦 qiān　　歉 qiàn

[释义] **谦** 虚心;不自满:～虚|～让|～逊。
　　　歉 ①收成不好:～收。②对不起别人:抱～|～意。

[辨析] 因音近形似致误。两字均为形声字,左右结构,声旁均为"兼"。"谦"意为虚心,多与言语有关,故形旁为"讠";"歉"意为收成不好,故形旁为"欠"。

黔 qián　　黥 qíng

[释义] **黔** ①黑色:～首。②贵州省的别称。
　　　黥 ①在脸上刺上记号或文字并涂上墨,古代用做刑罚。②在人体上刺上带颜色的文字、花纹或图形。

[辨析] 因形似致误。两字均为形声字,左右结构,因本义均与黑色有关,故形旁均为"黑"。"黔"的声旁为"今",用作

形容词和名词;"黥"的声旁为"京",用作动词。

遣 qiǎn　　遗 yí

[释义] **遣** ①派出去;使离开:~送|派~|~返。②排解:排~|消~。

遗 ①丢失;漏掉:~失|~忘。②丢失的东西;漏掉的东西:拾~|补~。③余下;留下:~留|~憾。④指死者留下的:~言|~体|~产。⑤不由自主地排泄:~尿。

[辨析] 因形似致误。两字均为形声字,半包围结构,因本义均与行动有关,故形旁均为"辶"。"遣"的声旁为"𠳿","遗"的声旁为"贵"。

[提示] "遗"另读 wèi。

欠 qiàn　　歉 qiàn

[释义] **欠** ①疲倦时张口呼吸:打哈~。②缺少;不够:~缺|~考虑。③借了东西没有还:~债|拖~。④身体稍微向上或向前移:~身。

歉 ①收成不好:~收。②对不起别人:抱~|~意。

[辨析] 因音同义近致误。两字均有表示不足的意思,但有如下区别:"欠"表示缺少、不够;"歉"专指农业收成不好。

堑 qiàn　　暂 zàn

[释义] **堑** 隔断交通的沟:天~。

暂 短时间;不久:短~|~时|~行条例。

[辨析] 因形似致误。两字均为形声字,上下结构,声旁均为"斩"。"堑"指隔断交通的沟,故形旁为"土";"暂"指短时间,故形旁为"日"。

呛 qiàng　炝 qiàng

[释义] **呛** 特殊气味进入呼吸道,使人难受:烟味很~。
炝 烹调方法,先把葱花、肉等用热油略炒,再加作料和水煮:~锅面。

[辨析] 因音同形似致误。两字均为形声字,左右结构,声旁均为"仓"。"呛"意为特殊气味进入呼吸道,故形旁为"口";"炝"为一种烹调方法,故形旁为"火"。

[提示] "呛"另读 qiāng。

跷 qiāo　翘 qiáo

[释义] **跷** ①抬起或竖起:~~板|~起二郎腿。②踮起脚:~足而待。
翘 ①抬起(头):~首|~望。②(木、纸等)平的东西因由湿变干而不平。

[辨析] 因形似致误。两字均为形声字,左右结构,声旁均为"尧"。"跷"意为抬起腿,故形旁为"𧾷";"翘"原意为鸟尾上的长羽毛,故形旁为"羽",在表示动作时,一般指抬头。

[提示] "翘"另读 qiào。

橇 qiāo　撬 qiào

[释义] **橇** ①在冰雪上滑行的交通工具:雪~。②古时在泥路上行走的用具。
撬 用刀、锥或棍棒插入缝或孔中用力扳:~门|~石板。

[辨析] 因音近形似致误。两字均为形声字,左右结构,声旁均为"毳"。"橇"是滑雪工具,多用木头制成,故形旁为"木";"撬"指借助工具用力扳,故形旁为"扌"。

憔 qiáo　　樵 qiáo　　瞧 qiáo

[释义] 憔 憔悴,形容人脸色不好,瘦弱。
樵 ①柴:砍~。②打柴:~夫。
瞧 看:~见|~热闹。

[辨析] 因音同形似而误。三字均为形声字,左右结构,声旁均为"焦"。"憔"是因心情忧郁造成脸色不好,故形旁为"忄";"樵"意为柴,故形旁为"木";"瞧"意为看,故形旁为"目"。

俏 qiào　　诮 qiào　　峭 qiào　　鞘 qiào

[释义] 俏 ①俊俏;漂亮:~丽。②货物的销路好:~货。③活泼:~皮。④烹调时加上俏头。
诮 ①责备:~让。②讥讽;讥~。
峭 ①山势高而陡;陡~|~立。②比喻严厉:~直。
鞘 装刀剑的套子:剑~|刀~。

[辨析] 因音同形似而误。四字均为形声字,左右结构,声旁均为"肖"。"俏"形容人相貌美,故形旁为"亻";"诮"意为责备,故形旁为"讠";"峭"意为山势高而陡,故形旁为"山";"鞘"是装刀剑的套子,多用皮革制成,故形旁为"革"。

[提示] "鞘"另读 shāo。

窍 qiào　　窃 qiè

[释义] 窍 ①孔;窟窿:七~生烟。②比喻事情的关键:~门|诀~。
窃 ①偷:~贼|偷~|盗~。②偷偷地;暗中:~听|~~私语。

[辨析] 因形似而致误。两字均为形声字,上下结构,形旁均为"穴"。"窍"的声旁为"巧",多用作名词;"窃"的声旁为"切",多用作动词和副词。

怯 qiè　祛 qū

[释义] **怯** 胆小;害怕:～场|～懦|胆～。
祛 祛除:～痰。

[辨析] 因形似致误。两字均为形声字,左右结构,声旁均为"去"。"怯"的意思为胆小,表示一种心理状态,故形旁为"忄";"祛"的本义为祭祷消除,故形旁为与祭祀有关的"礻"。

锲 qiè　楔 xiē

[释义] **锲** 雕刻:～而不舍。
楔 ①楔子。②把楔子、钉子等锤打到物体里。

[辨析] 因形似致误。两字均为形声字,左右结构,声旁均为"契"。"锲"指雕刻,雕刻的工具多由金属制成,故形旁为"钅";"楔"为插在木器的榫子缝里的木片,故形旁为"木"。

亲 qīn　青 qīng

[释义] **亲** ①父母:父～|母～|双～。②有血缘或婚姻关系的:～戚|～属|～人。③婚姻:～事|相～。④关系密切:～密|～朋好友。⑤自己;本人:～自|～眼。⑥用嘴接触,表示喜爱:～～我的宝贝。
青 ①绿色或蓝色:～菜|～山|～出于蓝。②黑色:～丝|～衣。③青草或没有成熟的庄稼:踏～|～黄不接。④年轻;年轻人:～年|～春|～少年。⑤青海省的简称:～藏高原。⑥戏曲中的旦角:～衣。

[辨析] 因音近致误。两字在"青睐"一词上特别容易混淆:"青睐",指人高兴时眼睛正着看,黑色的眼珠在中间,比喻对人的喜爱或重视,没有"亲"所表示的意思,故不能写成"亲睐"。

[提示]"亲"另读 qìng。

秦 qín　泰 tài　奏 zòu

[释义] **秦** ①战国时期七雄之一：～国｜～始皇。②陕西省的别称。
泰 平安；安宁：～然｜安～。
奏 ①用乐器表演：～乐｜演～。②取得：～效。③古代官员向皇帝汇报情况：～折｜～章。

[辨析] 因形似致误。三字均为上下结构，区别在下面部分："秦"的下面是"禾"，5画；"泰"的下面是"氺"，5画，笔顺为：丨丿㇀丿㇏；"奏"的下面是"天"，4画。

吣 qìn　沁 qìn

[释义] **吣** ①猫、狗呕吐。②谩骂：满口胡～。
沁 指液体、香气等渗入或透出：～人心脾。

[辨析] 因音同形似致误。两字均为形声字，左右结构，声旁均为"心"。"吣"指猫、狗呕吐，故形旁为"口"；"沁"指液气等渗入，故形旁为"氵"。

揿 qìn　掀 xiān

[释义] **揿** 用手按：～铃。
掀 ①举起；揭起：～起｜～开。②兴起；翻动：～起。

[辨析] 因形似致误。两字均为形声字，左右结构，因本义均与动作有关，故形旁均为"扌"。"揿"的声旁为"钦"，"掀"的声旁为"欣"。

青 qīng　轻 qīng

[释义] **青** ①绿色或蓝色：～菜｜～草。②黑色：～丝｜～衣。

③青草或没有成熟的庄稼：踏~｜~黄不接。④年轻；年轻人：~年｜~春。⑤青海省的简称。⑥戏曲中的旦角：~衣。

轻 ①重量小：~便｜~巧。②装备简单；负载小：~骑｜~装卸车。③年纪小：年~。④程度浅：~伤。⑤用力小：~手~脚。⑥不重视：~视。⑦不严肃；不稳重：~浮｜~狂。⑧随便：~率｜~举妄动。⑨不紧张：~松｜~快。

[辨析] 因音同义近致误。两字均含有年纪小的意思，在"年青"与"年轻"两词上特别容易混淆："年青"指处在青少年时期，"年轻"的意思是年纪比较小，多指十几岁至二十几岁的时期。

青 qīng　　清 qīng

[释义] **青** ①绿色或蓝色：~菜｜~草。②黑色：~丝｜~衣。③青草或没有成熟的庄稼：踏~｜~黄不接。④年轻；年轻人：~年｜~春。⑤青海省的简称。⑥戏曲中的旦角：~衣。

清 ①洁净；纯净（与"浊"相对）：~液｜~净｜~水。②单纯：~香｜~新｜~茶淡饭。③寂静；冷落：冷~｜~静。④清楚；明白：~晰｜~醒。⑤使清楚：~算｜~点。⑥公正；廉洁：~正｜~官。⑦朝代名。

[辨析] 因音同形似致误。两字在字形上的区别是"清"比"青"多了形旁"氵"。两字在"清白"一词上特别容易混淆："清白"意为纯洁、没有污点或清楚、明白，没有表示颜色及年轻的意思，故不能写成"青白"。

磬 qìng　　馨 qīng

[释义] **磬** ①古代一种石或玉制的打击乐器。②佛教的一种打

击乐器。

罄 尽;空:告～。

[辨析] 因音同形似致误。两字均为形声字,上下结构,声旁均为"殸"。"磬"为一种石制乐器,故形旁为"石";"罄"的本义为瓦器中空空,故形旁为"缶",引申为空、尽。

曲 qū 屈 qū

[释义] **曲** ①弯:～线｜弯～。②使弯曲:～腿。③不合理;不公正;扭～｜歪～。④酿酒用的发酵物:酒～。

屈 ①弯曲:～指｜～腿。②屈服;妥协:～从｜～服。③理亏:理～词穷。④被误解;受冤枉:委～｜冤～。

[辨析] 因音同义近致误。两字都有表示弯曲的意思,但有如下区别:"曲"与"直"相对,用作形容词,多用来表示事物的形状不直;"屈"与"伸"相对,用作动词,多用来表示弯曲的动作。两字的混淆主要在"委曲"与"委屈"上:"委曲"指曲调、道路、河流等弯弯曲曲,也指事情的底细与原委;"委屈"则用于表示人的情绪,指人受到不应有的指责或待遇而心里难受。

[提示] "曲"另读 qǔ。

驱 qū 祛 qū

[释义] **驱** ①赶:～使｜～车。②赶车:～赶｜～逐。③快跑:长～直入。

祛 祛除:～痰。

[辨析] 因音同义近致误。两字均为形声字,左右结构,均含有赶走的意思。"驱"的声旁为"区",本义指鞭打马前进,故形旁为"马";"祛"的声旁为"去",本义指祛除,故形旁为表示祈祷的"礻"。两字的混淆主要在"驱除"与"祛

除"上:"驱除"意为赶走、除掉,对象多是外在事物;"祛除"意为除去疾病、疑惧等。

驱 qū　趋 qū

[释义] **驱** ①赶:~使|~车。②赶走:~赶|~逐。③快跑:长~直入。

趋 ①向一定的方向发展:~势|~向。②快走:急~而过。

[辨析] 因音同义近致误。两字均为形声字。"驱"为左右结构,声旁为"区",因本义为鞭打马前进,故形旁为"马",引申为赶走、快跑;"趋"为半包围结构,声旁为"刍",本义为快步走,故形旁为"走",引申为快走、趋向等。两字在"驱使"一词上特别容易混淆:"驱使"意为推动,也指强迫人按照自己的意志行动,故不能写成"趋使"。

驱 qū　躯 qū

[释义] **驱** ①赶:~使|~车。②赶走:~赶|~逐。③快跑:长~直入。

躯 身体:~体|为国捐~。

[辨析] 因音同形同似致误。两字均为形声字,左右结构,声旁均为"区"。"驱"的本义为鞭打马前进,故形旁为"马";"躯"指身躯,故形旁为"身"。两字在"先驱"一词上特别容易混淆:"先驱"意为走在前面引导或先驱者,故不能写成"先躯"。

荃 quán　筌 quán

[释义] **荃** 古书上说的一种香草。

筌 捕鱼的竹器:得鱼忘~。

[辨析] 因音同形似致误。两字均为形声字,上下结构,声旁均为"全"。"荃"是一种香草,故形旁为"艹";"筌"是捕鱼的竹器,故形旁为"⺮"。

雀 què 鹊 què

[释义] **雀** 泛指小鸟:麻~|云~|门可罗~。
鹊 鸟名:喜~|~巢鸠占。
[辨析] 因音同致误。两字在"雀跃"一词上特别容易混淆:"雀跃"意为高兴得像雀儿那样地跳跃,故不能写成"鹊跃"。
[提示] "雀"另读 qiāo、qiǎo。

确 què 榷 què

[释义] **确** ①坚定:~信|~立|~认|明~。②真实;符合事实:~实|~切|正~的|千真万~。
榷 ①商讨:商~。②专卖:~茶|~税。
[辨析] 因音同致误。两字在"商榷"一词上特别容易混淆:"商榷"意为商讨,没有确认的意思,故不能写成"商确"。

阕 què 阙 què

[释义] **阕** ①终了:乐~。②数量单位,用于歌曲或词:填词一~。
阙 ①泛指帝王的住所:宫~。②神庙、陵墓前竖立的石雕。
[辨析] 因音同形似致误。两字均为形声字,半包围结构,形旁均为"门"。"阕"的声旁为"癸",9画;"阙"的声旁为"欮",10画。
[提示] "阙"又读 quē。

Rr

冉 rǎn　　苒 rǎn

[释义] 冉 冉冉,慢慢地。
　　　 苒 荏苒,时间渐渐过去。
[辨析] 因音同形似致误。两字在字形上的区别是"苒"比"冉"多了形旁"艹"。两字的混淆主要在"冉冉"与"苒苒"上:"冉冉"意为慢慢地,如"月亮冉冉上升";"苒苒"意为草木茂盛的样子,如"苒苒齐芳草,飘飘笑断篷"。

壤 rǎng　　攘 rǎng　　嚷 rǎng

[释义] 壤 ①泥土:土~。②地:天~之别。③地区:穷乡僻~。
　　　 攘 ①排斥:~除。②抢;夺。③捋起袖管:~臂。
　　　 嚷 ①叫喊:叫~。②吵闹:吵~。
[辨析] 因音同形似致误。三字均为形声字,左右结构,声旁均为"襄"。"壤"即土壤,故形旁为"土";"攘"的本义为排斥,与动作有关,故形旁为"扌";"嚷"指叫喊,故形旁为"口"。
[提示] "嚷"另读 rāng。

饶 ráo　　娆 ráo　　绕 rào

[释义] 饶 ①丰富;多:富~|~有趣味。②宽恕:~恕|讨~。

娆 妖娆,形容娇艳美好的样子。
绕 ①缠:缠～|环～。②围着转:围～。③走旁路:～道|～圈子。

[辨析] 因音近形似致误。三字均为形声字,左右结构,声旁均为"尧"。"饶"的本义指饱,故形旁为"饣",今义为引申义;"娆"即妖娆,形容女子娇艳美好,故形旁为"女";"绕"意为缠绕,故形旁为"纟"。

[提示] "娆"另读 rǎo。

扰 rǎo　　绕 rào

[释义] 扰 使别人不安宁:干～|打～。
绕 ①缠:缠～|环～。②围着转:围～。③走旁路:～道|～圈子。

[辨析] 因音近致误。两字的混淆主要在"缠扰"与"缠绕"上:"缠扰"指纠缠、困扰,如"被杂事缠扰着";"缠绕"除了指纠缠、搅扰外,还指像带子一样的东西束缚在别的物体上,如"枯藤缠绕"。

扰 rǎo　　忧 yōu

[释义] 扰 使别人不安宁:干～|打～。
忧 ①担心;发愁:～愁|～伤。②担心发愁的事:～患|高枕无～。

[辨析] 因形似致误。两字均为形声字,左右结构,声旁均为"尤"。"扰"指干扰,故形旁为"扌";"忧"是担心、发愁的意思,故形旁为"忄"。

忍 rěn　　韧 rèn

[释义] 忍 ①控制感觉或情绪,不使外露:～耐|～受|～让。

②硬着心肠去做：～心｜残～。

韧 柔软结实，不易断裂：～性｜柔～。

[辨析] 因音近致误。两字均为形声字，声旁均为"刃"。"忍"为上下结构，因本义与人的思想、情绪有关，故形旁为"心"；"韧"的本义指皮革柔软结实，故形旁为表示兽皮的"韋(韦)"。两字的混淆主要在"坚忍"与"坚韧"上："坚忍"的意思是坚持不动摇，与人的意志有关，故不能写成"坚韧"；"坚韧"的意思是坚固而有韧性，与质地有关，故不能写成"坚忍"。

[提示] 不要将两字中的"刃"误写成"办"。

饪 rèn　妊 rèn　纴 rèn

[释义] **饪** 做饭菜：烹～。

妊 怀孕：～妇｜娠。

纴 纺织。

[辨析] 因音同形似致误。三字均为形声字，左右结构，声旁均为"壬"。"饪"意为做饭做菜，与饮食有关，故形旁为"饣"；"妊"指女子怀孕，故形旁为"女"；"纴"意为纺织，故形旁为"纟"。

韧 rèn　軔 rèn

[释义] **韧** 柔软结实，不易断裂：～性｜柔～。

軔 支住车轮不使旋转的木头：发～。

[辨析] 因音同形似致误。两字均为形声字，左右结构，声旁均为"刃"。"韧"的本义指皮革柔软结实，故形旁为表示兽皮的"韋(韦)"。"軔"为支住车轮不使旋转的木头，故形旁为"车"。两字在"发軔"一词上特别容易混淆："发軔"指拿掉支住车轮的木头，使车前进，比喻新事物或某种

局面开始出现,故不能写成"发韧"。

[提示] 不要将两字中的"刃"误写成"办"。

扔 rēng　仍 réng

[释义] **扔** ①用手抛掷:～球|～沙包。②丢弃:～掉。
仍 依旧;依然:～旧|～然。

[辨析] 因音近形似致误。两字均为形声字,左右结构,声旁均为"乃"。"扔"的本义为用手抛掷,故形旁为"扌";"仍"意为依旧,故形旁为"亻"。

溶 róng　熔 róng　融 róng

[释义] **溶** 物质在水或其他液体中化解:～解|～液。
熔 固体受热到一定的温度化为液体:～化|～炉。
融 ①冰雪等受热变成水:～化|消～。②不同的东西调配在一起:～合|水乳交～。③流通:～资|金～。

[辨析] 因音同义近致误。三字均为形声字,左右结构,均有表示化开的意思,"溶""熔"的声旁为"容","融"的声旁为"虫"。"溶"的本义指水势大,故形旁为"氵",使用对象为化学物质,即固体物质在某种溶剂里化开;"熔"指物质受热后化为液体,故形旁为"火",使用对象常为金属,即金属受热到一定程度时变成液体;"融"的本义与炊具有关,故形旁为"鬲",使用对象常为自然现象及生活用品,即冰雪、蜡烛等在一定温度的条件下融化。

揉 róu　糅 róu　蹂 róu

[释义] **揉** 反复搓、洗:～搓|～眼睛。
糅 混杂:杂～|～合。
蹂 蹂躏,指用暴力侵害或践踏。

[辨析] 因音同形似致误。三字均为形声字,左右结构,声旁均为"柔"。"揉"指反复搓、洗,表示手的动作,故形旁为"扌";"糅"的本义为杂饭,故形旁为"米",引申为混杂;"蹂"意为踏,故形旁为"𧾷"。

儒 rú　濡 rú　孺 rú　蠕 rú

[释义] **儒** ①读书人:～生|～将|焚书坑～。②春秋时期孔子创立的学说:～家|～学。
濡 ①沾湿;润泽:耳～目染。②停留:～滞。③隐忍:～忍。
孺 小孩子:妇～|～子。
蠕 像蚯蚓爬行那样动:～动。

[辨析] 因音同形似致误。四字均为形声字,左右结构,声旁均为"需"。"儒"的本义为术士,后泛指读书人,故形旁为"亻";"濡"意为沾湿,故形旁为"氵";"孺"指小孩子,故形旁为"子";"蠕"即像蚯蚓爬行那样动,故形旁为"虫"。

蓐 rù　缛 rù　褥 rù

[释义] **蓐** 草席;草垫子:坐～。
缛 烦琐;繁重:繁文～节。
褥 垫在身下的卧具:～子|被～。

[辨析] 因音同形似致误。三字均为形声字,声旁均为"辱"。"蓐"为上下结构,意为草席,故形旁为"艹";"缛"为左右结构,本义指彩饰繁密,故形旁为"纟",引申为烦琐;"褥"即被褥,左右结构,形旁为"衤"。

蕊 ruǐ　芯 xīn

[释义] **蕊** 花蕊。

芯 灯芯。

[辨析] 因形似及将"芯"作"蕊"的简化字致误。两字均为形声字,上下结构,因本义均与植物有关,故形旁均为"艹"。"蕊"的声旁为"惢",是花的雄蕊和雌蕊的统称;"芯"的声旁为"心",指灯芯草茎中的髓,又称灯芯。

[提示] "芯"另读 xìn。

Ss

洒 sǎ　　撒 sǎ

[释义] **洒** ①使液体散开：～水｜喷～。②东西散落：～落。③自然大方：～脱｜潇～。

撒 ①散播；散布：～种｜～播。②散落：他不小心把米～落在地上了。

[辨析] 因音同义近致误。两字均为形声字，左右结构。"洒"的本义指使液体散开，故形旁为"氵"；"撒"指散播，故形旁为"扌"。两字在表示散落的意思时，可以通用。在表示散布的意思时，有如下区别："洒"的对象多为液体；"撒"的对象多为小颗粒状或粉状的东西。

[提示] "撒"另读 sā。

丧 sàng　　伤 shāng

[释义] **丧** 丢失：～失｜～命｜～亡。

伤 ①身体受到损害：～痕｜～亡。②受到损害：～害｜～感情。③悲哀：～心｜忧～。④妨碍：无～大雅。

[辨析] 因音近致误。两字的混淆主要在"丧亡"与"伤亡"上："丧亡"指死亡、灭亡；"伤亡"指受伤和死亡、受伤和死亡的人。

[提示] "丧"另读 sāng。

搔 sāo　骚 sāo　臊 sào

[释义] **搔** 抓挠：～痒。

骚 ①扰乱；不安定：～乱｜～动。②举止不稳重：风～。③泛指诗文：～体｜～人墨客。

臊 疥疮

[辨析] 因音同形似致误。三字均为形声字，左右结构，声旁均为"蚤"。"搔"意为用指甲抓挠，故形旁为"扌"，用作动词；"骚"本义为摩马，即刷马，故形旁为"马"，今义为引申义，用作动词；"臊"本义指疥疮，此病有痒的症状，用作名词。"搔"与"臊"的混淆主要在"搔痒"与"臊痒"上："搔痒"意为用指甲抓挠皮肤发痒的地方；"臊痒"意为皮肤发痒。

沙 shā　砂 shā

[释义] **沙** ①细小的石粒：～子｜～漠｜灰～。②像沙子的东西：豆～。③嗓音不清脆：～哑。

砂 ①细小的石粒：～纸｜～浆｜～布｜～轮。②像砂粒的东西：～糖。

[辨析] 因音同形义近致误。两字均为形声字，左右结构，声旁均为"少"。"沙"的本义指流水冲刷成的石粒，故形旁为"氵"；"砂"指岩石风化成的石粒，故形旁为"石"。两字都可指细小的石粒，但适用的对象不同："沙"多指极细小的石粒，如"泥沙""沙漠"；"砂"多指颗粒较大的石粒，如"砂浆""砂轮"。

[提示] "沙"另读 shà。

刹 shā　煞 shā

[释义] **刹** 止住：～住｜～车。

煞 ①结束：～车｜～笔。②削弱：大～风景。③勒紧：
～紧腰带。

[辨析] 因音同义近致误。两字在表示止住、结束的时候可以通用，如"刹车"可以写作"煞车"。但"煞"还有削弱、勒紧的意思，如"大煞风景"。

[提示] "刹"另读 chà，"煞"另读 shà。

杉 shān　　衫 shān

[释义] **杉** 杉树，一种常绿乔木。
衫 ①单上衣：汗～｜衬～。②泛指衣服：衣～。

[辨析] 因形似义近致误。两字均为形声字，左右结构，声旁均为"彡"（读作 shān）。"杉"为杉树，故形旁为"木"；"衫"指衣服，故形旁为"衤"。

[提示] "杉"又读 shā。

姗 shān　　跚 shān

[释义] **姗** 姗姗，形容走路缓慢从容的样子。
跚 蹒跚，形容腿脚不灵便，走路缓慢、摇摆的样子。

[辨析] 因音同形似义近致误。两字均为形声字，左右结构，声旁均为"册"。本义均与走路缓慢有关，但有如下区别："姗"本义为女子行走时衣服拖在地上，故形旁为"女"，引申为走路缓慢从容的样子；"跚"即蹒跚，形容腿脚不灵便，故形旁为"𧾷"。两字在"姗姗来迟"一词上特别容易混淆："姗姗来迟"形容来得很晚，与腿脚不灵便没有关系，故不能写成"跚跚来迟"。

缮 shàn　　膳 shàn

[释义] **缮** ①修补：修～。②抄写，誊写。

膳 饭食:早~|用~。
[辨析] 因音同形似致误。两字均为形声字,左右结构,声旁均为"善"。"缮"意为修补,故形旁为"纟";"膳"指饭食,与"肉"有关,故形旁为"月",后因用作形旁的"肉"与"月"混同,均写成"月"。

擅 shàn　檀 tán

[释义] 擅 ①独揽:~权。②超越权限,自作主张:~自|~离职守。③善于:不~辞令|~长。
檀 落叶乔木,木质坚硬,有许多种类。
[辨析] 因形似致误。两字均为形声字,左右结构,声旁均为"亶"。"擅"的本义为独揽,故形旁为"扌",引申为自作主张;"檀"为一种落叶乔木,故形旁为"木"。

赡 shàn　瞻 zhān

[释义] 赡 供养:~养。
瞻 向上看或向前看:~仰|~前顾后。
[辨析] 因形似致误。两字均为形声字,左右结构,声旁均为"詹"。"赡"指供养,与财物有关,故形旁为"贝";"瞻"为向上或向前看,故形旁为"目"。

蟮 shàn　鳝 shàn

[释义] 蟮 曲蟮,即蚯蚓。
鳝 鳝鱼,即黄鳝。
[辨析] 因音同形似致误。两字均为形声字,左右结构,声旁均为"善"。"蟮"是蚯蚓,故形旁为"虫";"鳝"属鱼类,故形旁为"鱼"。

殇 shāng　　觞 shāng

[释义] 殇 未到成年而死亡：夭～｜国～。
觞 古代指酒器。

[辨析] 因音同形似致误。两字均为形声字，左右结构，声旁均为"㐺"。"殇"与死亡有关，故形旁为"歹"；"觞"古代指角质酒杯，故形旁为"角"。两字在"滥觞"一词上特别容易混淆："滥觞"意为江河发源的地方，因水少不能浮起酒杯，比喻事物的起源，故不能写成"滥殇"。

晌 shǎng　　响 xiǎng

[释义] 晌 ①中午：～午。②一天以内的一段时间：半～。
响 ①声音：音～｜声～。②发出声音：一声不～。③声音大：～亮。

[辨析] 因形似致误。两字均为形声字，左右结构，声旁均为"向"。"晌"指时间，故形旁为"日"；"响"指声音，故形旁为"口"。

裳 shang　　棠 táng

[释义] 裳 衣服。
棠 植物名：海～｜～梨。

[辨析] 因形似致误。两字均为形声字，上下结构，声旁均为"㳂"（"尚"的变体）。"裳"指衣服，故形旁为"衣"；"棠"为木本植物，故形旁为"木"。

[提示] "裳"另读 cháng。

捎 shāo　　梢 shāo　　稍 shāo

[释义] 捎 顺便带：～带。
梢 物体的末端：树～｜发～。

稍 略微：～微｜～许。

[辨析] 因音同形似致误。三字均为形声字,左右结构,声旁均为"肖"。"捎"意为顺便带,故形旁为"扌";"梢"意为树木或其他植物的顶端,故形旁为"木";"稍"的本义为谷物长出来一点点,故形旁为"禾",引申为略微、稍许。

[提示] "捎""稍"另读 shào,"梢"另读 sào。

艄 shāo　　艘 sōu

[释义] 艄 ①船尾：船～。②舵：掌～。

艘 数量单位,用于船只：一～船。

[辨析] 因形似义近致误。两字均为形声字,左右结构,因本义均与船有关,故形旁为"舟"。"艄"的声旁为"肖",作名词;"艘"的声旁为"叟",作量词。

苕 sháo　　笤 tiáo

[释义] 苕 甘薯。也叫红苕。

笤 笤帚,一种扫地、扫床的用具。

[辨析] 因形似致误。两字均为形声字,上下结构,声旁均为"召"。"苕"为草本植物,故形旁为"艹";"笤"为笤帚,多用竹丝制成,故形旁为"⺮"。

[提示] "苕"另读 tiáo。

畬 shē　　畲 yú

[释义] 畬 畲族,我国少数民族之一。

畲 开垦过两年的田地。

[辨析] 因形似致误。两字均为形声字,上下结构,形旁均为"田"。"畬"的声旁为"佘","畲"的声旁为"余"。

[提示] "畲"另读 shē。

佘 shé　　余 yú

[释义] **佘** 姓。

余 ①古汉语中第一人称代词,相当于"我"。②剩下的:~热|~粮。③整数后的零数:千~人。④某种情况或某事以外的:业~|课~。

[辨析] 因形似致误。两字均为上下结构,均为"人"字头,区别在下面:"佘"的下面为"示";"余"的下面是"禾"。

涉 shè　　陟 zhì

[释义] **涉** ①从水上过:跋~|远~重洋。②经历:~足。③关联,牵连:~及|牵~。

陟 登高。

[辨析] 因形似致误。两字均为会意字,左右结构。"涉"字由表示水的"氵"和脚的"步"组合而成,意为徒步过水;"陟"字由表示高坡的"阜(阝)"和脚的"步"组合而成,意为登上高坡。

摄 shè　　慑 shè

[释义] **摄** ①吸收:~取。②摄影:~像|拍~。③代理:~政。④保养:珍~。

慑 害怕;使害怕:~服|威~。

[辨析] 因音同形似致误。两字均为形声字,左右结构,声旁均为"聂"。"摄"的本义为牵引、拉动,故形旁为"扌",今义均为引申义;"慑"意为害怕,表示一种心理状态,故形旁为"忄"。

申 shēn　　伸 shēn

[释义] **申** ①说明:~明|请重~|三令五~。②上海市的别

称：～城。

伸 ①展开：～手｜～长｜展～延～。②表白：～冤。

[辨析] 因音同形似致误。两字在"引申"一词上特别容易混淆："引申"意为字、词由原义产生新义，故不能写成"引伸"。

身 shēn　　生 shēng

[释义] **身** ①躯体：～体｜～躯。②生命；一生：奋不顾～。③亲自；自己：本～｜自～。④地位：～份｜出～。⑤人品：修～养性。⑥物体的主干部分：车～｜桥～。⑦数量单位：一～新衣服。

生 ①生育；出生：～日｜诞～。②活着：～存｜～活。③产生；发生：～病｜无事～非。④点燃：～火。⑤东西没有煮熟或没有成熟：～米｜～菜。⑥没有加工过或没有冶炼过：～铁｜～石灰。⑦不熟悉或不熟练的：～人｜陌～｜～疏。⑧勉强：～硬｜～造。⑨谋生的方法：～意｜营～。⑩一辈子：平～｜一～。⑪生长：野～｜土～土长。⑫读书人：学～｜书～。⑬从事某种职业的人：医～｜接线～。⑭很：～怕。⑮戏曲里的角色：小～｜老～。

[辨析] 因音近义近致误。两字的混淆主要在"出身"与"出生"、"终身"与"终生"上：①"出身"指个人早期的经历或由家庭经济情况所决定的身份；"出生"意为胎儿从母体中分离出来。②"终身"与"终生"虽都有一辈子的意思，但有如下区别："终身"往往指生命的未来直至临终或生命结束；"终生"是指生命的全过程，即过去、现在和未来的整个的一生。

慎 shèn　　缜 zhěn

[释义] **慎** 小心：～重｜谨～。

缜 细致：～密。

[辨析] 因形似致误。两字均为形声字,左右结构,声旁均为"真"。"慎"意为小心,故形旁为"忄";"缜"意为细致,故形旁为表示极细的"纟"。

牲 shēng　性 xìng　姓 xìng

[释义] **牲** 家畜:~口|~畜。
性 ①人或事物固有的本质、能力、特征等:~能|~质|共~。②男女或雌雄的区别:~别|男~|女~。
姓 家族系统的称号:~名|~氏。

[辨析] 因音同或形似致误。三字均为形声字,左右结构,声旁均为"生"。"牲"的本义为古代祭祀用的猪、牛、羊等,故形旁为"牛",后泛指家畜;"性"指人或事物的本质特征,故形旁为"忄";"姓"为表明家族系统的称谓,古时以母系氏族为主,故形旁为"女"。

渑 shéng　绳 shéng　蝇 yíng

[释义] **渑** 渑水,古水名,在今山东。
绳 ①绳子,用棉、麻或金属丝拧成:麻~|草~|~索。②制裁;约束:~之以法。
蝇 苍蝇,一种能传染疾病的害虫。

[辨析] 因音同或形似致误。三字均为形声字,左右结构,声旁均为"黾"。"渑"即渑水,古水名,故形旁为"氵";"绳"即绳子,故形旁为"纟";"蝇"指苍蝇,一种害虫,故形旁为"虫"。

[提示] "渑"另读 miǎn。

圣 shèng　胜 shèng

[释义] **圣** ①最崇高的;最庄严的:~地|神~。②最高明、最高超的人:~人|~贤。③学识渊博或技艺高超的人:诗

~|画~。④宗教徒使用的尊称：~经|~诞节。⑤封建社会称帝王：~上|~旨。

胜 ①赢了对方(与"败"相对)：~利|~仗|获~。②超过：~过|优~。③优美的：~景|~地|名~古迹。④能承受：~任|不可~数。

[辨析] 因音同致误。两字的混淆主要在"圣地"与"胜地"上："圣地"为宗教徒称教主生平事迹有重大关系的地方，如基督教徒称耶路撒冷为"圣地"；也指具有重大历史意义和作用的地方，如"革命圣地"。"胜地"指有名的风景优美的地方，如"避暑胜地"。

[提示] "胜"另读 shēng。

失 shī　　矢 shǐ

[释义] **失** ①丢掉：~去|丢~。②找不着：走~|~踪。③没有把握住或控制住；错过：~手|~策。④没有达到目的：~望|~败。⑤过错：~误|过~。⑥改变常态：~常|~神。⑦违背；背离：~职|~信。⑧发生意外：~火|~事。

矢 ①箭：弓~|有的放~。②发誓：~口否认。③同"屎"：蝇~。

[辨析] 因音近形似致误。两字均为独体字，笔画相同，区别在第4笔："失"的第4笔一撇上面出头，"矢"的第4笔一撇上面不出头。

失 shī　　逝 shì

[释义] **失** ①丢掉：~去|丢~。②找不着：走~|~踪。③没有把握住或控制住；错过：~手|~策。④没有达到目的：~望|~败。⑤过错：~误|过~。⑥改变常态：~常|~神。⑦违背；背离：~职|~信。⑧发生意外：~

火｜～事。

逝 ①时间、水流等过去或失去：流～｜消～。②死亡：～世｜长～。

[辨析] 因音同义近致误。两字均有失去的意思,在"流失"与"流逝"两词上特别容易混淆："流失"侧重于"失",强调白白地流掉或散失,既可用于水土、矿石等,也可用于人员或资产等;"流逝"侧重于"逝",强调的是像流水一样很快地过去,多用于时间、人生、岁月、青春等。

师 shī 帅 shuài

[释义] **师** ①传授知识或技艺的人：～傅｜导～。②掌握某种专门知识或技艺的人：医～｜律～｜工程～。③学习的榜样：～范｜为人～表。④军队：兴～问罪｜出～不利。⑤军队的编制单位：～长。

帅 ①军队中最高的指挥官：元～｜将～。②英俊;潇洒：他长得真～。

[辨析] 因形似致误。两字均为左右结构,区别在右边："师"的右边为"帀",4画;"帅"的右边为"巾",3画。

蓍 shī 嗜 shì

[释义] **蓍** 蓍草,一种多年生草本植物。

嗜 特别爱好;有时指不良的爱好：～好｜～酒。

[辨析] 因音近形似致误。两字均为形声字,声旁均为"耆"。"蓍"为上下结构,是一种草本植物,形旁为"艹";"嗜"意为喜欢,形旁为"口"。

十 shí 实 shí

[释义] **十** ①数字：～八｜～万｜～倍｜～拿九稳。②表示到了极

点：~足｜~分｜~全~美。

实 ①真实或事实（与"虚"相对）：~际｜~况｜~事。②真诚；实在：~话｜忠~｜朴~。③满；不空：充~｜坚~｜扎~。④果实；种子：果~｜春华秋~。

[辨析] 因音同致误。两字的混淆主要在"十足"和"实足"上："十足"的意思是成色纯或十分充足；"实足"的意思是确实足数的。

示 shì　　事 shì

[释义] **示** 表明：~意｜~范｜显~。

事 ①事情；事物：~件｜~业｜故~。②职业；工作：差~｜同~。③意外的变故：~故｜惹~生非。④从事；做：无所~~。

[辨析] 因音同致误，两字的混淆主要在"启示"与"启事"上："启示"的意思是启发指示，使有所领悟，如"这件事给了大家深刻的启示"；"启事"是为了说明某事而登在报刊上或贴在墙上的文字，如"寻人启事"。

世 shì　　事 shì

[释义] **世** ①一生；一辈子：今生今~｜永~不忘。②一代又一代：~代｜流芳百~。③时代：~纪｜盛~。④世界；社会：~道｜~间。

事 ①事情；事物：~件｜~业｜故~。②职业；工作：差~｜同~。③意外的变故：~故｜惹~生非。④从事；做：无所~~。

[辨析] 因音同致误。两字的混淆主要在"尘世"与"尘事"、"处世"与"处事"、"人世"与"人事"上：①"尘世"是佛教徒或道教徒所指的现实世界，与他们所幻想的理想世界相

对;"尘事"指人间世俗的事。②"处世"的意思是在社会上活动,跟人往来相处,如"为人处世";"处事"的意思是处理事务,如"他处事方式很独特"。③"人世"指人间、世间;"人事"指人所经历的事,包括人与人的关系,工作人员的录用、培养、调配、奖惩等和各种事理人情。

式 shì　　势 shì

[释义] **式** ①样子:～样|款～。②一定的规格;标准:格～|方～。③典礼;仪式:阅兵～。
势 ①权力;力量;威力:～力|权～。②状况或趋向:～态|趋～。③姿态:姿～|手～。④自然界或物体的外在形态。

[辨析] 因音同义近致误。两字均可表示事物的形状,但有如下区别:"式"多指经加工过的物体的外形,"势"多指自然的状态或人的姿态,所以"**姿势**"不能写成"姿式"、"**装腔作势**"不能写成"装腔作式"。注意"形式"与"形势"的区别:"形式"指事物的形状、结构等,如"组织形式";"形势"指地势或事物发展的状况,如"形势险要""形势大好"。

事 shì　　肆 sì

[释义] **事** ①事情;事物:～件|～业|故～。②职业;工作:差～|同～。③意外的变故:～故|惹～生非。④从事;做:无所～～。
肆 ①不顾一切:放～|大～。②店铺:市～|酒～。③数字"四"的大写:～拾捌元整。

[辨析] 因音近致误。两字的混淆主要在"大事"与"大肆"上:"大事"为中性词,用作名词时,指重大的或重要的事情,用作副词时,表示大力从事,如"大事宣传";"大肆"为贬

义词,指无所顾忌地做坏事,如"大肆掠夺""大肆挥霍"等。

侍 shì   恃 shì

[释义] **侍** 陪伴;伺候:～卫|～从|服～。
恃 依赖;倚仗:～才傲物。

[辨析] 因音同形似致误。两字均为形声字,左右结构,声旁均为"寺"。"侍"的本义为陪从、伺候,因伺候的是人,故形旁为"亻";"恃"的本义是表示一种依靠、倚仗的心理感受,故形旁为"忄"。

试 shì   拭 shì   轼 shì   弑 shì

[释义] **试** ①实验;尝试:～验|测～。②考试:～题|应～。
拭 擦:～目以待。
轼 车厢前面用作扶手的横木:车～。
弑 臣杀死君主或子女杀死父母:～君|～父。

[辨析] 因音同形似致误。四字均为形声字,左右结构,声旁均为"式"。"试"意为尝试、考试,形旁为"讠";"拭"意为擦,形旁为"扌";"轼"指车厢前面用作扶手的横木,故形旁为"车";"弑"意为杀,故形旁为"杀"。

室 shì   窒 zhì

[释义] **室** ①屋子;房间:卧～|教～|会议～。②机关、工厂、学校内的工作部门:科～|审读～。
窒 阻塞;不通:～息。

[辨析] 因形似音近致误。两字均为形声字,上下结构,声旁均为"至"。"室"指房间,故形旁为"宀";"窒"指阻塞,多与孔、洞有关,故形旁为"穴"。

收 shōu　　搜 sōu

[释义] **收** ①接受：～留｜～发｜～看。②割取成熟的农作物：～割｜～获丰～。③得到；获得：～入｜～益｜税～。④聚集：～集｜～购｜～藏。⑤约束：～敛。⑥拘禁；拘押：～审｜～容。⑦停止；结束：～摊｜～兵。
搜 ①寻找：～寻｜～索｜～刮。②仔细查找；检查：～查｜～捕。

[辨析] 因音近义近致误。两字均有表示将东西聚拢的意思，但"收"只强调聚拢、获得；"搜"既有聚拢的意思，更强调搜寻、查找等义。两字的混淆主要在"收集"与"搜集"上："收集"的意思是使聚集在一起，如"收集资料"；"搜集"的意思是到处寻找并聚集在一起，如"搜集文物"。

收 shōu　　受 shòu

[释义] **收** ①接受：～留｜～发｜～看。②割取成熟的农作物：～割｜～获丰～。③得到；获得：～入｜～应｜税～。④聚集：～集｜～构｜～藏。⑤约束：～敛。⑥拘禁；拘押：～牢｜～容。⑦停止；结束：～摊｜～兵。
受 ①接受；得到：～礼｜～权。②遭到：～难｜～伤。③忍耐：忍～｜难～。④适合：～听｜～用。

[辨析] 因音近义近致误。两字均有表示接受的意思，在"接收"与"接受"两词上特别容易混淆："接收"意为收受，多用于对信号、信息的接收上，如"接收电子邮件"；还表示根据法令把机构、财产等拿过来，如"接收了该公司的全部不动产"；还有接纳的意思，如"接收新会员"。"接受"意为对事物容纳而不拒绝，如"接受任务""接受

意见"等。

受 shòu　　授 shòu

[释义] **受** ①接受;得到:～礼|～权。②遭到:～难|～伤。③忍耐:忍～|难～。④适合:～听|～用。

授 ①给予;交付:～予|～权。②教给别人知识、本领:～课|传～|讲～。

[辨析] 因音同形似致误。"受"的古字像双手传递交付东西的形状,意为接受;"授"为形声字,声旁为"受",形旁为"扌",意为给予。凡表示接受意思的都用"受",如"受奖""受命""受权"等;凡表示交给意思的都用"授",如"授奖""授命""授权"等。

授 shòu　　援 yuán

[释义] **授** ①给予;交付:～予|～权。②教给别人知识、本领:～课|传～|讲～。

援 ①以手牵引:攀～。②引用:～引。③援助:支～。

[辨析] 因形似致误。两字均为形声字,左右结构。因本义均与手部动作有关,故形旁均为"扌"。"授"的声旁为"受","援"的声旁为"爰"。

抒 shū　　纾 shū　　杼 zhù

[释义] **抒** 表达;发表:～发|～情|各～己见。

纾 ①延缓。②解除。③宽裕。

杼 ①织布的梭子:机～。②削薄或削尖。

[辨析] 因形似或音同致误。三字均为形声字,左右结构,声旁均为"予"。"抒"的本义为舀出,故形旁为"扌",引申为表达、发表;"纾"指延缓,形旁为"纟";"杼"的本义为织

布的梭子,故形旁为"木"。

姝 shū　　殊 shū

[释义] **姝** ①美好。②美女。
　　　殊 ①断;绝。②不同;差异:～途同归。③特别;特殊:～效。
[辨析] 因音同形似致误。两字均为形声字,左右结构,声旁均为"朱"。"姝"意为美好,故形旁为"女";"殊"的本义为断绝,故形旁为"歹"。

倏 shū　　翛 xiāo

[释义] **倏** 极快地:～已半年。
　　　翛 无拘无束;自由自在:～然。
[辨析] 因形似致误。两字的混淆主要在"倏然"与"翛然"上:"倏然"意为忽然,如"倏然一阵暴雨";也形容极快,如"倏然而逝"。"翛然"形容无拘无束、自由自在的样子。

梳 shū　　疏 shū

[释义] **梳** ①梳子,理顺头发的用具。②用梳子整理:～理|～洗。
　　　疏 ①稀;空隙大:～松|～落。②不亲密;不熟悉:～远|生～。③空虚;浅薄:才～学浅。④忽略;粗心:～忽|粗～。⑤清除阻塞使通畅:～浚|～通。⑥分散:～散。⑦古书中对前人注释的说明:～解|注～。⑧古代臣子给皇帝的奏章:上～|～奏。
[辨析] 因音同形似义近致误。两字均为左右结构,右边均为"疏",均有表示清理的意思,但有如下区别:"梳"的左边

为"木","疏"的左边为"𠫓"。"梳"多用指对乱七八糟的东西进行整理;"疏"多指疏通,即清除阻塞使通畅。

塾 shú　　熟 shú

[释义] **塾** 旧时私人设立的教学的地方:私～。
熟 ①食物烧到可以吃的程度:～食|煮～。②果实成熟:瓜～蒂落。③炼制或加工过的:～铁。④知道得清楚:～人|～识|～悉。⑤有经验;精通:～练|纯～。⑥程度深:～睡|深思～虑。

[辨析] 因音同形似以致误。两字均为形声字,上下结构,声旁均为"孰"。"塾"即私人设立的教学的地方,房子建在土地上,故形旁为"土";"熟"指煮熟,故形旁为与热有关的"灬(火)"。

[提示] "熟"另读 shóu。

暑 shǔ　　署 shǔ

[释义] **暑** 炎热:～热|～气|避～。
署 ①安排;布置:部～。②签名;题名:～名|签～。③行政机关;办公处所:公～|官～。

[辨析] 因音同形似以致误。两字均为形声字,上下结构,声旁均为"者"。"暑"的本义为天气炎热,故形旁为"日";"署"的本义为布署,使各有所属,好像网系于纲,故形旁为"网",后简作"罒"。

戍 shù　　戌 xū

[释义] **戍** 防守:～守|～边。
戌 地支的第十一位:～时。

[辨析] 因形似以致误。两字均为独体字,6画,区别在中间:"戍"

的中间是"丶","戍"的中间是"一"。

[提示] "戍"另读 qu。

述 shù　　诉 sù

[释义] **述** 说;讲：～说｜陈～｜论～｜讲～。

诉 ①陈述;对人说：～说｜告～。②控告：～讼｜控～。

[辨析] 因音近义近致误。两字的混淆主要在"陈述"与"陈诉"上："陈述"指有条理地说出事情的经过、原因,对某件事的看法、意见等;"陈诉"指向人诉说内心的痛苦或委屈。

树 shù　　竖 shù

[释义] **树** ①树木：～林｜～叶。②种植;栽培：十年～木,百年～人。③建立：～立｜独～一帜。

竖 ①直立：～立。②上下或前后方向(与"横"相对)：横七～八。③使直立：～梯子。④汉字笔画名称：横～撇点折。

[辨析] 因音同义近致误。两字的混淆主要在"树立"与"竖立"上："树立"的意思是建立,多用于比较抽象的好的事物,如"树立榜样""树立典型";"竖立"的意思是使物体与地面垂直,用于具体的事物,如"屋顶竖立着一根旗杆"。

墅 shù　　野 yě

[释义] **墅** 别墅,指建筑在郊外或风景区的房屋。

野 ①离城较远的地区;泛指荒僻或人烟稀少的地方：～外｜～营｜原～。②民间的;不当政的：～史｜在～。③非人工培植饲养的：～花｜～兽。④粗鲁;蛮横：～

蛮｜粗～。⑤无拘无束：～小子。
[辨析] 因形似致误。"墅"为形声字,上下结构,声旁为"野",意为建筑在郊外或风景区的房屋,故形旁为"土";"野"本为会意字,甲骨文的野字两侧是"木",中间是"土",表明野外之土中有山林。

漱 shù　　嗽 sòu

[释义] **漱** 含水洗口腔：～口｜洗～。
嗽 咳：咳～｜干～。
[辨析] 因形似致误。两字均为形声字,左右结构,声旁均为"欶"。"漱"指含水洗口腔,故形旁为"氵";"嗽"指咳嗽,故形旁为"口"。

刷 shuā　　涮 shuàn

[释义] **刷** ①用毛、棕等制成的除去脏东西或涂抹涂料的用具：～子｜牙～。②用刷子清洗或涂抹：～牙｜粉～。③去掉;淘汰：初赛时,三班就被～了下去。④象声词：秋风把树叶吹得～～作响。
涮 ①摇动着冲洗：～洗。②把食物放在沸水里过一下就取出来蘸作料吃：～羊肉。
[辨析] 因音近形似义近致误。两字均有表示清洗的意思,但有如下区别："刷"多指用刷子除去物体表面的污垢或把物体表面的污垢涂抹掉;"涮"指摇动着物体用水冲洗干净。
[提示] "刷"另读 shuà。

耍 shuǎ　　要 yào

[释义] **耍** ①游玩：玩～。②卖弄;施展：～弄｜～赖。③戏弄：～弄｜～闹。

要 ①希望得到：～价｜～饭。②要求：他～我去一次。③应该；必须：～好好学习，天天向上。④重大；关键：～害｜重～。⑤重要内容：摘～｜纲～。⑥如果：～是有问题，就来找我。⑦将要：你～迟到了。

[辨析] 因形似致误。两字均为上下结构，区别在上半部分："要"的上面为"覀"；"要"的上面是"覀"，不是"西"。

[提示] "要"另读 yāo。

摔 shuāi　甩 shuǎi

[释义] **摔** ①跌倒：～倒｜～跤。②用力扔；抛：～掉。③从高处掉下：从树上～下来。④掉下来坏了：小心，别把花瓶碰～了。

甩 ①挥动；摆动：～手｜他头一～就走了。②向外扔：～鞭炮。③抛开；丢开：～开｜～掉。

[辨析] 因音近义近致误。两字均有表示用手把东西抛开的意思，但有如下区别："摔"是指用力把手中的东西抛掉或抛掉，动作方向是从上到下的；"甩"是挥动或摆动手中的物体，动作方向是朝旁边或后面的。

甩 shuǎi　用 yòng

[释义] **甩** ①挥动；摆动：～手｜他头一～就走了。②向外扔：～鞭炮。③抛开；丢开：～开｜～掉。

用 ①使用；使人或物发挥其功能：～力｜～劲｜～法。②用处；功效：有～｜作～。③需要：不～操心｜不～客气。④费用：零～｜家～。⑤请人吃、喝时的客气说法：请～茶。

[辨析] 因形似致误。两字均为独体字，5画，前4画的笔画相同，区别在最后一画："甩"的最后一画为"乚"，"用"的最

后一画为"丨"。

帅 shuài　　率 shuài

[释义] 帅 ①军队中最高的指挥官：元～|统～。②英俊；漂亮；潇洒：他长得真～。
率 ①带领：～领|～先。②不慎重；轻易地：草～|轻～。③直爽；坦白：坦～|直～。④模范：表～。

[辨析] 因音同义近致误。两字均有表示统帅的意思，但有如下区别："帅"指军队中最高的指挥官，用作名词，故表示统率全国武装力量的最高领导人的"统帅"不能写成"统率"；"率"指带领，用作动词，故表示统辖率领的"统率"不能写成"统帅"。

[提示] "率"另读 lǜ。

拴 shuān　　栓 shuān

[释义] 拴 用绳子系、缚住：请把船～好。
栓 ①塞子或像塞子一样的东西：～塞|～剂。②器物上用作开关的东西：螺～|枪～。

[辨析] 因音同形似致误。两字均为形声字，左右结构，声旁均为"全"。"拴"指用绳子系，与动作有关，故形旁为"扌"；"栓"指塞子，以木制成，故形旁为"木"。

妁 shuò　　灼 zhuó

[释义] 妁 媒人：媒～之言。
灼 ①火烧；火烫：烧～|～伤。②明亮。

[辨析] 因形似致误。两字均为形声字，左右结构，声旁均为"勺"。"妁"指媒人，故形旁为"女"；"灼"意为火烧、火烫，故形旁为"火"。

烁 shuò　　铄 shuò

[释义] **烁** 光亮的样子:闪~。
铄 ①熔化:~石流金。②耗损;削弱。③同"烁"。

[辨析] 因音同形似义近致误。两字均为形声字,左右结构,声旁均为"乐"。"烁"意为光亮的样子,故形旁为"火";"铄"本义为金属熔化,故形旁为"钅"。两字在表示光亮的样子时可以通用。

撕 sī　　嘶 sī

[释义] **撕** 扯开:~扯|~碎。
嘶 ①马叫:~鸣。②声音沙哑:~哑|声~力竭。

[辨析] 因音同形似致误。两字均为形声字,左右结构,声旁均为"斯"。"撕"意为扯开,故形旁为"扌";"嘶"意为马叫,故形旁为"口"。

肆 sì　　肄 yì

[释义] **肆** ①不顾一切:放~|大~。②店铺:市~|酒~。③数字"四"的大写:~拾捌元整。
肄 学习:~业。

[辨析] 因形似致误。两字均为左右结构,区别在左边:"肆"的左边为"镸",7画;"肄"的左边为"矣",7画。

忪 sōng　　松 sōng　　讼 sòng

[释义] **忪** 惺忪,形容刚睡醒而眼睛模糊不清的样子。
松 ①常绿乔木,松科植物的统称:~树|青~。②不紧密;不坚实:~软|~散|蓬~。③不紧张;不严格:~弛|轻~。④放开;弄散:~手|放~。⑤用鱼、肉、蛋等做

成的碎末状食品：肉～|鱼～。

讼 ①在法庭上争辩是非曲直：诉～。②争辩是非：争～。

[辨析] 因形似或音同致误。三字均为形声字，左右结构，声旁均为"公"。"忪"的本义为惊惶不安，故形旁为"忄"；"松"的本义为一种常绿乔木，故形旁为"木"；"讼"的本义为争辩是非，故形旁为"讠"。

[提示] "忪"另读 zhōng。

凇 sōng　　淞 sōng

[释义] **凇** 雾和水汽结成的冰花：雾～。
淞 吴淞江，水名，俗称苏州河。

[辨析] 因音同形似致误。两字均为形声字，左右结构，声旁均为"松"。"凇"指雾和水汽结成的冰花，与冷有关，故形旁为"冫"；"淞"为河流名，故形旁为"氵"。

怂 sǒng　　耸 sǒng

[释义] **怂** 惊惧。
耸 ①使人吃惊：～人听闻。②高高地直立：～立|高～。

[辨析] 因音同形似致误。两字均为形声字，上下结构，声旁均为"从"。"怂"意为惊惧，故形旁为"心"；"耸"的本义为耳聋，故形旁为"耳"，引申为使人吃惊。

耸 sǒng　　悚 sǒng

[释义] **耸** ①使人吃惊：～人听闻。②高高地直立：～立|高～。
悚 害怕：～然。

[辨析] 因音同义近致误。两字均为形声字。"耸"为上下结构,声旁为"从",因本义为耳聋,故形旁为"耳",引申为使人吃惊;"悚"为左右结构,声旁为"束",意为害怕,与心理感受有关,故形旁为"忄"。

悚 sǒng　竦 sǒng

[释义] **悚** 害怕:～然。
竦 ①恭敬的样子。②同"悚"。

[辨析] 因音同形似义近致误。两字均为形声字,左右结构,声旁均为"束"。"悚"意为害怕,与心理感受有关,故形旁为"忄";"竦"的本义为伸长脖子、提起脚跟站着,故形旁为"立",引申为恭敬的样子。两字在表示害怕义时可以通用。

诵 sòng　颂 sòng

[释义] **诵** ①大声地念:～读|朗～。②背记:记～|背～。③赞扬:称～|传～。
颂 ①赞扬;赞美:～扬|赞～。②以歌颂赞美为主的诗文、歌曲:黄河～。

[辨析] 因音同义近致误。两字均有赞扬的意思,但有如下区别:"诵"的本义指大声地念,引申为赞扬,"诵"表示赞扬的方式是辗转传布诵读的诗文等,如"传诵";"颂"的本义指赞扬、赞美,引申为以歌颂赞美为主的诗文、歌曲等,"颂"表示赞扬的方式是颂扬人,如"传颂"。

叟 sǒu　臾 yú

[释义] **叟** 年老的男人:老～。
臾 须臾,指极短的时间。

[辨析] 因形似致误。可根据不同的结构及笔顺加以区别:"曳",上下结构,9画,笔顺为:一「「「」曰申臾曳;"臾",独体字,8画,笔顺为:一「「「」曰申臾。

隋 suí　　随 suí

[释义] **隋** ①朝代名。②姓。
随 ①跟从:~从|跟~。②顺从;任凭:~便|~意。③顺便,无拘束:~手|~笔。
[辨析] 因音同形似致误。两字均为形声字,左右结构。"隋"的右边为"肯",只能用作名词,指中国的隋朝或姓氏;"随"的右边为"辶",多用作动词或介词,不能用作名词。

祟 suì　　粜 tiào

[释义] **祟** 迷信说法,指鬼怪害人。借指暗中搞鬼或行为不光明正大:作~|鬼鬼~~。
粜 把粮食卖出:~米。
[辨析] 因形似致误。两字均为会意字,上下结构。"祟"上面的"出"与下面的"示",表示神鬼出现而兴起灾祸的意思,如暗中搞鬼为"作祟",形容偷偷摸摸的行动为"鬼鬼祟祟";"粜"上面的"出"与下面的"米",表示把粮食卖出的意思,如"粜米"。

遂 suì　　逐 zhú

[释义] **遂** ①成功;实现:不~|功成名~。②如意:~意。③于是;就:接到录取通知,~回母校向老师告别。
逐 ①追赶:追~|角~。②赶走;驱赶:驱~。③挨着:~步|~一。
[辨析] 因形似致误。两字均为半包围结构。"遂"为形声字,声

旁为"豕",因本义为逃走,故形旁为"辶",今义均为其引申义;"逐"为会意字,由"豕"与"辶"组合而成,意为奔跑着追赶一头猪,故"逐"的本义为追赶。

[提示] "遂"另读 suí。

隧 suì 邃 suì

[释义] **隧** 把山凿穿或在地下挖通的道路:～道|～洞。
邃 ①指时间、空间的深远:深～。②精深:精～。

[辨析] 因音同形似义近致误。两字均为形声字,均含有深的意思,但有如下区别:"隧"为左右结构,声旁为"遂",因本义为地道,故形旁为与表示地势升降有关的"阜(阝)",用作名词,指隐在地下或山中的通道;"邃"为半包围结构,声旁为"遂",因本义为深远,故形旁为"穴",只能用作形容词,形容时间、空间的深远和学问的精深。

孙 sūn 逊 xùn

[释义] **孙** 儿辈的子女:～女|子子～～。
逊 ①谦让;谦虚:谦～|出言不～。②差:～色。

[辨析] 因形似致误。"孙"为会意字,左右结构,由"子"与"小"组合而成,意为子子孙孙无穷匮也;"逊"为形声字,声旁为"孙",因本义为逃跑,故形旁为"辶"。

唢 suǒ 琐 suǒ 锁 suǒ

[释义] **唢** 唢呐,一种管乐器。
琐 细碎:～事|～碎。
锁 ①加在门、框、箱等上面使人不能随意开启的用具:铁～|枷～。②用锁锁住:封～|～门。③一种缝纫方法:～眼。

[辨析] 因形似致误。三字均为形声字,左右结构,声旁均为"贵"。"喷"指唢呐,形旁为"口";"琐"的本义为细小的玉声,故形旁为"王(玉)",引申为细碎;"锁"的本义为锁链,用作刑具,故形旁为"钅"。

琐 suǒ　顼 xū

[释义] 琐 细碎:~事|~碎。
顼 颛顼,传说中的上古帝王。
[辨析] 因形似致误。两字均为形声字,左右结构。"琐"的本义为细小的玉声,故形旁为"王(玉)",引申为细碎;"顼"的本义为愚昧,故形旁为表示头部的"页",声旁为"王(玉)"。

塌 tā 蹋 tà

[释义] **塌** ①倒下;陷下:~方|倒~。②凹下:~鼻子。③安稳;安定:~实|~下心。

蹋 糟蹋,指浪费、损坏或侮辱。

[辨析] 因音近形似致误。两字均为形声字,左右结构,声旁均为"冐"。"塌"意为倒塌、下陷,与土有关,故形旁为"土";"蹋"的本义是踢,故形旁为"𧾷",现多与"糟"组词为"糟蹋",指浪费、损坏或侮辱。

摊 tān 滩 tān 瘫 tān

[释义] **摊** ①摆开;铺开:~手|~牌。②设在路边、广场或商店里的售货处:~位|书~。③分担:~派|分~。④遇到;碰上:想不到此事竟会~到他自己的头上。⑤数量单位:一~水。

滩 ①江、河、湖、海边泥沙淤积成的平地:海~|沙~。②江河中水浅多石、水流很急的地方:险~|暗~。

瘫 ①肢体失去知觉,不能活动:~疾|风~。②身体发软,四肢无力,难以动弹:~软。

[辨析] 因音同形似致误。三字均为形声字,声旁均为"难"。"摊"的本义指摆开、铺开,故形旁为表示动作的"扌";"滩"指江、河、湖、海边泥沙淤积成的平地,这种地方水

深时被淹没、水浅时露出来,故形旁为"氵";"瘫"的本义为一种病,故形旁为"疒"。

谭 tán　　潭 tán

[释义] 谭 说;对话;言论:论～。
潭 深水池:泥～|龙～虎穴。

[辨析] 因音同形似致误。两字均为形声字,左右结构,声旁均为"覃"。"谭"指说话,故形旁为"讠";"潭"指深水池,故形旁为"氵"。

坦 tǎn　　袒 tǎn

[释义] 坦 ①地面平:～荡|平～。②心里平静、开朗:～然|～率|～白。
袒 ①露出身体的一部分:～胸|～露。②不公正地偏护一方:～护|偏～。

[辨析] 因音同形似致误。两字均为形声字,左右结构,声旁均为"旦"。"坦"的本义指地面平,故形旁为"土";"袒"的本义指敞开衣胸,露出身体的一部分,故形旁为"衤"。

毯 tǎn　　毡 zhān

[释义] 毯 较厚的棉、毛织品:地～|毛～。
毡 用羊毛制成的织物:～帽|～垫。

[辨析] 因形似致误。两字均为形声字,半包围结构,因本义均与毛发有关,故形旁均为"毛"。"毯"的声旁为"炎",8画;"毡"的声旁为"占",5画。

炭 tàn　　碳 tàn

[释义] 炭 ①木炭的通称:雪中送～。②煤:焦～|煤～。

碳 非金属元素,是构成有机物的主要成分。~酸|~水化合物。

[辨析] 因音同形似致误。两字的混淆主要在"炭化"与"碳化"上:"炭化"指古代的植物埋藏在沉积物里,在一定的压力、温度等的作用下逐渐变成煤的过程,也叫煤化;"碳化"指把固体燃料和空气隔绝,加热使分解,如煤干馏后分解成焦碳、焦油和煤气。

趟 tāng   淌 tǎng

[释义] **趟** ①从浅水或草丛里走过去:~过河去。②用犁、锄翻土除草:~地。
淌 往下流:~汗|~血|流~。

[辨析] 因音近形似致误。两字均为形声字,声旁均为"尚"。"趟"为半包围结构,本义指从浅水或草丛里走过去,故形旁为"走";"淌"指往下流,多指汗水、泪水与血等,故形旁为"氵"。

[提示] "趟"另读 tàng。

塘 táng   搪 táng

[释义] **塘** ①堤岸:河~|海~。②水池:荷~|鱼~|池~。
搪 ①抵挡:~风|~寒。②应付;敷衍:~塞。③用泥土或涂料抹:~炉子。

[辨析] 因音同形似致误。两字均为形声字,左右结构,声旁均为"唐"。"塘"的本义为堤岸,故形旁为"土";"搪"的本义为抵挡,故形旁为"扌"。

涛 tāo   滔 tāo

[释义] **涛** ①大浪:波~|海~。②像波涛一样的声音:林~|

松～。

滔 水势很大,弥漫无际;充满:～天|～～不绝。

[辨析] 因音同义近致误。两字的意思均与波涛有关,但有如下区别:"涛"指大浪或像大浪一样的声音,多用作名词,如"波涛";"滔"意为水势很大,用作形容词,如"江水滔滔"。

掏 tāo　　淘 táo

[释义] **掏** ①伸进去把东西取出:～钱。②挖:～土。
淘 ①用水冲洗杂质:～米|～金。②清除污水、粪便、泥沙等:～井|～粪。③顽皮:～气。

[辨析] 因音近形似致误。两字均为形声字,左右结构,声旁均为"匋"。"掏"表示一种手的动作,故形旁为"扌";"淘"的本义为用水冲洗,故形旁为"氵"。

[提示] "掏"另读 táo。

疼 téng　　痛 tòng

[释义] **疼** ①因疾病、创伤、刺激等引起痛的感觉:～痛|头～脑热。②喜爱;爱惜:～爱|心～。
痛 ①疾病、创伤或刺激引起的难受的感觉:酸～|切肤之～。②悲伤;苦恼:～苦|沉～。③极度地;彻底地:～恨|～快。

[辨析] 因形似义近致误。两字均为形声字,半包围结构,因本义均与疾病有关,故形旁均为"疒"。"疼"的声旁为"冬","痛"的声旁为"甬"。两字除在表示由伤、病引起的不舒服的感觉时可以通用外,有如下区别:"疼"只能用作动词,还表示喜爱、爱惜等,如"疼爱"。"痛"除用作动词外,还可用作形容词,表示悲伤、痛苦,如"沉痛";还可用作副词,表示程度极深,如"痛恨"。

腾 téng　　滕 téng

[释义] **腾** ①奔跑;跳跃:～跃|奔～。②上升:飞～|龙～虎跃。③让出;使空出:～出时间。④表示反复:折～|闹～。

滕 周朝国名,在今山东滕州一带。

[辨析] 因音同形似致误。两字均为形声字,左右结构,声旁为"𦩎"("朕"的变体)。"腾"的本义为马奔跑、跳跃,故形旁为"马";"滕"的本义为水向上涌,故形旁为"水"。

剔 tī　　剃 tì

[释义] **剔** ①把不好的东西挑出来:～除|挑～。②从缝隙或洞孔里往外挑:～牙。

剃 用刀刮去头发或胡须:～刀|～头。

[辨析] 因音近形似致误。两字均为形声字,左右结构,因本义均与刀子有关,故形旁均为"刂"。"剔"的声旁为"易",8画;"剃"的声旁为"弟",7画。

提 tí　　题 tí

[释义] **提** ①垂手拎东西:～水。②由下往上移:～拔|～升。③把预定的时间往前移:～早|～前。④指出;举出:～名|～倡|～问。⑤取出:～取|～货。⑥把犯人从关押的地方带出来:～审。⑦谈起;说起:～起|只字不～。

题 ①写作或讲演的名目、材料:～目|～材。②练习或考试要求解答的问题:试～|习～。③写上;签署:～词|～字|～名。

[辨析] 因音同致误。两字的混淆主要在"提词"与"题词"、"提名"与"题名"上:①"提词"指戏剧演出时给演员提示

台词;"题词"指写一段话表示纪念或勉励。②"提名"的意思是在评选或选举前提出有当选可能的人或事物的名称;"题名"指题目的名称或为留纪念而写上的姓名。

[提示] "提"另读 dī。

体 tǐ　　休 xiū

[释义] **体** ①人或动物的全身:～重|身～。②身体的一部分:肢～|上～。③事物的本身或全部:整～|全～|集～。④物体存在的状态:固～|液～。⑤文字书写形式或文章的表现形式:黑～|文～。⑥事物的形式、规格:～制|～系。⑦亲身;设身处地:～会|～验|～贴。
休 ①歇息:～息|～养|～假。②停止或完结:～学|～战。③表示禁止或劝阻:～得无理。④欢乐:～戚与共。

[辨析] 因形似致误。两字均为左右结构,区别在右边:"体"的右边为"本",5画;"休"的右边为"木",4画。

[提示] "体"另读 tī。

涕 tì　　悌 tì

[释义] **涕** ①眼泪:痛哭流～。②鼻涕:～泪俱下。
悌 敬爱哥哥:孝～。

[辨析] 因音同形似致误。两字均为形声字,左右结构,声旁均为"弟"。"涕"意为眼泪和鼻涕,故形旁为"氵";"悌"指敬爱哥哥,形旁为"忄"。

天 tiān　　天 yāo

[释义] **天** ①高空:～空|苍～。②一昼夜24个小时;白天:每

～|今～。③季节：春～|秋～。④气候；气象：～气|晴～。⑤泛指自然界：人定胜～。⑥天生的；自然的：～然|～分。⑦在空中；在高处：～桥。⑧迷信指神、佛、仙或他们居住的地方：～堂|～意|～帝。

夭 未成年的人死去：～亡|～折。

[辨析] 因形似致误。两字均为独体字,笔画均为4画,区别在起笔："天"的起笔为"一","夭"的起笔为"丿"。

恬 tián 甜 tián

[释义] **恬** ①安静：～静|～适。②不在乎：～不知耻。
甜 ①像蜜或糖的滋味：～瓜|～食。②形容舒适、令人愉快：～美|～蜜。

[辨析] 因音同形似致误。两字均为形声字,左右结构,声旁均为"舌"。"恬"意为安静,表示一种心理感受,故形旁为"忄";"甜"即甘甜,故形旁为"甘"。

帖 tiē 贴 tiē

[释义] **帖** ①妥当：服～|妥～。②顺从；驯服：服～|俯首～耳。
贴 ①妥当；稳当：妥～。②粘合；粘附：～花|粘～|剪～。③紧挨；靠近：～近|～心。④补助；补偿：补～|车～。⑤数量单位：一～膏药。

[辨析] 因音同形似义近致误。两字均为形声字,左右结构,声旁均为"占",均可表示妥当、稳定的意思,但有如下区别："帖"的本义与布帛有关,故形旁为"巾",今义为引申义;"贴"的本义是用财物作抵押的意思,故形旁为表示钱物的"贝"。

[提示] "帖"另读 tiě、tiè。

苕 tiáo　　笤 tiáo

[释义] **苕** 古书上指凌霄花。
　　　笤 笤帚,一种扫地、扫床的用具。
[辨析] 因音同形似致误。两字均为形声字,上下结构,声旁均为"召"。"苕"的本义为一种草本植物,故形旁为"艹";"笤"是一种用竹丝等制成的打扫用具,故形旁为"⺮"。
[提示] "苕"另读 sháo。

廷 tíng　　庭 tíng

[释义] **廷** 朝廷,封建时代君主接见官吏、处理政事的地方:朝～|宫～。
　　　庭 ①厅堂:大～广众。②院落:～院|门～若市。③司法机关审案的地方:～审|法～。
[辨析] 因音同致误。两字均为形声字,均为半包围结构,均可用作名词。"廷"的声旁为"壬",形旁为"廴",专指与朝中有关的地方,如"朝廷""宫廷";"庭"的声旁为"廷",因本义指"厅堂",故形旁为"广",引申指院落等。

廷 tíng　　延 yán

[释义] **廷** 朝廷,封建时代君主接见官吏、处理政事的地方:朝～|宫～。
　　　延 ①引长;伸展:～长|～伸|蔓～。②推迟:～迟|～缓|～拖。③聘请:～聘。
[辨析] 因形似致误。两字均为半包围结构,外面部分均为"廴",区别在里面:"廷"的里面是"壬",笔顺为:一二千壬;"延"的里面是"正",笔顺为:一丁下正。

亭 tíng　婷 tíng

[释义] **亭** ①盖在路边或园林中的有顶无围墙的建筑：～子｜凉～。②像亭子样的建筑：书报～｜售货～。
婷 婷婷，形容人或花木美好。

[辨析] 因音同形似致误。两字的混淆主要在"亭亭"和"婷婷"上："亭亭"除了形容人或花木美好外，还形容高耸；"婷婷"只形容人或花木美好，故"亭亭玉立"不能写成"婷婷玉立"。

蜓 tíng　蜒 yán

[释义] **蜓** 蜻蜓，一种捕食蚊子等小飞虫的昆虫。
蜒 蜿蜒，本指蛇类弯曲爬行的样子，常形容弯曲延伸的样子。

[辨析] 因形似致误。两字均为形声字，左右结构，因本义均为昆虫及爬行动物，故形旁均为"虫"。"蜓"的声旁为"廷"；"蜒"的声旁为"延"。

挺 tǐng　铤 tǐng

[释义] **挺** ①又硬又直：～拔｜～立。②伸直或凸出：～身而出。③勉强支持：～住。④很；非常：～好。⑤数量单位：一～机关枪。
铤 快走的样子：～而走险。

[辨析] 因音同形似致误。两字均为形声字，左右结构，声旁均为"廷"。"挺"的本义为拔，故形旁为"扌"，今义为引申义；"铤"的本义为未经加工的铜铁，故形旁为"钅"，今义为快走的样子。

[提示] "铤"另读 dìng。

曈 tóng　　瞳 tóng

[释义] 曈　曈曈,日出时光亮的样子。
　　　瞳　瞳孔。
[辨析] 因音同形似致误。两字均为形声字,左右结构,声旁均为"童"。"曈"指日光,故形旁为"日";"瞳"即瞳孔,故形旁为"目"。

桶 tǒng　　筒 tǒng

[释义] 桶　盛东西的器具,为圆筒形,有的有提梁。
　　　筒　①粗大的竹管:竹～。②管状器物:笔～|邮～。③衣服等的筒状部分:袖～。
[辨析] 因音同义近致误。两字均为形声字,均指一种呈圆形的器物,但有如下区别:"桶"为左右结构,本义指木制的盛东西的器具,故形旁为"木",声旁为"甬";"筒"为上下结构,本义指粗大的竹管,故形旁为"⺮",声旁为"同"。

头 tóu　　投 tóu

[释义] 头　①脑袋:～颅|～脑|焦～烂额。②头发:梳～|白～偕老。③物体的两端或事物的起点:两～|船～|源～。④物品的剩余部分:零～|烟～|铅笔～。⑤第一:～等|～号。⑥为首的;领头的:～领|～目|～带。⑦数量单位:一～牛|一～蒜。⑧词尾(读轻声):石～|苦～|念～。

投　①扔:～掷|～篮。②放进;送进:～资|～放|～递。③跳进去:～井|自～罗网。④参加:～入|～奔|～靠。⑤迎合:～合|～其所好。⑥光线照到物体上:～射|～影。

[辨析] 因音同致误。两字读音相同,意思完全不同,在"走投无路"一词上特别容易混淆:"走投无路"意为无路可走,比喻处境极端困难,找不到出路,不能写成"走头无路"。

[提示] "头"另读 tou。

凸 tū　　突 tū

[释义] **凸** 高于周围(与"凹"相对):～出|～起。
突 ①猛冲:冲～|～围。②突然:～变|气温～增。③高于周围:～起|～出。④古代灶旁突起的出烟火口,相当于现在的烟筒:灶～|曲～徙薪。

[辨析] 因音同义近致误。两字均有表示"高于周围"的意思,但有如下区别:"凸"只用作形容词,意为高于周围。"突"除用作形容词,意为高于周围外,还可用作动词,表示猛冲;还可用作副词,意为突然;也可用作名词,意为烟囱。

徒 tú　　徙 xǐ

[释义] **徒** ①步行:～步。②空的;白白地:～劳|～然。③只;仅仅:～有虚名。④学生:～弟|学～。⑤具有某种特性的人:歹～|叛～。
徙 ①迁移:迁～。②调动官职。

[辨析] 因形近致误。两字均为形声字,左右结构,因本义均与行走有关,故形旁均为"彳"("辵"的变体)。"徒"的声旁为"土","徙"的声旁为"止"。

退 tuì　　蜕 tuì

[释义] **退** ①向后移;使后移:～步|～路。②离开:～让|～休。③下降;减弱:～烧|～化。④还回;不接受:～回|～还。
蜕 ①蛇或昆虫等脱皮;引申为变化:～皮|～变。②蛇、

昆虫等脱下的皮:蝉～|蛇～。
[辨析] 因音同致误。两字的混淆主要在"退化"与"蜕化"上:"退化"的意思是生物体的某些器官变小,功能减退,侧重于表示量的减少和质的下降;"蜕化"的意思是虫类脱皮,引申为人腐化堕落,侧重于质的转化。

蜕 tuì 　脱 tuō

[释义] **蜕** ①蛇或昆虫等脱皮;引申为变化:～皮|～变。②蛇、昆虫等脱下的皮:蝉～|蛇～。
脱 ①落;掉下:～落|～发。②除去;取下:～卸|挣～。③离开:～产|～离。④漏掉文字:～漏。

[辨析] 因形似致误。两字均为形声字,左右结构,声旁均为"兑"。"蜕"的本义为蛇或昆虫等脱皮,故形旁为"虫";"脱"的本义为肉离骨,故形旁为"肉",后因作形旁的"肉"与"月"混同,均写成"月"。

煺 tuì 　褪 tuì

[释义] **煺** 将已宰杀的猪、鸡等用滚水烫后去掉毛:～毛。
褪 ①鸟兽等换新毛:～毛。②颜色由深变淡:～色。

[辨析] 因音同形似致误。两字均为形声字,左右结构,声旁均为"退"。"煺"意为将已宰杀的猪、鸡等用滚水烫后去掉毛,故形旁为与热有关的"火";"褪"的本义为卸下衣装,故形旁为"衤"。

[提示] "褪"另读 tùn。

屯 tún 　囤 tún

[释义] **屯** ①聚集;储存:～聚|～粮。②军队驻扎:驻～|～兵。③村庄:皇姑～。

囤 储存：～货｜～粮。

[辨析] 因音同义近致误。两字均有储存的意思，但有如下区别：①"屯"在表示储存的同时，还有聚集的含义，即将物品聚集并储存起来；"囤"只表示储存，没有聚集的意思。②"屯"引申为军队驻扎，如"屯兵""驻屯"，还用作名词，指村庄。

[提示] "屯"另读 zhūn，"囤"另读 dùn。

托 tuō　　脱 tuō

[释义] 托 ①用手或器物向上承受东西：～盘。②承受物体的东西：枪～｜杯～。③委托：～付｜～管｜拜～。④推托：～辞｜假～。⑤依赖：依～。⑥陪衬：衬～｜烘～。

脱 ①落；掉下：～落｜～发。②除去；取下：～卸｜推～。③离开：～险｜～离｜～手。④漏掉文字：～漏｜～误。

[辨析] 因音同致误。两字的混淆主要在"推托"与"推脱"上："推托"的"托"有假托的意思，"推托"表示寻找借口，拒绝别人要求自己所做的事情；"推脱"的"脱"有脱离的意思，"推脱"表示推卸责任。

驼 tuó　　鸵 tuó

[释义] 驼 ①骆驼：～峰。②背弯曲，直不起来：～背。

鸵 鸵鸟。

[辨析] 因音同形似致误。两字均为形声字，左右结构，声旁均为"它"。"驼"指骆驼，因其外形像马，故形旁为"马"；"鸵"指鸵鸟，故形旁为"鸟"。

拓 tuò　　柘 zhè

[释义] 拓 开辟：～荒｜开～。

柘 柘树。

[辨析] 因形似致误。两字均为形声字,左右结构,声旁均为"石"。"拓"的本义为开辟,故形旁为"扌";"柘"为柘树,故形旁为"木"。

[提示] "拓"另读 tà。

柝 tuò　　析 xī

[释义] **柝** 打更用的梆子。

　　析 ①分开;分散:分崩离～。②分辨;解释:分～｜辨～。

[辨析] 因形似致误。两字均为左右结构。"柝"为形声字,声旁为"斥",因本义是把木头分开或剖开,故形旁为"木";"析"为会意字,由"木"与表示斧头的"斤"组合而成,意为用斧头劈砍树木,引申为分开、分析等。

娲 wā　　娃 wá

[释义] **娲** 女娲,神话传说中炼石补天的神。
娃 ①小孩:女~|男~。②某些幼小的动物。
[辨析] 因音近致误。两字读音相近,意思完全不同。两字的混淆主要在"女娲"与"女娃"上:"女娲"是神话传说中炼石补天的神;"女娃"指女孩子。

纨 wán　　执 zhí

[释义] **纨** 很细的丝织品;细绢:~扇。
执 ①拿着;握着:~笔|~鞭。②从事;掌管:~掌|~政。③施行:~行|~法。④坚持:~着|各~己见。
[辨析] 因形似致误。两字均为左右结构。"纨"为形声字,意为很细的丝织品,故形旁为"纟",声旁为"丸";"执"为会意字,其繁体字"執"的古字意为抓捕罪人,今义为引申义。

玩 wán　　顽 wán

[释义] **玩** ①游戏:~耍|游~|贪~。②进行某种文娱活动:~球|~牌。③使用或耍弄不正当手段:~花招|~把戏。④不认真、不严肃对待:~弄|~忽职守。⑤观赏:~赏|品~。⑥供观赏的东西:古~。
顽 ①愚昧无知:~钝|愚~。②固执;不容易改变:~

固|～抗。③调皮;淘气:～皮|～意。

[辨析] 因音同形似义近致误。两字均为形声字,左右结构,声旁均为"元"。"玩"的本义指玩弄玉石,故形旁为"王(玉)";"顽"的本义指人愚昧无知,故形旁为"页"。

宛 wǎn　　苑 yuàn

[释义] 宛 ①曲折;弯曲:～转。②好像;仿佛:～如。
苑 ①养禽兽植林木的地方:鹿～。②指文学、艺术荟萃之处:艺～。

[辨析] 因形似致误。两字均为形声字,上下结构,声旁均为"夗"。"宛"的本义为弯曲的草把自己覆盖住,故形旁为与覆盖有关的"宀",引申为曲折、弯曲;"苑"指养禽植林木的地方,故形旁为"艹"。

宛 wǎn　　婉 wǎn

[释义] 宛 ①曲折;弯曲:～转。②好像;仿佛:～如。
婉 ①柔顺:～顺|柔～。②说话不生硬:～转|委～。

[辨析] 因音同义近致误。两字均为形声字。"宛"为上下结构,声旁为"夗",因本义为弯曲的草把自己覆盖住,故形旁为与覆盖有关的"宀",引申为曲折、弯曲;"婉"为左右结构,声旁为"宛",因本义为美好,故形旁为"女"。两字在表示温和曲折的意思时可以通用,如"委宛"可写作"委婉"、"宛转"可写作"婉转"。

惋 wǎn　　婉 wǎn　　琬 wǎn　　碗 wǎn

[释义] 惋 痛惜;叹惜:～惜。
婉 ①柔顺:～顺|柔～。②说话不生硬:～转|委～。
琬 美玉。

碗 盛饭菜的器具：～橱|饭～。

[辨析] 因音同形似致误。四字均为形声字,左右结构,声旁均为"宛"。"惋"指痛惜,表示一种心理活动,故形旁为"忄";"婉"的本义为美好,故形旁为"女";"琬"指美玉,故形旁为"王(玉)";"碗"为一种饮食用具,故形旁为"石"。

枉 wǎng　妄 wàng

[释义] **枉** ①弯曲不正：矫～过正。②使歪曲：～法。③冤屈：冤～。④白白地；徒然：～然。

妄 ①不合情理的：～说|狂～。②超出常规的：胆大～为。

[辨析] 因音近致误。两字均为形声字。"枉"为左右结构,声旁为"王",因本义指树木弯曲不正,故形旁为"木";"妄"为上下结构,声旁为"亡",本义指乱,形旁为"女"。

罔 wǎng　惘 wǎng

[释义] **罔** ①没有；无：置若～闻。②蒙蔽：欺～。

惘 失意；精神恍惚：～然若失。

[辨析] 因音同形似致误。两字在"置若罔闻"一词上特别容易混淆:"置若罔闻"意为放在一边不管,好像没有听见一样,故不能写成"置若惘闻"。

位 wèi　味 wèi

[释义] **位** ①所在或所占的地方：～置|座～。②在某一领域中的位置：职～|地～。③特指皇位：退～|篡～。④数量单位：各～来宾。

味 ①舌头尝或鼻子闻得到的感觉：～道|滋～|口～。

②辨别滋味：体~|品~。③指某类食品：腊~|野~。④情趣：趣~|乏~。⑤数量单位，多用于中药：十二~药。

[辨析] 因音同致误。两字的混淆主要在"品位"与"品味"上："品位"指矿石中有用元素或它的化合物含量的百分率，引申指格调、档次；"品味"意为品尝滋味，引申指评品、辨别。

胃 wèi　　胄 zhòu

[释义] **胃** 消化器官的一部分，能分泌胃液，消化食物：~病|脾~。

胄 古代称帝王或贵族的子孙：贵~。

[辨析] 因形似致误。两字均为上下结构，区别在上面部分："胃"的上面是"田"，"胄"的上面是"由"。

慰 wèi　　熨 yùn

[释义] **慰** ①使人安心、安适：~问|~安。②安心；安适：欣~|宽~。

熨 用烙铁或熨斗烫平：~衣服。

[辨析] 因形似致误。两字均为形声字，上下结构，声旁均为"尉"。"慰"指使人安心、安适，故形旁为"心"；"熨"为用烙铁或熨斗烫平，故形旁为"火"。

[提示] "熨"另读 yù。

蕰 wēn　　蕴 yùn

[释义] **蕰** 水草，可作肥料。

蕴 ①包含；积蓄：~藏。②事理深奥的地方：底~。

[辨析] 因形似致误。两字均为形声字，上下结构，形旁均为

"艹"。"蕰"的声旁为"温";"蕴"的声旁为"缊"。

纹 wén　紊 wěn

[释义] **纹** ①图案花样:花～。②条痕;皱痕:皱～|斑～。
　　　紊 乱:～乱|有条不～。

[辨析] 因音近致误。两字均为形声字,声旁均为"文"。"纹"为左右结构,因本义指丝织品上的花纹,故形旁为"纟",引申为各种图案花纹;"紊"为上下结构,因本义指纷乱,故形旁为"糸"。

[提示] "纹"另读 wèn。

翁 wēng　瓮 wèng

[释义] **翁** ①老年男子:渔～|老～。②丈夫或妻子的父亲:～姑。
　　　瓮 一种盛东西的陶器,口小腹大:酒～|～中捉鳖。

[辨析] 因音近形似致误。两字均为形声字,上下结构,声旁均为"公"。"翁"的本义为鸟的颈毛,故形旁为"羽",今义为引申义;"瓮"为一种陶器,故形旁为"瓦"。

污 wū　诬 wū

[释义] **污** ①脏;不干净:～垢|～泥浊水。②脏东西;不干净的东西:血～|去～。③弄脏:～染|玷～。④使受耻辱:～辱|～蔑。⑤不廉洁:贪～。
　　　诬 捏造事实冤枉别人:～告|～陷。

[辨析] 因音同致误。两字均为形声字,左右结构。"污"的声旁为"亏",因本义为停积不流的水,故形旁为"氵",今义为引申义;"诬"的声旁为"巫",意为捏造事实冤枉别人,与言语有关,故形旁为"讠"。注意"污蔑"与"诬蔑"的区

别：两词均表示捏造事实败坏别人的名誉，但"污蔑"还有玷污的意思。

芜 wú　　葲 yuán

[释义] **芜** ①杂草丛生：荒～。②比喻杂乱或杂乱的东西：～杂。
葲 葲花，落叶灌木。

[辨析] 因形似致误。两字均为形声字，上下结构，因本义均与草木有关，故形旁均为"艹"。"芜"的声旁为"无"；"葲"的声旁为"元"。

[提示] "芜"另读 yán。

梧 wú　　捂 wǔ　　悟 wù　　晤 wù

[释义] **梧** 梧桐，一种落叶乔木。
捂 遮盖住或封闭起来：～着嘴笑。
悟 觉醒；明白：～性｜领～｜醒～｜觉～。
晤 相遇，见面：～面｜会～。

[辨析] 因音近形似致误。四字均为形声字，左右结构，声旁均为"吾"。"梧"即梧桐，是一种落叶乔木，故形旁为"木"；"捂"指遮盖住，故形旁为"扌"；"悟"指觉醒、明白，表示一种心理感受，故形旁为"忄"；"晤"的本义是明，故形旁为"日"，引申指见面。

[提示] "捂"另读 wú。

仵 wǔ　　忤 wǔ

[释义] **仵** 仵作，旧时官府中检验命案死尸的人。
忤 不顺从；不和睦：～逆。

[辨析] 因音同形似致误。两字均为形声字，左右结构，声旁均

为"午"。"仵"指检验命案死尸的人,故形旁为"亻";"忤"指不顺从,与人的品性有关,故形旁为"忄"。

捂 wǔ 焐 wù

[释义] **捂** 遮盖住或封闭起来:～着嘴笑。
焐 用热的东西接触凉的东西使变暖:～酒｜用热水袋～一～。

[辨析] 因音近形似致误。两字均为形声字,左右结构,声旁均为"吾"。"捂"指遮盖住,故形旁为"扌";"焐"意为用热的东西接触凉的东西使变暖,故形旁为"火"。

[提示] "捂"另读 wú。

误 wù 娱 yú

[释义] **误** ①错;不正确:～差｜解～｜错～。②耽搁;错过时机:～期｜延～。③使受损害:～人子弟。④不是故意的:～伤｜失～。
娱 快乐;使人快乐:～乐｜欢～。

[辨析] 因形似致误。两字均为形声字,左右结构,声旁均为"吴"。"误"的本义为谬论,与言语有关,故形旁为"讠",引申为错误等;"娱"意为快乐,形旁为"女"。

骛 wù 鹜 wù

[释义] **骛** ①纵横奔驰:驰～。②追求:好高～远。
鹜 鸭子:趋之若～。

[辨析] 因音同形似致误。两字均为形声字,上下结构,声旁均为"敄"。"骛"的本义指马纵横奔驰,故形旁为"马",用作动词,引申为追求;"鹜"即鸭子,是一种禽鸟,故形旁为"鸟",用作名词。

西 xī   酉 yǒu

[释义] 西 四个主要方向之一,太阳落下去的一面:~面。
酉 地支的第十位:~时。
[辨析] 因形似致误。两字均为独体字,"西"为6画,笔顺为:一丆冂丙西西;"酉"为7画,笔顺为:一丆冂丙西西酉。

吸 xī   息 xī

[释义] 吸 ①把气体或液体引入体内(与"呼"相对):~气|~血|呼~。②摄入:~收|~取。③引来:~引|~力。
息 ①呼吸时进出的气:气~|喘~|奄奄一~。②音讯:信~|消~。③停止:~怒|平~|停~。④休息:安~|作~。⑤利钱:利~。
[辨析] 因音同致误。两字的意思均与呼吸有关,但意义完全不同:"吸"为动词,指把气体引入体内;"息"为名词,指呼吸时进出的气。两字在"息息相关"一词上特别容易混淆:"息息相关"意为呼吸相连,比喻关系密切,故不能写成"吸吸相关"。

息 xī   熄 xī

[释义] 息 ①呼吸时进出的气:气~|喘~|奄奄一~。②音讯:信~|消~。③停止:~怒|平~|停~。④休息:安~|

作～。⑤利钱:利～。

熄 熄灭:～灯|～火。

[辨析] 因音同形似义近致误。两字均有停止的意思,但有如下区别:"息"的本义指呼吸时进出的气,故"息"表示停止意思的对象可以是怒气、人、事等,如"息怒""息事宁人"等;"熄"指熄灭,"熄"表示停止意思的对象是火、光等,如"熄火""熄灯"等。

淅 xī　　晰 xī

[释义] **淅** 淘米。

晰 清楚;明白:清～|明～。

[辨析] 因音同形似致误。两字均为形声字,左右结构,声旁均为"析"。"淅"指淘米,与水有关,故形旁为"氵";"晰"指清楚、明白,故形旁为"日"。

淅 xī　　浙 zhè

[释义] **淅** 淘米。

浙 ①浙江,即今钱塘江。②浙江省。

[辨析] 因形似致误。两字均为形声字,左右结构,因本义均与水有关,故形旁均为"氵"。"淅"的声旁为"析";"浙"的声旁为"折"。

嘻 xī　　嬉 xī

[释义] **嘻** 象声词,形容笑的声音:～～哈哈。

嬉 游戏;玩耍:～戏|～笑。

[辨析] 因音同形似致误。两字均为形声字,左右结构,声旁均为"喜"。"嘻"为象声词,与声音有关,故形旁为"口";"嬉"意为游戏,形旁为"女"。

峡 xiá　　狭 xiá　　挟 xié

[释义] **峡** 两山夹水的地方：～谷。
狭 窄；不宽阔：～窄｜～隘。
挟 ①用手臂夹住：～着一本杂志。②威胁；强制：～持｜要～。③心里怀着：～恨｜～怨。

[辨析] 因形似致误。三字均为形声字，左右结构，声旁均为"夹"。"峡"为两山夹水的地方，故形旁为"山"；"狭"意为窄，形旁为"犭"，用作形容词；"挟"指用手臂夹住，形旁为"扌"，用作动词。

[提示] "挟"另读 jiā。

瑕 xiá　　暇 xiá

[释义] **瑕** 玉上面的斑点；常比喻缺点：～疵｜洁白无～。
暇 空闲：闲～｜目不～接。

[辨析] 因音同形似致误。两字均为形声字，左右结构，声旁均为"叚"。"瑕"指玉上的斑点，故形旁为"王(玉)"；"暇"指空闲，与时间有关，故形旁为"日"。注意"无瑕"与"无暇"的区别："无瑕"意为完美无疵，没有缺点；"无暇"指没有空闲的时间。

掀 xiān　　锨 xiān

[释义] **掀** ①举起；揭起：～起｜～开。②兴起；翻起：～起。
锨 挖土或铲土用的工具：铁～。

[辨析] 因音同形似致误。两字均为形声字，左右结构，声旁均为"欣"。"掀"的本义指举起，故形旁为"扌"；"锨"是一种金属制的工具，故形旁为"钅"。

弦 xián　　舷 xián

[释义] **弦** ①弓背两端之间绷着的绳线,用来发箭:弓~|离~之箭。②乐器上可以发声的线:~乐|六~琴。③钟表上的发条。④不圆的月亮:上~月|下~月。

舷 船和飞机的左右两侧:~梯|船~。

[辨析] 因音同形似致误。两字均为形声字,左右结构,声旁均为"玄"。"弦"指弓上的绳线,用来发箭,故形旁为"弓";"舷"的本义指船的左右两侧,故形旁为"舟"。

弦 xián　　旋 xuán

[释义] **弦** ①弓背两端之间绷着的绳线,用来发箭:弓~|离~之箭。②乐器上可以发声的线:~乐|六~琴。③钟表上的发条。④不圆的月亮:上~月|下~月。

旋 ①绕着中心转动:~转|~绕|飞~。②回;归:凯~。③圈圈:~子|~涡。④不久:~即。

[辨析] 因音同义近致误。两字在"旋律"一词上特别容易混淆:"旋律"意为乐音经过艺术构思而形成的有组织、有节奏的和谐运动,与"乐器上可以发声的线"的意思无关,故不能写成"弦律"。

[提示] "旋"另读 xuàn。

衔 xián　　衍 yǎn

[释义] **衔** ①嘴叼;口含:~泥。②心里怀着:~恨|~冤。③连接:~接。④职务和级别的称号:军~|官~。

衍 ①演化;孳生:~生|~繁。②延伸;铺展:推~。③多余的文字:~文。

[辨析] 因形似致误。两字均为左右结构,都是将"行"字拆开,

"衔"的中间是"钅","衍"的中间是"氵"。

限 xiàn　　线 xiàn

[释义] **限** ①范围;界限;期～|权～|极～。②规定范围:～定|～量。③古时指门槛:门～。
线 ①用棉、毛、金属等制成的细长的东西:毛～|电～。②像线的东西:光～|视～。③几何学上指一个点任意移动所构成的图形:直～|曲～。④边缘或边缘交界处:阵～|界～。⑤线路:线～|航～。⑥数量单位,用于抽象事物:一～希望|一～光明。

[辨析] 因音同致误。两字均为形声字,左右结构。"限"的声旁为"艮",因本义为阻拦的意思,故形旁为"阝",引申为范围界限;"线"的声旁为"戋",因本义为缕,故形旁为"纟",引申为边缘或边缘交界处等。两字的混淆主要在"界限"与"界线"上:在指不同事物的分界时,"界限"与"界线"通用。"界限"还指尽头处、限度,如"侵略者的野心是没有界限的";"界线"还指两个地区分界的线,如"跨越界线"。

厢 xiāng　　箱 xiāng

[释义] **厢** ①正房两侧的房子:～房|正～。②旁边;方面:两～情愿。③像房屋隔间的地方:车～|包～。④指靠近城门一带的地方:城～。
箱 ①收藏或装运衣服、货物等的长方形器具:～子|木～。②像箱子一样的东西:信～|水～。

[辨析] 因音同形似致误。两字均为形声字,声旁均为"相"。"厢"为半包围结构,意为正房两侧的房子,故形旁为与房屋有关的"厂";"箱"为上下结构,意为箱子,旧时箱子

多用竹篾编成,故形旁为"⺮"。

详 xiáng　　祥 xiáng

[释义] **详** ①周密;完备:~细|~明|~情。②清楚:不~。
祥 吉利:吉~如意。
[辨析] 因音同形似致误。两字均为形声字,左右结构,声旁均为"羊"。"详"的本义是审慎,与言语有关,故形旁为"讠",引申为周密;"祥"意为吉利,故形旁为与迷信说法中"神示"有关的"礻"。注意"安详"与"慈祥"、"不详"与"不祥"的区别:①"安详"的意思是从容、宁静;"慈祥"多形容老年人或长辈慈爱和善。②"不详"意为不详细、不清楚;"不祥"意为不吉利。

庠 xiáng　　痒 yǎng

[释义] **庠** 古代的学校。
痒 皮肤受到刺激,需要抓挠的感觉。
[辨析] 因形似致误。两字均为形声字,半包围结构,声旁均为"羊"。"庠"指古代的学校,故形旁为与房屋有关的"广";"痒"的本义为忧思成病,故形旁为"疒",今义为引申义。

象 xiàng　　像 xiàng

[释义] **象** ①哺乳动物,身躯庞大,长鼻,有一对外露的门牙。②形状;样子:现~|表~|假~。③仿效;模仿:~形。
像 ①比照人或物制成的形象:人~|肖~|录~|图~。②相似:他俩长得很~。③好比;如同:好~。

[辨析] 因音同形似及将"象"作为"像"的简化字致误。1986年10月10日,国家语言文字工作委员会在《关于重新发表〈简化字总表〉的说明》中规定:"像"不再作"象"的繁体

字,因而要注意两字的区别:"象"为象形字,本义是一种哺乳动物,又表示形状、样子等义;"像"为形声字,本义为比照人或物制成的形象,故形旁为"亻",声旁为"象"。

消 xiāo   销 xiāo

[释义] **消** ①去掉;除去:~除|~毒|取~。②逐渐逝去;化解:~失|~灭|~亡。③耗费;花费:~费|~耗。④需要:只~一个月。⑤度过:~磨|~遣。

销 ①熔化金属:~金|~毁。②去掉:~蚀|注~。③卖出;出售:~售|畅~。④消费:开~|花~。⑤插在器物中起连接或固定作用的东西:插~。

[辨析] 因音同形似义近致误。两字均为形声字,左右结构,声旁均为"肖",都有表示化开的意思,但有如下区别:"消"的本义是消融,指冰雪及溶于水的物质的溶化,形旁为"氵";"销"的本义是熔化金属,形旁为"钅"。两字在表示消除意义时可以通用,如"撤消"与"撤销"、"消魂"与"销魂"等。

宵 xiāo   霄 xiāo

[释义] **宵** 夜间:夜~|通~。

霄 天空;高空的云气:~汉|云~。

[辨析] 因音同形似义近致误。两字均为形声字,上下结构,声旁均为"肖"。"宵"的本义为夜晚居住的室内幽暗,故形旁为表示房屋的"宀";"霄"为高空中的云气,与雨有关,故形旁为"雨"。

萧 xiāo   肖 xiào

[释义] **萧** 冷落;衰败:~条|~疏。

肖 像;相似:～像|惟妙惟～。

[辨析] 因音近及将"肖"作为"萧"的简化字致误。两字均为形声字。"萧"为上下结构,声旁为"肃",因本义为一种草本植物,故形旁为"艹";"肖"的声旁为"⺌"("小"的变体),因本义指相貌相似,故形旁为"肉",后因作形旁的"肉"与"月"混同,均写作"月"。

[提示] "肖"另读 xiāo。

萧 xiāo　箫 xiāo

[释义] **萧** 冷落;衰败:～条|～疏。
箫 竹子制成的管乐器:排～。

[辨析] 因音同形似致误。两字均为形声字,上下结构,声旁均为"肃"。"萧"的本义为一种草本植物,故形旁为"艹",后形容冷落、衰败等;"箫"为一种竹制的管乐器,故形旁为"⺮"。

孝 xiào　肖 xiào

[释义] **孝** ①奉养和遵从父母长辈:～顺|～敬|～心。②丧服:披麻戴～。
肖 像;相似:～像|惟妙惟～。

[辨析] 因音同致误。"孝"为会意字,由"老"(省"匕")与"子"组合而成,意为孝敬父母长辈;"肖"为形声字,声旁为"⺌"("小"的变体),因本义指相貌相似,故形旁为"肉",后因作形旁的"肉"与"月"混同,均写成"月"。两字的混淆主要在"不孝"与"不肖"上:"不孝"指不孝顺或旧时在父母丧事中用于自称;"不肖"的意思为品行不好,多用于子弟或子孙,如"不肖子孙"。

[提示] "肖"另读 xiāo。

协 xié　胁 xié

[释义] **协** ①共同：～同｜商～｜～会。②和谐：～调｜妥～。③帮助：～助。

胁 ①胸部两侧有肋骨的部分。②恐吓；逼迫：～从｜～持。

[辨析] 因音同形似致误。两字均为左右结构。"协"原写作"協"，为会意字，由表示众多的"十"与表示出力的三个"力"组合而成，意为众多的人一起用力；"胁"原写作"脅"，为形声字，声旁为"劦"，意为从腋下到腰上的部位，故形旁为"肉"，后因作形旁的"肉"与"月"混同，均写成"月"。

协 xié　谐 xié

[释义] **协** ①共同：～同｜商～｜～会。②和谐：～调｜妥～。③帮助：～助。

谐 ①协调；配合适当：和～。②风趣；幽默：诙～。

[辨析] 因音同义近致误。两字均为左右结构，均有和谐的意思，但有如下区别："协"原写作"協"，为会意字，由表示众多的"十"与表示出力的三个"力"组合而成，意为众多的人一起用力，引申为共同、和谐、帮助等义；"谐"指音调和谐，故形旁为"讠"，引申为协调、风趣等。两字的混淆主要在"协调"与"谐调"上："协调"的意思是配合得当，多用于事物、人员、规划及各种关系的配合上；"谐调"意为和谐、协调，多用在声音、颜色、气氛的配合上。

邪 xié　斜 xié

[释义] **邪** ①不正当；不正派：～念｜～气。②中医指引起疾病

的各种因素：扶正祛～。

斜 不正；歪：～坡｜倾～。

[辨析] 因音同义近致误。两字均有表示偏离正常情况的意思，但有如下区别："邪"多指人与社会中的行为、品行等比较抽象事物的不正；"斜"多指物体的方位、形状等比较具体事物的不正。注意"邪视"与"斜视"的区别："邪视"指不正派的看，"斜视"指不正面看人。

[提示] "邪"另读 yé。

偕 xié　　谐 xié

[释义] **偕** 共同，一起：～同。

谐 ①协调；配合适当：和～。②风趣；幽默：诙～。

[辨析] 因音同形似致误。两字均为形声字，左右结构，声旁均为"皆"。"偕"指人共同、一起，故形旁为"亻"；"谐"指音调和谐，故形旁为"讠"，引申为协调、风趣等。

撷 xié　　缬 xié

[释义] **撷** 摘下；取下：采～。

缬 有花纹的丝织品。

[辨析] 因音同形似致误。两字均为形声字，左右结构，声旁均为"颉"。"撷"意为摘下、取下，形旁为"扌"；"缬"为有花纹的丝织品，故形旁为"纟"。

泄 xiè　　泻 xiè

[释义] **泄** ①排出：～洪｜排～。②漏失；走漏：～露｜～密。③尽量发出：发～｜宣～。

泻 ①急速地流；倾～｜一～千里。②拉肚子：腹～。

[辨析] 因音同义近致误。两字均表示液体流动，但有如下区

别：①"泄"指排出或漏出，多指少量的或人工控制的，如"水泄不通""泄洪"；"泻"指高速地流，多指由高向低或由上向下的。②"泻"的引申义"拉肚子"与"排泄"有相似之处，但"排泄"是生物的自然行为，而"泻"是一种病态的排泄。

心 xīn　　性 xìng

[释义] **心** ①人和高等动物身体内推动血液循环的器官。②指思想的器官和思想、感情等：～思｜一～一意。③中心；中央的部分：江～｜圆～。④二十八宿之一。
性 ①性格：个～｜天～。②物体所具有的性能；物质因含有某种成分而产生的性质：黏～｜弹～。③在思想、感情等方面的表现：党～｜纪律～。④有关生物的生殖或性欲的：～器官｜～行为。⑤性别：男～｜女～。

[辨析] 因音近致误。两字的混淆主要在"耐心"与"耐性"上："耐心"为形容词，形容人在做某事时心里不急躁，不厌烦，如"耐心等候""耐心说服"；"耐性"为名词，指能忍耐、不急躁的性格，如"事情越复杂，越需要耐性"。

猩 xīng　　猩 xīng　　腥 xīng

[释义] **猩** ①聪明。②醒悟。
猩 猩猩，一种哺乳动物。
腥 ①鱼、肉等食品：荤～。②鱼、虾等的气味：～气｜～臭。

[辨析] 因音同形似致误。三字均为形声字，左右结构，声旁均为"星"。"猩"意为聪明，故形旁为"忄"；"猩"即猩猩，为一种哺乳动物，故形旁为"犭"；"腥"的本义为生肉，故形旁为"肉"，后因作形旁的"肉"与"月"混同，均写作"月"，

引申指鱼、肉等食品。

行 xíng　　性 xìng

[释义] **行** ①走：步~|人~道。②古代指路程：千里之~始于足下。③指旅行或跟旅行有关的：~装|~程。④流动性的；临时性的：~商。⑤流通；推行：~销|发~。⑥做；办；举~|执~。⑦行为：品~|言~。⑧可以；把事情做好就~了。⑨能干：他真~。⑩将要：~将就木。
性 ①性格：个~|天~。②物体所具有的性能；物质因含有某种成分而产生的性质：黏~|弹~。③在思想、感情等方面的表现：党~|纪律~。④有关生物的生殖或性欲的：~器官|~行为。⑤性别：男~|女~。

[辨析] 因音近致误。两字的混淆主要在"品行"与"品性"上："品行"指有关道德的行为，是外在表现出来的，如"品行端正"；"品性"指品质性格，是内在的品德性情。

[提示] "行"另读 háng、hàng、héng。

形 xíng　　型 xíng

[释义] **形** ①样子；模样：~状|~象|~势。②实体：~体|~影相吊。③表现出来：喜~于色。
型 ①制造器物的模子：模~。②样子；规格：~号|类~。

[辨析] 因音同义近致误。两字均可表示人或物的样子，但有如下区别："形"指具体的、每个人或物的形态；"型"指许多事物共同的样子，常用来表示人或物的类别。两字的混淆主要在"变形"与"变型"、"体形"与"体型"、"原形"与"原型"上：①"变形"指形状、格式起变化；"变型"指事物的类型发生了改变。②"体形"指人或动物身体的形状；

"体型"指人体的类型即各部分之间的比例。③"原形"指原来的形状和本来的面目;"原型"指文学作品中塑造人物形象所依据的现实生活中的人。

省 xǐng　　醒 xǐng

[释义] 省 ①检查自己的思想行为:反~|~察。②醒悟;清醒:~悟|发人深~。③探望父母或长辈:~亲。

醒 ①因酒醉、麻醉或昏迷等之后恢复正常:~酒|苏~。②刚睡好觉或尚未入睡:睡~|吵~。③醒悟;觉悟:觉~。④清晰;明显:~目。

[辨析] 因音同义近致误。两字均有醒悟、清醒的意思,但有如下区别:"省"的本义指检查自己的思想行为,有醒悟、清醒的意思。

[提示] "省"另读 shěng。

汹 xiōng　　酗 xù

[释义] 汹 ①汹涌,形容水势大,波涛翻滚:~涌澎湃。②汹汹,形容声势大或争吵喧闹的样子;气势~~。

酗 无节制地喝酒。

[辨析] 因形似致误。两字均为形声字,左右结构,声旁均为"凶"。"汹"的本义指水势大,故形旁为"氵";"酗"的本义与酒有关,故形旁为"酉"。

休 xiū　　修 xiū

[释义] 休 ①歇息:~息|~养|~闲。②停止或完结:~会|~学。③表示禁止或劝阻:~得无礼。④欢乐:~戚与共。

修 ①使完美、完善:~饰|改装~。②建造:~建|

兴～。③写：编～。④通过学习或实践,提高品德或学业：～养|进～。⑤长;高：～长。

[辨析] 因同音致误。两字均为左右结构。"休"为会意字,"人"与"木"合在一起,表示人靠在树上休息;"修"为形声字,声旁为"攸",因本义为装饰的花纹,故形旁为"彡"。两字的混淆主要在"休养"与"修养"、"休整"与"修整"上：①"休养"指休息调养,使身体和精神恢复健康或保持良好状态;"修养"指通过学习、进修,在学问等方面达到一定的水平。②"休整"指休息调整,多用于军队;"修整"指修理整治,多用于具体的事物。

绣 xiù　　锈 xiù

[释义] **绣** ①用线在布、绸缎上缀成文字或花纹：～花|刺～。②绣好的成品：苏～|湘～。

锈 ①金属表面的氧化物：～斑|铁～。②生锈：这把剪刀已经～了。

[辨析] 因音同形似致误。两字均为形声字,左右结构,声旁均为"秀"。"绣"指用线在布、绸缎上缀成文字或花纹,故形旁为"纟";"锈"指金属表面的氧化物,故形旁为"钅"。

须 xū　　需 xū

[释义] **须** ①务必;一定要：～知|必～。②胡子;像胡子一样的东西：胡～|根～。

需 ①应该有;必须要;要求有：～要|必～|急～。②需用的东西：军～。

[辨析] 因音同义近致误。两字均有表示要的意思,但有如下区别："须"用作副词,意为一定要,常用来修饰其他动词,如"天亮前须赶到目的地";"需"用作动词,意为一定得

有或不可缺少,如"抗震救灾需大量消毒用品"。两字的混淆主要在"必须"与"必需"上:"必须"强调事理上和情理上的必要,同时加强命令语气;"必需"指某些东西是一定要有的,不可少的。

诩 xǔ 栩 xǔ

[释义] **诩** 夸耀:自～。

栩 栩栩,形容生动活泼的样子。

[辨析] 因音同形似致误。两字均为形声字,左右结构,声旁均为"羽"。"诩"指夸耀,与言语有关,故形旁为"讠";"栩"的本义是树名,故形旁为"木"。

序 xù 绪 xù

[释义] **序** ①排列的先后:次～|顺～。②开头的;正式内容之前的:～言|～幕。

绪 ①丝的头,比喻事情的开端:头～|就～。②心情;思想:思～|情～。

[辨析] 因音同义近致误。两字都可表示次第的意思,都可指写在卷首的一种文字形式,但有如下区别:"序"指著作正文之前的文章,内容为对该书的说明与评价,多由他人撰写;"绪"也放在著作或文章的开头,但属该著作或文章的组成部分,不能由他人代笔。

喧 xuān 暄 xuān 渲 xuàn

[释义] **喧** 声音杂乱;大声讲话:～哗|～闹。

暄 温暖:寒～。

渲 渲染。

[辨析] 因音同或形似致误。三字均为形声字,左右结构,声旁

均为"宣"。"喧"指讲话声音很大,故形旁为"口";"暄"表示温暖,故形旁为"日";"渲"是一种与水有关的绘画技法,故形旁为"氵"。"喧"与"暄"在"寒暄"一词上特别容易混淆:"寒暄"意为见面时谈天气冷暖之类的应酬话,不是大声讲话的意思,故不能写成"寒喧"。

眩 xuàn　　炫 xuàn　　眴 xuàn

[释义] 眩　日光。
炫　①晃眼:~目。②有意显露:~耀。
眴　眼睛昏花迷离:头晕目~。

[辨析] 因音同形似致误。三字均为形声字,左右结构,声旁均为"玄"。"眩"指日光,故形旁为"日";"炫"的本义指光焰闪耀、晃眼,故形旁为"火",引申为夸耀;"眴"指眼睛昏花迷离,故形旁为"目"。注意"炫目"与"目眴"的区别:"炫目"意为光彩耀眼,如"装饰华丽炫目";"目眴"意为眼花,如"灯光强烈,令人目眴"。

询 xún　　讯 xùn

[释义] 询　询问:查~|咨~。
讯　①询问;审问:问~|审~。②消息;音信:音~|喜~。

[辨析] 因音近义近致误。两字均含有询问的意思,两字的混淆主要在"询问"与"讯问"上:"询问"的意思是征求意见、打听情况;"讯问"的意思是审问,审问的对象是有罪错的或有责任的人。

循 xún　　徇 xùn

[释义] 循　遵照;依照:~环|遵~。

徇 无原则地服从：~情｜~私枉法。

[辨析] 因音近义近致误。两字均有表示依从的意思，但有如下区别："循"意为遵照、依照，中性词；"徇"指依从、曲从，含贬义，故不能将"徇私"写成"循私"。

训 xùn　　驯 xùn

[释义] **训** ①教诲；告诫：教~｜~导。②教诲、告诫的话：古~｜家~。③学习；操练：~练｜军~。

驯 ①顺从；服从：~服｜温~。②使驯服：~养｜~化。

[辨析] 因音同形似致误。两字均为形声字，左右结构，声旁均为"川"。"训"指教诲、告诫，故形旁为"讠"；"驯"的本义为马顺从，故形旁为"马"。

讯 xùn　　汛 xùn　　迅 xùn

[释义] **讯** ①询问；审问：问~｜~审。②消息；音信：音~｜喜~。

汛 江河季节性地涨水：~情｜~期｜春~。

迅 快：~速｜~猛。

[辨析] 因音同形似致误。三字均为形声字，声旁均为"卂"。"讯"意为询问、审问等，与言语有关，故形旁为"讠"；"汛"指江河季节性地涨水，故形旁为"氵"；"迅"指速度快，故形旁为"辶"。

徇 xùn　　殉 xùn

[释义] **徇** 无原则地服从：~情｜~私枉法。

殉 ①古代用人或物陪葬：~葬。②为了事业或理想而牺牲生命：~国｜以身~职。

[辨析] 因音同形似致误。两字均为形声字，左右结构，声旁均

为"旬"。"徇"意为曲从、依从,故形旁为与行动有关的"彳";"殉"本义为殉葬,故形旁为"歹",引申为为事业或理想而牺牲生命。两字的混淆主要在"徇情"与"殉情"上:"徇情"指为了私情而做不合法的事情;"殉情"指因恋爱受阻而自杀。

压 yā   押 yā

[释义] **压** ①由上往下用力：～缩｜～碎。②用强力制服：～倒｜～迫。③稳住;使平静：～阵｜～台。④超过：技不～众。⑤搁置：积～。⑥逼近：大军～境。
押 ①用财物作担保：～金｜抵～。②把人物禁起来：拘～｜扣～。③跟随着看管人或物：～送｜～运｜～车。④在文书、合同上签字：画～。

[辨析] 因音同致误。两字的混淆主要在"扣压"与"扣押"上："扣压"指把文件、意见等扣留下来不处理；"扣押"指扣留、拘留，"扣押"的对象包括人员、物资、财产等。

[提示] "压"另读 yà。

崖 yá   涯 yá

[释义] **崖** 高山陡壁的边或高岸：山～｜悬～。
涯 水边，泛指边际：天～海角。

[辨析] 因音同形似致误。两字均为形声字，声旁均为"厓"。"崖"为上下结构，指高山陡壁的边，故形旁为"山"；"涯"为左右结构，指水边，故形旁为"氵"。

揠 yà   堰 yàn

[释义] **揠** 拔：～苗助长。

堰 较低的挡水建筑物。

[辨析] 因音近形似致误。两字均为形声字,左右结构,声旁均为"匽"。"揠"意为拔,故形旁为"扌";"堰"是一种建筑物,故形旁为"土"。

咽 yān　胭 yān

[释义] **咽** 呼吸和消化的共同通道:~喉。

胭 胭脂:~粉|~红。

[辨析] 因音同形似致误。两字均为形声字,左右结构,声旁均为"因"。"咽"指咽喉,故形旁为"口";"胭"即胭脂,为一种红色的化妆品,因胭脂涂于脸上,故形旁为"肉",后因作形旁的"肉"与"月"混同,均写作"月"。

[提示] "咽"另读 yàn、yè。

淹 yān　湮 yān

[释义] **淹** 被水浸没:~没。

湮 ①埋没:~没。②淤塞。

[辨析] 因音同义近致误。两字均为形声字,左右结构,因本义均有被水没掉的意思,故形旁均为"氵"。"淹"的声旁为"奄";"湮"的声旁为"垔"。两字的混淆主要在"淹没"与"湮没"上:"淹没"指人、动物及物体等被水浸没;"湮没"指人、事物等被埋没或消失。

[提示] "湮"另读 yīn。

淹 yān　掩 yǎn

[释义] **淹** 被水浸没:~没。

掩 ①遮盖;隐蔽:~盖|遮~。②合上;关闭:~门|~卷沉思。

[辨析] 因音近形似致误。两字均为形声字,左右结构,声旁均为"奄"。"淹"指被水淹没,故形旁为"氵";"掩"指遮盖,故形旁为与动作有关的"扌"。

晏 yàn　宴 yàn

[释义] **晏** ①迟;晚:早起~睡。②姓。
宴 ①酒席:~席|家~。②请客吃饭:~请。

[辨析] 因音同形似致误。两字均为形声字,上下结构。"晏"意为迟、晚,与时间有关,故形旁为"日",声旁为"安";"宴"意为在一起吃,故形旁为表示房子的"宀",声旁为"晏"。

赝 yàn　膺 yīng

[释义] **赝** 伪造的:~品。
膺 胸:义愤填~。

[辨析] 因形似致误。两字均为形声字,半包围结构。"赝"的声旁为"雁",意为伪造的,多用指伪造比较名贵的字画、古董等,故形旁为"贝";"膺"的声旁为"雁",本义为胸,故形旁为"肉",后因作形旁的"肉"与"月"混同,均写作"月"。

泱 yāng　殃 yāng　秧 yāng　怏 yàng

[释义] **泱** 泱泱,形容水面广阔或气魄宏大。
殃 ①祸害:灾~。②使受祸害:祸国~民。
秧 ①稻苗:~苗|插~。②植物的幼苗或茎:菜~。③指某些饲养的幼小动物:鱼~。
怏 怏怏,形容不高兴或不满意的样子。

[辨析] 因音同形似致误。四字均为形声字,左右结构,声旁均为"央"。"泱"指水势大,故形旁为"氵";"殃"指祸害,形旁为"歹";"秧"的本义为稻苗,故形旁为"禾";"怏"意

为不高兴,故形旁为"忄"。

佯 yáng　　徉 yáng

[释义] 佯 假装:～死。
徉 徜徉。

[辨析] 因音同形似致误。两字均为形声字,左右结构,声旁均为"羊"。"佯"意为假装,故形旁为"亻";"徉"即徜徉,意为安闲自在地步行,故形旁为与走路有关的"彳"。

仰 yǎng　　抑 yì

[释义] 仰 ①脸向上:～望|～视。②敬重:久～|信～。③依赖;借助:～仗|～赖。
抑 压;压制:～制|压～。

[辨析] 因形似致误。两字均为左右结构。"仰"为会意字,本义是抬头,脸向上,引申为敬重;"抑"为形声字,声旁为"卬",本义为按,故形旁为"扌",引申为压、压制。

椰 yē　　揶 yé

[释义] 椰 一种生长在热带的常绿乔木,树干很高,果实叫椰子。
揶 揶揄,指戏弄。

[辨析] 因音近形似致误。两字均为形声字,左右结构,声旁均为"耶"。"椰"是一种常绿乔木,故形旁为"木";"揶"即揶揄,意为戏弄,故形旁为"扌"。

晔 yè　　烨 yè

[释义] 晔 光明灿烂的样子。
烨 光盛的样子。

[辨析] 因音同形似致误。两字均为形声字,左右结构,声旁均

为"华"。"晔"意为光明灿烂的样子,故形旁为"日";"烨"为火盛的样子,故形旁为"火"。

掖 yè　　腋 yè

[释义] **掖** ①用手扶着别人的胳膊:扶～。②帮助或提拔:提～。

腋 ①胳肢窝。②特指狐狸腋下的毛皮:集～成裘。

[辨析] 因音同形似致误。两字均为形声字,左右结构,声旁均为"夜"。"掖"指用手夹着别人的胳膊,故形旁为"扌";"腋"的本义指胳肢窝,故形旁为"肉",因作形旁的"肉"与"月"混同,均写成"月"。

[提示] "掖"另读 yē。

依 yī　　倚 yǐ

[释义] **依** ①靠着:～靠|～赖|～偎。②顺从:～从|～顺。③根据;按照:～照|～然。

倚 ①靠着:～靠。②依仗;仗恃:～仗|～赖。③偏斜:不偏不～。

[辨析] 因音近义近致误。两字均为形声字,左右结构,因本义均为依靠、靠着,故形旁均为"亻"。"依"的声旁为"衣";"倚"的声旁为"奇"。"依"由本义引申为依从、同意,再引申为根据、按照等;"倚"由本义引申为仗恃,含贬义,再引申为偏、斜等。两字均有靠着的意思,但有如下区别:"依"多用于比较抽象的事物,如"依恋""依附"等;"倚"多用于比较具体的事物,如"倚窗""倚栏"等。

饴 yí　　怡 yí　　贻 yí

[释义] **饴** 饴糖:高粱～。

怡 喜悦;愉快:～然自得。

贻 ①赠送:～赠。②遗留:～患无穷。

[辨析] 因音同形似致误。三字均为形声字,左右结构,声旁均为"台"。"饴"是一种食物,故形旁为"饣";"怡"指喜悦、愉快,与心情有关,故形旁为"忄";"贻"表示赠送,与财物有关,故形旁为"贝"。

义 yì 意 yì

[释义] **义** ①公正合宜的道理或行为:正～|～举|道～|背信弃～。②情谊:～气|情～。③合乎正义或公益的:～演|～卖。④意义;意思:～项|含～。⑤认作亲属的:～父|～母。⑥人工制造的:～肢|～齿。

意 ①意思;意义:～味深长|言简～赅。②心思;愿望:～愿|心～|～满。③预料;料想:～外|出其不～。

[辨析] 因音同义近致误。两字的混淆主要在"大义"与"大意"、"含义"与"含意"、"本义"与"本意"、"情义"与"情意"上:①"大义"指大道理,如"深明大义";"大意"指主要的意思,如"段落大意"。②"含义"指词句等所包含的意义,如"含义深奥";"含意"指诗文、言语中含有的意思,如"我猜不出他话中的含意"。③"本义"指词语的本来意义;"本意"指原来的意思或意图。④"情义"指亲属、同志、朋友相互间应有的感情;"情意"指对人的感情。

亦 yì 抑 yì

[释义] **亦** 表示同样,相当于"也""也是":人云～云。

抑 ①表示选择,相当于"或是""还是"。②表示转折,相当于"可是""但是"。③表示递进,相当于"而且"。

[辨析] 因音同致误。两字在"抑或"一词上特别容易混淆:"抑

或"为连词,表示选择关系,如"不知他们是赞成,抑或是反对",没有"也、也是"的意思,故不能写成"亦或"。

佚 yì   轶 yì

[释义] **佚** 散失;失传:~失|~名。

轶 ①超过;超越:超~。②散失;失传:奇事~闻。

[辨析] 因音同形似义近致误。两字均为形声字,左右结构,声旁均为"失",均有散失、失传的意思。"佚"本义为佚民,故形旁为"亻",引申为散失、失传;"轶"的本义为后车超越前车,故形旁为"车",除指散失、失传外,还有超过、超越的意思。

役 yì   疫 yì

[释义] **役** ①战争;战事:战~。②当兵的义务:兵~。③无偿劳动:劳~。④供使唤的人:差~|衙~。

疫 流行性急性传染病的总称:~病|瘟~。

[辨析] 因音同形似致误。"役"为会意字,由表示巡行的"彳"与像人手持兵器的"殳"组合而成,意为手持兵器巡行,引申为战争等;"疫"的声旁为"殳"("役"的略写),为流行性急性传染病的总称,故形旁为"疒"。

译 yì   绎 yì

[释义] **译** 翻译:~名|编~。

绎 ①理出头绪:演~。②连续不断:络~不绝。

[辨析] 因音同形似致误。两字均为形声字,左右结构,声旁均为"睪"。"译"即翻译,与言语有关,故形旁为"讠";"绎"的本义为抽丝,故形旁为"纟",引申为理出头绪等。

轶 yì　秩 zhì

[释义] **轶** ①超过;超越:超～。②散失;失传:奇事～闻。
秩 次序:～序井然。

[辨析] 因形似致误。两字均为形声字,左右结构,声旁均为"失"。"轶"的本义为后车超越前车,故形旁为"车",引申为超过、超越;"秩"的本义为积聚谷物,故形旁为"禾",今义为次序。

弈 yì　奕 yì

[释义] **弈** ①围棋。②下棋;对～。
奕 奕奕,形容精神饱满的样子:神采～～。

[辨析] 因音同形似致误。两字均为形声字,上下结构,声旁均为"亦"。"弈"的本义是围棋,因下棋与手有关,故形旁为由古文中表示相拱的双手形状演变而来的"廾";"奕"的本义为大,故形旁为"大",大则伟美,故古时称仪容姣美为"奕"。

弈 yì　羿 yì

[释义] **弈** ①围棋。②下棋;对～。
羿 后羿,传说中夏代有穷国的君主,善射箭。

[辨析] 因音同形似致误。两字均为上下结构,下面均为"廾",区别在上面:"弈"的上面是"亦","羿"的上面是"羽"。

翊 yì　翌 yì

[释义] **翊** 飞的样子;引申为辅佐,帮助:～戴。
翌 次于今日或今年的:～日|～年。

[辨析] 因音同形似致误。两字均为形声字,声旁均为"立","翊"

为左右结构,因本义指飞的样子,故形旁为"羽";"翌"为上下结构,因本义通"翼",意为翅膀,故形旁为"羽"。

溢 yì　缢 yì

[释义] 溢 ①充满而流出:充～|洋～|～于言表。②过分:～美|～誉。

缢 吊死:自～。

[辨析] 因音同形似致误。两字均为形声字,左右结构,声旁均为"益"。"溢"的本义为水满而流出,故形旁为"氵";"缢"意为用绳索上吊,故形旁为"纟"。

婴 yīng　罂 yīng

[释义] 婴 出生不久的小孩:～儿。

罂 小口大肚的瓶子。

[辨析] 因音同形似致误。两字均为形声字,上下结构,声旁均为"賏"。"婴"的本义为妇女挂在脖子上的饰物,故形旁为"女",今义为假借义;"罂"为一种小口大肚的瓶子,以陶制成,故形旁为"缶"。

茔 yíng　荧 yíng　莹 yíng　萤 yíng　萦 yíng

[释义] 茔 坟地:坟～。

荧 微弱的光亮:～光。

莹 ①光洁如玉的美石。②光洁明亮:晶～。

萤 萤火虫。

萦 缠绕:～绕|～回。

[辨析] 因音同形似致误。五字均为上下结构。"荧"为会意字,原写作"熒",由表示火焰的"焱"与房屋的"冖"组合而

成,意为屋下灯烛之光,引申指微弱的光亮。"茔""莹""萤""萦"均为形声字,声旁均为"𤇾"("荧"的略写)。"茔"指坟地,故形旁为"土";"莹"的本义指光洁如玉的美石,故形旁为"玉";"萤"指萤火虫,故形旁为"虫";"萦"的意思是缠绕,故形旁为"纟"。

盈 yíng　营 yíng

[释义] **盈** ①充满;丰满:丰～|充～|热泪～眶。②多余:～利|～余。
营 ①经营;管理:～造|～业。②谋求:～利|～生。③军队驻扎的地方:～地|～房。④军队的编制单位:～长。

[辨析] 因音同致误。两字的混淆主要在"盈利"与"营利"上。"盈利"的"盈"指多余,"盈利"意为获得利润,强调的是结果;"营利"的"营"指谋求,"营利"意为谋求利润,强调的是过程与手段。

颍 yǐng　颖 yǐng

[释义] **颍** 颍河。
颖 ①细长东西的尖端部分:脱～而出。②聪明:聪～。③新奇:新～。

[辨析] 因音同形似致误。两字均为形声字,左右结构,声旁均为"顷"。"颍"即颍河,故形旁为"水";"颖"的本义指稻麦类植物子实的带芒的外壳,故形旁为"禾",引申指细长东西的尖端部分。

应 yìng　映 yìng

[释义] **应** ①回答:答～|反～|一呼百～。②接受:～聘|～

从。③适合：～时|适～。

映 照射；显现：～照|～现|反～。

[辨析] 因音同致误。两字的混淆主要在"反应"与"反映"上："反应"指有机体受刺激后引起的相应活动和由某一事物所引起的意见、态度或行为等；"反映"指把客观事物的实质表现出来或把情况、意见等告诉上级或有关部门。

[提示] "应"另读 yīng。

佣 yōng　　用 yòng

[释义] **佣** ①雇用：～工。②仆人：女～。

用 ①使用：～具|～力。②费用：家～。③用处：功～。④需要：不～操心。⑤吃；喝：～饭|～茶。

[辨析] 因音同形似致误。两字的混淆主要在"雇佣"与"雇用"上："雇佣"的意思是用货币购买劳动力；"雇用"指出钱让人为自己做事情。

[提示] "佣"另读 yòng。

咏 yǒng　　泳 yǒng

[释义] **咏** ①抑扬顿挫地诵读或歌唱：～叹|歌～。②用诗词的形式来叙述：～怀。

泳 游水：游～|冬～。

[辨析] 因音同形似致误。两字均为形声字，左右结构，声旁均为"永"。"咏"指诵读或歌唱，故形旁为"口"；"泳"指游水，故形旁为"氵"。

涌 yǒng　　踊 yǒng

[释义] **涌** ①水或液体、气体向上冒：汹～|风起云～。②像水

冒上来一样:泪如泉~。

踊 往上跳;跳跃:~跃。

[辨析]因音同形似致误。两字均为形声字,左右结构,声旁均为"甬"。"涌"指水往上冒,故形旁为"氵";"踊"意为往上跳,故形旁为"⻊"。

[提示]"涌"另读 chōng。

优 yōu　　忧 yōu

[释义]**优** ①良好;美好:~良|~秀|~美。②充足;富裕:~裕|~厚。③善待:~待|~惠|~先。
忧 ①担心;发愁:~愁|~伤|~郁。②担心发愁的事:~患|后顾之~。

[辨析]因音同形似致误。两字均为形声字,左右结构,声旁均为"尤"。"优"的形旁为"亻","忧"的形旁为"忄"。两字在"优柔寡断"一词上特别容易混淆:"优柔寡断"意为办事迟疑、缺少决断,没有担心、发愁的意思,故不能写成"忧柔寡断"。

优 yōu　　幽 yōu

[释义]**优** ①良好;美好:~良|~秀|~美。②充足;富裕:~裕|~厚。③善待:~待|~惠|~先。
幽 ①僻静;深远:~深|~远。②昏暗:~暗。③隐蔽的:~会。④沉静:~美|~雅。⑤禁闭;囚禁:~禁|~闭。⑥迷信指人死后灵魂所在的地方:~灵。

[辨析]因音同致误。两字的混淆主要在"优美"与"幽美"、"优雅"与"幽雅"上:①"优"的本义指优良、美好,故"优美"指美好,如"风景优美";"优雅"指优美雅致或优美高雅,如"举止优雅"。②"幽"的本义指僻静、深远,故"幽美"

的意思是幽静美丽,如"景色幽美";"幽雅"的意思是幽静雅致,如"环境幽雅"。

尤 yóu　　犹 yóu

[释义] **尤** ①特别的;突出的:～异|～物。②更加;格外:～其|～为。③怨恨:怨天～人。

犹 ①如同;像:～如|过～不及。②还;尚且:记忆～新|困兽～斗。

[辨析] 因音同形似致误。两字在"尤其""犹如"等词上特别容易混淆:"尤其"表示更进一步,故不能写成"犹其";"犹如"意为"如同",故不能写成"尤如"。

柚 yòu　　釉 yòu

[释义] **柚** 常绿乔木,果实叫柚子。

釉 涂在陶瓷半成品的表面,烧制后能发出玻璃光泽的薄层。

[辨析] 因音同形似致误。两字均为形声字,左右结构,声旁均为"由"。"柚"为常绿乔木,故形旁为"木";"釉"是一种烧制后能发出玻璃光泽的薄层,形旁为"采(釆)"。

[提示] "柚"另读 yóu。

迂 yū　　遇 yù

[释义] **迂** ①曲折;弯:～回曲折。②言行、见解等不合时宜:～腐。

遇 ①碰到:～见|相～。②对待;接待:礼～。③机会:机～。

[辨析] 因音近或将"迂"作为"遇"的简化字致误。两字均为形声字,半包围结构,因本义均与行路有关,故形旁均为

"辶"。"迁"的声旁为"于",用作形容词;"遇"的声旁为"禺",用作动词时,意为碰到、对待等,用作名词时,指机会。

余 yú 裕 yù

[释义] **余** ①古汉语中第一人称代词,相当于"我"。②剩下的:~数|~粮|剩~。③整数后的零数:千~人|一百~人。④某种情况或某事以外的:业~|课~。

裕 丰富;充足:富~|宽~|充~。

[辨析] 因音近致误。两字的混淆主要在"富余"与"富裕"上:"富余"用作形容词,指足够而有剩余,如"富余人员""把富余的钱存在银行里"。"富裕"可用作形容词,指财物充裕,如"日子过得挺富裕";还可用作动词,意为使富裕,如"发展生产,富裕人民"。

鱼 yú 渔 yú

[释义] **鱼** 生活在水里的脊椎动物,用鳃呼吸,种类很多,大部分可食用。

渔 ①捕鱼:~业|~网|~民。②谋取:~利。

[辨析] 因音同形似义近致误。两字的意义均与鱼有关,但有如下区别:"鱼"用作名词;"渔"除指捕鱼外,也指谋取不应得的东西,用作动词。

竽 yú 芋 yù

[释义] **竽** 古代的一种管乐器:滥~充数。

芋 ①一种多年生草本植物,块茎可以吃:~头|~芳。②泛指薯类植物:山~|洋山~。

[辨析] 因音同形似义近致误。两字均为形声字,上下结构,声旁均

为"于"。"竽"是一种竹制的管乐器,故形旁为"⺮";"芋"为草本植物,故形旁为"艹"。

娱 yú　　愉 yú

[释义] **娱** 快乐;使人快乐:～乐|欢～。
愉 喜悦;快乐:～快|～悦。

[辨析] 因音同义近致误。两字均有表示快乐的意思,但有如下区别:"娱"含有通过某种形式来达到快乐的目的的意思;"愉"则强调心理上的欢乐。

谀 yú　　腴 yú

[释义] **谀** 谄媚;奉承:阿～。
腴 胖;丰～。

[辨析] 因音同形似致误。两字均为形声字,左右结构,声旁均为"臾"。"谀"指谄媚、奉承,多与言语有关,故形旁为"讠";"腴"形容胖,故形旁为"肉",后因作形旁的"肉"与"月"混同,均写成"月"。

揄 yú　　渝 yú　　愉 yú
瑜 yú　　榆 yú　　谕 yù

[释义] **揄** 牵引;提起。
渝 改变:始终不～。
愉 喜悦;快乐:～快|～悦。
瑜 ①美玉。②玉的光彩,比喻优点:瑕不掩～|瑕～互见。
榆 榆树,落叶乔木。
谕 告诉;吩咐:手～。

[辨析] 因音似或形似致误。六字均为形声字,左右结构,声旁均为"俞"。"揄"意为牵引、提起,故形旁为"扌";"渝"的

本义为水变污,故形旁为"氵",引申为改变;"愉"意为喜悦、快乐,与心情有关,故形旁为"忄";"瑜"的本义指美玉,故形旁为"王(玉)";"榆"为落叶乔木,故形旁为"木";"谕"意为告诉、吩咐,故形旁为"讠"。

渝 yú　　逾 yú

[释义] **渝** 改变:始终不~。
　　　逾 ①超过;越过:~越|~期。②更加;越发:~甚。
[辨析] 因音同形似致误。两字均为形声字,声旁均为"俞"。"渝"的本义为水变污,故形旁为"氵",引申为改变;"逾"的本义为超过、越过,故形旁为与行动有关的"辶"。

伛 yǔ　　妪 yù

[释义] **伛** 背曲,腰弯:~偻。
　　　妪 年老的女人:老~。
[辨析] 因音近形似致误。两字均为形声字,左右结构,声旁均为"区"。"伛"是人背曲、腰弯,故形旁为"亻";"妪"指年老的女人,故形旁为"女"。

域 yù　　蜮 yù

[释义] **域** 一定范围内的地方:疆~|地~。
　　　蜮 传说中在水里暗害人的怪物:鬼~。
[辨析] 因音同形似致误。两字均为形声字,左右结构,声旁均为"或"。"域"意为一定范围的地方,故形旁为"土";"蜮"为传说中一种害人的怪物,故形旁为"虫"。

渊 yuān　　源 yuán

[释义] **渊** ①深水;深水潭:深~。②深:~博。

源 ①水流流出的地方：～头|饮水思～。②事物的来源；资～|起～。

[辨析] 因音近义近致误。两字均与水有关，但有如下区别："渊"指深水，有深浅之意，无远近之别；"源"的本义为水流流出的地方，即水的源头，有远近之意，无深浅之别，故不能将"源远流长"误写成"渊远流长"。

园 yuán　　圆 yuán

[释义] **园** ①种花草果蔬的地方：～林|～艺|果～。②供人游览、娱乐的场所：公～|花～|乐～。

圆 ①圆形：～圈|～桌。②球形的：滚～|汤～。③完备；周全：～满。④使周全：～场|自～其说。⑤货币单位：一～。⑥圆形货币：银～。

[辨析] 因音同形似致误。两字均为形声字，全包围结构，因本义均有围起来的意思，故形旁均为"囗"。"园"是"園"的简化字，故声旁应为"袁"，简化作"元"；"圆"的声旁为"员"。

原 yuán　　源 yuán

[释义] **原** ①最初的；开始的：～始|～因|病～。②本来的：～来|～址。③未经加工的：～油|～料。④谅解；宽恕：～谅|情有可～。⑤宽阔平坦的地方：～野|平～。

源 ①水流流出的地方：～头|饮水思～。②事物的来源；资～|起～。

[辨析] 因音同义近致误。两字均有开头的意思，在"本原"与"本源"、"病原"与"病源"上特别容易混淆：①"本原"哲学上指一切事物的最初根源或构成世界的最根本实体；"本源"指事物产生的根源。②"病原"指病因；"病源"指发生疾病的根源。

缘 yuán 远 yuǎn

[释义] **缘** ①缘故：～由。②因为；为了：～何。③缘分：人～|～姻。④沿着：～溪而行。⑤边：边～。

远 ①空间或时间的距离长(与"近"相对)：～处|久～。②血统关系疏远：～亲。③程度大：差得～。④不接近：敬而～之。

[辨析] 因音近而误。两字的混淆主要在"边缘"与"边远"上："边缘"侧重"缘"，指沿边的部分，也指靠近界线的、同两方面或多方面有关系的；"边远"侧重"远"，指远离中心地区的、靠近国界的。

陨 yǔn 殒 yǔn

[释义] **陨** 从高空掉下：～落|～石。

殒 死亡：～命。

[辨析] 因音同形似以致误。两字均为形声字，左右结构，声旁均为"员"。"陨"的本义为从高空掉下，故形旁为表示升降的"阜(阝)"；"殒"意为死亡，故形旁为"歹"。

Zz

扎 zā   札 zhá

[释义] **扎** 绑;束:包～|捆～。
　　　札 ①古代写字用的小而薄的木片。②信件:信～。
[辨析] 因音近形似致误。两字均为形声字,左右结构,声旁均为"乚"。"扎"指绑、束,故形旁为"扌",用作动词;"札"的本义是古代书写用的木片,故形旁为"木",引申为信件,用作名词。
[提示] "扎"另读 zhā、zhá。

杂 zá   札 zhá

[释义] **杂** ①多种多样的;不纯:～货|～技|～乱无章。②混合在一起:～交|混～。③正项或正式以外的;非正规的:～费|～牌。
　　　札 ①古代写字用的小而薄的木片。②信件:信～。
[辨析] 因音近致误。两字的混淆主要在"杂记"与"札记"上:"杂记"指零碎的笔记和记载风景、琐事、感想的一种文体;"札记"指读书时摘记的要点和心得。

再 zài   在 zài

[释义] **再** ①又一次:～版|东山～起。②更加:～快一点。③表示一个动作发生在另一个动作结束之后:想好了

~动笔。④表示另有补充：~则。

在 ①存在；生存：大有人~。②表示人或事物所处的位置：~座｜~场。③决定于：事~人为｜贵~坚持。④表示动作正在进行：她~洗衣服。⑤表示动作行为的时间、范围、条件等：~早上｜~学习上。

[辨析] 因音同致误。两字的主要区别在于："再"常用作副词，表示频率，是重复的意思，放在动词或形容词前，如"再来一次""再努力一点"，但不能用于修饰名词；"在"除用作动词，表示存在、生存等外，可用作副词，表示时间，有强调的意思，如"在工作"，还可用作介词，与名词、代词组成介词结构，如"在学习上""在工作中"等。

赃 zāng　　脏 zāng

[释义] **赃** 贪污、受贿或偷盗所得到的财物：~物｜~款。
脏 ①不干净：肮~。②不文明：~话。

[辨析] 因音同形似致误。两字均为形声字，左右结构，声旁均为"庄"。"赃"与钱物有关，故形旁为"贝"；"脏"的本义为人或动物的内脏（读 zàng），故形旁为"肉"，后因作形旁的"肉"与"月"混同，均写成"月"。

[提示] "脏"另读 zàng。

澡 zǎo　　噪 zào　　燥 zào　　躁 zào

[释义] **澡** 洗涤：~盆｜洗~。
噪 ①嘈杂刺耳：~声｜~音。②大声叫嚷：鼓~。
燥 干，缺少水分：~热｜干~。
躁 性急；不冷静：烦~｜急~｜浮~。

[辨析] 因音同或形似致误。四字均为形声字，左右结构，声旁均为"喿"。"澡"指洗涤，故形旁为"氵"；"噪"指声音嘈

杂,故形旁为"口";"燥"意为干物近火而干,故形旁为"火";"躁"的本义为疾速,故形旁为"𧾷",引申为不停地动、性急、不冷静等。

责 zé　　职 zhí

[释义] **责** ①应承担的过失和应该做的事情:～任|尽～|职～。②批评指摘:～备|～怪。③要求做成某件事:～成。

职 ①工作中规定应做的事情:～权|本～|尽～。②职位:辞～|就～|兼～。③掌管:～掌。

[辨析] 因义近致误。两字的混淆主要在"尽责"与"尽职"上:"责"的本义指应承担的过失和应该做的事情,故"尽责"意为尽力负起责任;"职"的本义指工作中规定应做的事情,故"尽职"意为尽力做好本职工作。

诈 zhà　　怍 zuò

[释义] **诈** ①欺骗:～骗|欺～。②假装:～死。
怍 惭愧:惭～。

[辨析] 因形似致误。两字均为形声字,左右结构,声旁均为"乍"。"诈"的本义为欺骗,与言语有关,故形旁为"讠";"怍"意为惭愧,与心理活动有关,故形旁为"忄"。

沾 zhān　　粘 zhān

[释义] **沾** ①浸湿:～湿。②因为某种关系而得到好处:～光|～亲带故。③接触;挨上:～染|烟酒不～。④因接触而附上:～水。

粘 ①用黏的东西把物体连接起来:～贴。②两样东西紧贴在一起;黏的东西紧贴在别的东西上:～牙|～连。

[辨析] 因音同形似致误。两字均为形声字,左右结构,声旁均为"占"。"沾"的本义为浸湿,故形旁为"氵",引申为接触、附上等;"粘"指用黏的东西把物体连接起来,因黏的东西多指粮食之类的东西,故形旁为"米"。

[提示] "粘"另读 nián。

帐 zhàng　　账 zhàng

[释义] **帐** 用布或其他织品做成的用来遮蔽的东西:~篷|蚊~。

账 ①钱或物收支的记录:~目|查~|~户。②债务:欠~。

[辨析] 因音同形似致误。两字均为形声字,左右结构,声旁均为"长"。"帐"的本义与布或织物有关,故形旁为"巾";"账"指钱物收支的记录或债务,故形旁为"贝"。

仗 zhàng　　杖 zhàng

[释义] **仗** ①战争;战斗:胜~|打~。②兵器的总称:仪~|明火执~。③凭借;依靠:~势欺人|狗~人势。

杖 行走或直立时拄的棍子;泛指棍棒:手~|拐~。

[辨析] 因音同形似致误。两字均为形声字,左右结构,声旁均为"丈"。"仗"的形旁为"亻","杖"的形旁为"木"。两字在"明火执仗"一词上特别容易混淆:"明火执仗"意为点着火把、拿着武器,不是拿着棍棒,故不能写作"明火执杖"。

胀 zhàng　　涨 zhàng

[释义] **胀** ①身体内壁因受到压迫而不舒服:发~。②体积变大:~大|膨~。

涨 ①因吸收水等液体后体积增大:水中的木耳~开

了。②头部充血:~红了脸。

[辨析] 因音同形似义近而误。两字均为形声字,左右结构,均有变大的意思,但有如下区别:"胀"的声旁为"长",因本义为腹满,故形旁为"肉",后因作形旁的"肉"与"月"混同,均写成"月",引申指一切事物膨胀,如"头昏脑胀";"涨"的声旁为"张",意为固体吸收液体后体积增大,也指头部充血,故形旁为"氵",如"涨红着脸"。

[提示] "涨"另读 zhǎng。

障 zhàng　幛 zhàng　嶂 zhàng

[释义] **障** ①阻隔;遮挡:~碍。②用来阻隔、遮挡的东西:路~|屏~。

幛 幛子:挽~。

嶂 直立像屏障的山峰:层峦叠~。

[辨析] 因音同形似致误。三字均为形声字,左右结构,声旁均为"章"。"障"的本义为阻隔、遮挡,故形旁为与地势高低有关的"阜(阝)";"幛"为幛子,与布帛有关,故形旁为"巾";"嶂"指直立的山峰,故形旁为"山"。

招 zhāo　召 zhào

[释义] **招** ①挥动手或用广告、通知的方法使人来:~呼|~生|~聘|~兵买马。②引来;惹来:~眼|~笑|树大~风。③承认罪行:~供|~认|不打自~。④手段或计划:花~|绝~|高~。

召 召唤:~集|~开|号~。

[辨析] 因音近形似义近致误,两字均有使人来的意思,但有如下区别:"招"指挥动手或用广告、通知的方法使人来,多用于具体方面,如"招聘启事""招生简章"等;"召"多

用于抽象方面,如"新的生活在召唤着我们"。

[提示] "召"另读 shào。

折 zhé 褶 zhě

[释义] **折** ①断;弄断:~断|骨~。②弯曲:~射|曲~。③叠;叠起来的物品:~叠|~扇。④折扣:打~|不~不扣。⑤折合;抵换:~价|~合。⑥受损失:百~不挠。⑦心服:~服。⑧传统戏曲中的一个段落:~子戏。⑨汉字笔画名称:横竖撇点~。

褶 褶子:百~裙。

[辨析] 因音近致误。两字的混淆主要在"折子"与"褶子"上:"折子"指用纸折叠而成的册子,多用来记账。"褶子"指衣服上经折叠而缝成的纹,如"裙子上的褶子";还指衣服、布匹、纸张上经折叠而成的痕迹,如"用熨斗把褶子熨平";又指脸上的皱纹。

[提示] "折"另读 shé、zhē。

辄 zhé 辙 zhé

[释义] **辄** 总是;就:浅尝~止。

辙 车轮轧出来的痕迹:车~。

[辨析] 因音同形似致误。两字均为形声字,左右结构。①两字声旁不同,读音却相同:"辄"的声旁为"耴";"辙"的声旁为"敢"。②两字形旁相同,意义却不同:"辄"字较生僻,用作副词,意为总是、就等;"辙"字较常用,用作名词,本义为车轮轧出来的痕迹,引申为办法、主意等。

蛰 zhé 蜇 zhé

[释义] **蛰** 蛰伏;惊~。

蜇 海蜇。

[辨析] 因音同形似致误。两字均为形声字,上下结构,因本义均与动物有关,故形旁均为"虫"。"蛰"的声旁为"执",用作形容词,形容动物冬眠时的状态;"蜇"的声旁为"折",用作名词。

[提示] "蜇"另读 zhē。

帧 zhēn　　祯 zhēn

[释义] 帧 幅。

祯 吉祥。

[辨析] 因音同形似致误。两字均为形声字,左右结构,声旁均为"贞"。"帧"即幅,与布帛有关,故形旁为"巾";"祯"表示吉祥,故形旁为表示祝愿、祈福的"礻"。

榛 zhēn　　臻 zhēn

[释义] 榛 ①榛子,一种落叶灌木的果实。②丛生的荆棘:～莽。

臻 到;达到:日～完善。

[辨析] 因音同形似致误。两字均为形声字,左右结构,声旁均为"秦"。"榛"为一种灌木的果实,故形旁为"木";"臻"意为到、达到,故形旁为"至"。

诊 zhěn　　疹 zhěn

[释义] 诊 医生为病人看病:～断|会～。

疹 病人皮肤上起的小疙瘩:湿～|风～块。

[辨析] 因音同形似致误。两字均为形声字,声旁均为"参"。"诊"意为医生为病人看病,因看病须询问病情再作治疗,故形旁为"讠";"疹"为一种皮肤病,故形旁为"疒"。

振 zhèn　　震 zhèn

[释义] **振** ①摇动;挥动:～臂。②奋起;兴起:～奋|～作。③振动:～荡。

震 ①迅速而剧烈地颤动:～动|地～。②很激动;不平静:～惊。

[辨析] 因音同义近致误。两字均有表示摇晃及心中不平静的意思,但有如下区别:"振"多用于指物体通过一个中心位置不断往复运动,如"振幅";用于指心理活动时,多指积极向上的情绪,如"振奋""振作"。"震"多用于指物体猛烈地颤动,如"地震";用于指心理活动时,多指重大的事情或消息使人内心不平静,如"震怒""震惊"等。

赈 zhèn　　拯 zhěng

[释义] **赈** 赈济:～灾。

拯 援救;救助:～救。

[辨析] 因音近义近致误。两字均为形声字,左右结构,均含有援助的意思,但有如下区别:"赈"的声旁为"辰",因重在以钱物等救济灾民,故形旁为"贝";"拯"的声旁为"丞",意为援救、救助,故形旁为"扌"。

征 zhēng　　证 zhèng

[释义] **征** ①行军:～途。②出兵讨伐:南～北战。③政府召集或收取:～兵|～收。④寻求:～文|～婚。⑤显露出来的迹象:～兆|特～。

证 ①凭据:～据|凭～|～明|铁～如山。②用可靠的材料表明或判断:～明|～件|～据。

[辨析] 因音近形似致误。两字均为形声字,声旁均为"正"。"征"的本义为行军,故形旁为与行动有关的"彳";"证"的本义规劝,故形旁为"讠"。两字在"旁征博引"一词上特别容易混淆:"旁征博引"意为大量地寻求、搜集引证材料,"征"意为寻求、搜集,"引"意为引证,故不能写成"旁证博引"。

征 zhēng 症 zhèng

[释义] **征** ①行军:~途。②出兵讨伐:南~北战。③政府召集或收取:~兵|~收。④寻求:~文|~婚。⑤显露出来的迹象:~兆|特~。

症 疾病:病~。

[辨析] 因音近形似致误。两字均为形声字,声旁均为"正"。"征"的本义为行军,故形旁为与行动有关的"彳";"症"为一种病,故形旁为"疒"。两字的混淆主要在"病征"与"病症"上:"病征"指表现在身体外面的显示出是什么病的征象;"病症"指病。

[提示] "症"另读 zhēng。

挣 zhēng 峥 zhēng 狰 zhēng 铮 zhēng

[释义] **挣** 挣扎,用力支撑:垂死~。

峥 峥嵘,高峻,比喻才气、品格等超越寻常,不平凡。

狰 狰狞,面目凶恶。

铮 铮钬,形容金属撞击的声音。

[辨析] 因音同形似致误。四字均为形声字,左右结构,声旁均为"争"。"挣"即挣扎,故形旁为"扌";"峥"即峥嵘,形容山高峻,故形旁为"山";"狰"即狰狞,故形面目凶恶,故形旁为"犭";"铮"为金属撞击的声音,故形旁

为"钅"。

[提示]"挣"另读 zhèng,"铮"另读 zhèng。

支 zhī　　只 zhī

[释义] **支** ①撑;顶;架:～撑|～架|独木难～。②援助:～援|～持。③付出;领取:～付|收～。④指使;调度:～配|～使。⑤从总体分出来的附属于总体的:～流|～行|～队。⑥数量单位:一～笔|一～队伍|一～歌。

只 ①单独的;极少的:～身|～字不提。②数量单位:一～鸟|两～手。

[辨析] 因音同义近致误。两字均可用作量词,但有如下区别:"只"作量词时,多用于某些成对的东西的一个,如"两只耳朵""一只袜子";也用于飞禽走兽等,如"一只鸡""两只兔子";还用于船只和某些器具,如"一只小船""一只箱子"等。"支"作量词时,多用于队伍、歌曲或乐曲,如"一支军队""两支新的乐曲";也用于电灯的光度,如"四十支光的灯泡";还用于杆状的东西,如"一支笔""两支蜡烛"等。

[提示]"只"另读 zhǐ。

值 zhí　　殖 zhí

[释义] **值** ①价格:价～|产～|升～|贬～。②货物与价格相当:一文不～。③值得;有意义:不～一提。④轮番担任某工作:～班|～勤。⑤正遇上:正～元旦|适～中秋节。
殖 生长;生息:生～|繁～。

[辨析] 因音同形似致误。两字均为形声字,左右结构,声旁均为"直"。两字的混淆主要在"增值"与"增殖"上:"增殖"意为增生、繁殖,强调个体的增多;"增值"意为资产价值

增加,指物体价值本身变大。

[提示] "殖"另读 shi。

植 zhí　　殖 zhí

[释义] **植** ①草、木、谷类等的总称:～物。②栽种:～树|种～。③培养:扶～。

殖 生长;生息:生～|繁～。

[辨析] 因音同形似义近致误。两字均为形声字,左右结构,声旁均为"直",均可作动词,但有如下区别:"植"的本义为植物的栽种,故形旁为"木",引申为培养、移植等;"殖"的本义是脂膏放久而腐坏,故形旁为"歹",现取其反意,指动物生养后代、繁殖。

[提示] "殖"另读 shi。

止 zhǐ　　只 zhǐ

[释义] **止** ①停住:停～|终～。②使停止:阻～|禁～。③截止:为～。

只 ①限制范围,相当于"仅仅":～要|～有一人。②表示独一无二,唯一:～有你一人知道。

[辨析] 因音同致误。两字的混淆主要在"不止"与"不只"上:"不止"意为继续不停或表示超出某个数目或范围,如"大笑不止""类似情况不止一次发生";"不只"意为不但、不仅,如"河水不只可供灌溉,还可用来发电"。

[提示] "只"另读 zhī。

止 zhǐ　　至 zhì

[释义] **止** ①停住:停～|终～。②使停止:阻～|禁～。③截止:为～。

至 ①到：～今|从头～尾。②最；终：～交|如获～宝。

[辨析] 因音近义近致误。两字均为象形字。"止"的甲骨文字形像脚,此义后写作"趾","止"为其引申义,表示停止;"至"的甲骨文像矢远来至地之形,故意为到。两字的混淆主要在"截止"与"截至"上："截止"是动词,表示到一定期限停止;"截至"多为介词,表示在一个没有结束的过程中的某个时候切断、停止。

止 zhǐ　　制 zhì

[释义] **止** ①停住;停～|终～。②使停止：阻～|禁～。③截止：为～。

制 ①拟订;规定：～订|编～。②约束;限定：～约|～强～。③制度;法则：体～|建～|法～。④造;做：～药。

[辨析] 因音近义近致误。两字的混淆主要在"遏止"与"遏制"上：两词都是动词,表示用强力阻挡住。"遏止"着重于"止",意为使停止,对象是来势凶猛的事件,如战争、洪水、暴动等;"遏制"着重于制,意为约束、制止,对象常是自己的某种情绪。

止 zhǐ　　治 zhì

[释义] **止** ①停住;停～|终～。②使停止：阻～|禁～。③截止：为～。

治 ①管理;治理：整～|统～。②安定;太平：天下大～。③医疗：～疗|医～。④惩处：处～|～惩。⑤消灭：～害灭病。⑥从事研究：～学。

[辨析] 因音近义近致误。两字的混淆主要在"防止"与"防治"上,两词均与预防有关,但有如下区别："防止"的意思是预先

设法制止坏事的发生,"防"的结果是为了"止"(停止,结束);"防治"的意思是预防和治疗疾病、病虫害等,"防"的结果是"治"(医治,治疗)。

止 zhǐ 滞 zhì

[释义] 止 ①停住:停~|终~。②使停止:阻~|禁~。③截止:为~。

滞 凝积;不流通:~销|停~。

[辨析] 因音近义近致误。两字的混淆主要在"停止"与"停滞"上:"停止"的意思是停下来不再前进;"停滞"的意思是因为受到阻碍而不能顺利发展或运动。

址 zhǐ 祉 zhǐ 趾 zhǐ

[释义] 址 ①地基。②建筑物的位置:地~。

祉 福:福~。

趾 ①脚指头:脚~。②脚:~高气扬。

[辨析] 因音同形似致误。三字均为形声字,左右结构,声旁均为"止"。"址"的本义为地基,故形旁为"土";"祉"意为"福",故形旁为"礻";"趾"即脚指头,故形旁为"足"。

指 zhǐ 趾 zhǐ

[释义] 指 ①手指:~甲。②用手指着:~手画脚。③点明;引导:~明|~点。④依靠:~望。⑤头发向上竖:令人发~。

趾 ①脚指头:脚~。②脚:~高气扬。

[辨析] 因音同义近致误。两字均为形声字,左右结构,均有指人体中的某一部位的意思,但有如下区别:"指"的本义为手指,故形旁为"扌",声旁为"旨",引申为用手指着等义;"趾"的本义为脚,故形旁为"足",引申指脚指头。

至 zhì　致 zhì

[释义] **至** ①到:~今|从头~尾。②最;终:~交|如获~宝。
致 ①给予;表示:~敬|~谢。②引起;招引:导~|~使。③专注:~力|专心~志。④情趣:兴~|别~。⑤精密:细~|精~。

[辨析] 因音同义近致误。两字的混淆主要在"以至"与"以致"上:"以至"的"至"意为到,故"以至"表示因什么原因得到什么结果;"以致"的"致"意为致使,故"以致"表示因什么原因导致产生不好的结果。"以至"还可写成"以至于","以致"则不能。

质 zhì　置 zhì

[释义] **质** ①事物的本性:本~|品~|素~。②某种具体事物的特性:物~|杂~|木~。③朴实:~朴。④产品优劣程度:~量|优~。⑤提出疑问:~疑|~问。⑥抵押;作抵押的东西:人~。
置 ①安置:~身|放~。②设立;配备:布~|装~。③购买:购~|添~。

[辨析] 因音同致误。两字的混淆主要在"质疑"与"置疑"上:"质疑"是提出疑问,请人回答,可作动词,也可作名词,如质疑问难;"置疑"指加以怀疑,作动词,多用于否定,如"不容置疑""无可置疑"。

治 zhì　置 zhì

[释义] **治** ①管理;治理:整~|统~。②安定;太平:天下大~。③医疗:~疗|医~。④惩处:处~|惩~。⑤消灭:~害灭病。⑥从事研究:~学。

置 ①安置：～身｜放～。②设立；配备：布～｜装～。③购买：购～｜添～。

[辨析] 因音同致误。两字的混淆主要在"处治"与"处置"上："处治"的意思是处分、惩治，如"严加处治"；"处置"的意思是处理、安排，如"处置失当"，但在表示失落、惩治的意思时，"处置"可写作"处治"。

制 zhì　　治 zhì

[释义] 制 ①拟订；规定：～订｜编～。②约束；限定：～约｜止～｜强～。③制度；法则：体～｜建～｜法～。④造；做：～药｜～造。

治 ①管理；治理：整～｜统～。②安定；太平：天下大～。③医疗：～疗｜医～。④惩处：处～｜惩～。⑤消灭：～害灭病。⑥从事研究：～学。

[辨析] 因音同致误。两字的混淆主要在"法制"与"法治"、"自制"与"自治"上：①"法制"指有关的法律制度；"法治"表示用法律治理国家。②"自制"意为自己制造、自我克制；"自治"意为自己管理自己。

忠 zhōng　　衷 zhōng

[释义] 忠 忠诚：～心｜～贞｜尽～报国。
衷 内心：～情｜～心｜初～｜无动于～。

[辨析] 因音同致误。两字的混淆主要在"忠心"与"衷心"上："忠心"的意思是忠诚的心，为名词；"衷心"的意思是发自内心的，为形容词。

贽 zhì　　挚 zhì

[释义] 贽 初次拜见长辈所送的礼物：～见。

挚 亲密;真诚:～爱|～友。

[辨析] 因音同形似致误。两字均为形声字,左右结构,声旁均为"执"。"赘"的本义与财物有关,故形旁为"贝";"挚"的本义为扶持,故形旁"手"。

州 zhōu　　洲 zhōu

[释义] **州** 行政区划,也用作地名:苏～|自治～。

洲 ①河流中沙石淤积的陆地:沙～。②大陆及其附近岛屿的总称:七大～|亚～。

[辨析] 因音同形似致误。"州"为象形字,是地方行政单位,如"苏州""杭州""自治州"等;"洲"为形声字,本义指水中的陆地,故形旁为"氵",用于指自然地理现象,如"绿洲""沙洲"等。

诌 zhōu　　绉 zhòu　　皱 zhòu

[释义] **诌** 编造:胡～。

绉 绉纱。

皱 ①皮肤因松弛而出现纹路:～纹。②起皱纹:～眉头。③不平:衣服～了。

[辨析] 因音同或形似致误。三字均为形声字,左右结构,声旁均为"刍"。"诌"意为编造,多与言语有关,故形旁为"讠";"绉"即绉纱,故形旁为与织品有关的"纟";"皱"是皮肤上的皱纹,故形旁为"皮"。

珠 zhū　　株 zhū　　铢 zhū　　蛛 zhū

[释义] **珠** ①珠子:夜明～。②小的球形的东西:泪～|水～。

株 ①露出地面的树木的根茎:守～待兔。②植株:～距。③数量单位:两～梨树。

铢 古代重量单位,一两的二十四分之一。
蛛 蜘蛛。

[辨析] 因音同形似致误。四字均为形声字,左右结构,声旁均为"朱"。"珠"即珠宝,为珍珠宝石一类的饰物,故形旁为"王(玉)";"株"是树木的根茎,故形旁为"木";"铢"为古代的重量单位,形旁为"钅";"蛛"即蜘蛛,故形旁为"虫"。

拄 zhǔ 　柱 zhù

[释义] 拄 用拐杖或棍棒顶住地面以支撑身体:~着拐杖。
柱 ①支撑建筑物的直立的材料:~子│支~。②像柱子一样的东西:水~│冰~。

[辨析] 因音近形似致误。两字均为形声字,左右结构,声旁均为"主"。"拄"指用拐杖等顶着地面以支撑身体,故形旁为"扌",用作动词;"柱"是支撑建筑物直立的材料,古时多为木材,故形旁为"木",用作名词。

嘱 zhǔ 　瞩 zhǔ

[释义] 嘱 吩咐;告诫;告诫的话:~咐│叮~。
瞩 注视;注目:举世~目。

[辨析] 因音同形似致误。两字均为形声字,左右结构,声旁均为"属"。"嘱"指吩咐、告诫,与言语有关,故形旁为"口";"瞩"指注视、注目,故形旁为"目"。

住 zhù 　驻 zhù

[释义] 住 ①居住:~宿│~房。②停止;歇:~口│~手。③用在动词后面表示停顿、静止、稳固等:站~。
驻 ①停止不前:~足。②机关设在;部队停留在:~

扎｜～地。

[辨析] 因音同义近致误。两字均为形声字,左右结构,声旁均为"主"。"住"指居住,多与人有关,故形旁为"亻";"驻"的本义指马站立、停止,故形旁为"马",引申为停止不前。"住"用于指一般的居住;"驻"用于指军队或团体的居住和停留。

柱 zhù　炷 zhù

[释义] 柱 ①柱子:支～｜梁～。②像柱子一样的东西:水～｜脊～。

炷 ①灯心:灯～。②烧香。③数量单位,用于点着的香:一～香。

[辨析] 因音同形似致误。两字均为形声字,左右结构,声旁均为"主"。"柱"的本义为承梁之木,故形旁为"木";"炷"的义为灯心,故形旁为"火"。

伫 zhù　纻 zhù　贮 zhù

[释义] 伫 伫立:～候。

纻 指苎麻纤维织的布:～衣。

贮 储存;积存:～木场｜～藏。

[辨析] 因音同形似致误。三字均为形声字,左右结构,声旁均为"宁"。"伫"意为人久立,故形旁为"亻";"纻"指苎麻纤维织的布,故形旁为"纟";"贮"意为储存财物,故形旁为"贝"。

撰 zhuàn　纂 zuǎn

[释义] 撰 写作:～文｜～稿。

纂 编辑:编～。

[辨析] 因音近义近致误。两字的混淆主要在"编撰"和"编纂"上:"编撰"的意思重在"撰",指有创造性地写作,多用于著作的撰写;"编纂"的意思重在"纂",指对资料较多、篇幅较大的著作进行编辑,多用于资料汇编及大型工具书的编辑。

妆 zhuāng　装 zhuāng

[释义] **妆** ①女子修饰、打扮:～饰|梳～。②女子结婚时陪嫁的衣物:嫁～。
装 ①衣服:服～|时～。②行李:行～。③修饰;打扮:～饰|～束。④假作:～作|假～。⑤把东西放进器物中:～箱|包～。⑥把零件安配成整体:～配|安～。⑦订制成书册:～订|～帧。

[辨析] 因音同义近致误。两字的混淆主要在"化妆"与"化装"、"妆饰"与"装饰"上:①"化妆"侧重于用化妆品修饰、打扮,使容貌美丽,多用于女子;"化装"侧重指演员在扮演角色之前修饰容貌,也指乔装打扮。②"妆饰"强调的是打扮或打扮出来的样子,只能用于人;"装饰"指在身体或物体的表面加以附属的东西,使其美观,也指装饰品。

啄 zhuó　琢 zhuó

[释义] **啄** 鸟类用嘴取食物或叩击东西:～食|～木鸟。
琢 加工玉石:～磨。

[辨析] 因音同形似致误。两字均为形声字,左右结构,声旁均为"豖"。"啄"是鸟类用嘴取食物,故形旁为"口";"琢"指加工玉石,故形旁为"王(玉)"。

[提示] "琢"另读 zuó。

姿 zī　　恣 zì

[释义] **姿** ①样子;形态:~态|~势。②容貌:~色。
恣 ①放纵;没有拘束:~意。②舒服;自在。

[辨析] 因音近形似致误。两字均为形声字,上下结构,声旁均为"次"。"姿"意为样子、容貌,多用于女子,故形旁为"女";"恣"意为放纵,没有拘束,与人的性情有关,故形旁为"心"。

缁 zī　　辎 zī　　锱 zī

[释义] **缁** 黑色:~衣。
辎 古代的一种车。
锱 古代重量单位,一两的四分之一:~铢。

[辨析] 因音同形似致误。三字均为形声字,左右结构,声旁均为"甾"。"缁"的本义指帛黑色,故形旁为"纟";"辎"是古代的一种战车,故形旁为"车";"锱"为古代的重量单位,故形旁为"钅"。

孳 zī　　滋 zī

[释义] **孳** 繁殖:~生|~乳。
滋 ①生出;长:~生|~长。②增添:~补|~润|~养。③喷射;往外~水。

[辨析] 因音同形似义近致误。两字均为形声字,声旁均为"兹"。"孳"意为繁殖,故形旁为"子"。"滋"本义为水多,故形旁为"氵"。在表示繁殖的意思时,"孳生"可写作"滋生"。

尊 zūn　　遵 zūn

[释义] **尊** ①地位或辈分高:~贵|唯我独~。②敬重:~敬|

～重。③敬辞,称与对方有关的事物:～姓。④数量单位:一～火炮。

遵 依从;按照:～照|～守。

[辨析] 因音同形似致误。"尊"为会意字,"尊"的甲骨文是手持酒杯献酒的意思,故"尊"的本义为酒器,今义为引申义;"遵"为形声字,因本义为顺着、沿着,故形旁为与行动有关的"辶",引申为依从、按照等。

作 zuò 做 zuò

[释义] **作** ①制造;进行某种活动:～弊|～制|～工。②兴起:振～。③写作:～文|～曲。④装:～假|装腔～势。⑤当作:～废。⑥发作:隐隐～痛。⑦作品:大～|习～。

做 ①制造;从事某种工作或活动:～活|～饭。②写:～文章。③举行;举办:～生日。④担任:～老师。⑤结成某种关系:～朋友。⑥假装:～作|～样子。

[辨析] 因音同义近致误。两字均为动词,在表示从事某种活动或在某些词语中可以通用,但有如下区别:①"作"多用于表示比较抽象意义的词语和书面语色彩较重的词语,如"作怪""作乱""作对"等;"做"多用于表示比较具体的事物,如"做事""做饭""做诗"等。②"作"后面所接的双音词多为动词,如"作分析""作调查""作安排"等;"做"后面所接的双音词多为名词或代词,如"做衣服""做事情""做什么"等。

[提示] "作"另读 zuō。

坐 zuò 座 zuò

[释义] **坐** ①把臀部放在椅子、凳子或其他物体上支持身体的

重量：～下｜请～。②搭乘：～车。③位置所在：～标。④不行动：～视。⑤掌管：～天下。
座 ①位子：～位｜～无虚席。②放东西的托底：灯～。③数量单位：一～山｜一～水库｜一～高楼。

[辨析] 因音同义近致误。两字的意思均与坐的动作有关,但有如下区别："坐"多用作动词,指把臀部放在椅子、凳子等物体上的动作；"座"多用作名词,指椅子、凳子等坐具。